KARL-OTTO & MICHAEL SAUR

ER STAND IN HITLERS TESTAMENT

EIN DEUTSCHES FAMILIENERBE

Econ

Econ ist ein Verlag der Ullstein Buchverlage GmbH

ISBN 978-3-430-20026-4

© Ullstein Buchverlage GmbH, Berlin 2007
Alle Rechte vorbehalten
Rechte für Fotos und Abbildungen im Bildteil: Karl-Otto Saur
Umschlaggestaltung: Etwas Neues entsteht, Berlin
Umschlagmotiv: Karl-Otto Saur
Autorenfotos Umschlagklappe: © privat (Karl-Otto Saur),
Shaul Schwarz (Michael Saur)
Gesetzt aus der Janson (PostScript)
bei Pinkuin Satz und Datentechnik, Berlin
Druck und Bindung: Clausen & Bosse, Leck
Printed in Germany

Für
Uli
&
Hannah und Jakob

INHALT

»The past is not dead. In fact, it is not even past.«
William Faulkner

VORWORT

Mitte der achtziger Jahre unternahm der israelische Psychologe Dan Bar-On eine besondere Reise nach Deutschland. Ihn interessierte vor allem eine Frage: Wie sehr ist dieses Deutschland davon geprägt, ein Land der Täter zu sein? Was bedeutet es für die deutsche Jugend, von Tätern erzogen und unterrichtet worden zu sein, in der Familie, in den Schulen und Universitäten? Wie sehr wird der Alltag von Priestern und Psychotherapeuten durch Menschen bestimmt, die in Beichten und Therapiesitzungen über ihre schrecklichen Taten von damals reden, über ihre Schuld, ihr spät hochkommendes Grauen? Man weiß doch, dachte der Israeli Dan Bar-On, wie sehr sein Land, Israel, durch diese verfluchte Geschichte immer noch und immer wieder in Atem gehalten wird, wie sehr die eigenen aktuellen politischen Handlungen von der Vergangenheit bestimmt werden. So ist das im Land der Opfer. Und wie wird es im Land der Täter sein? Das wollte Bar-On wissen.

Auf den Mann wartete eine Überraschung. Er musste in unzähligen Gesprächen feststellen: Es ist in Deutschland kein Thema, diese Tatsache, dass die Deutschen die Täter waren. Nein, nicht dass man das leugnen würde, im Gegenteil, die Staatsspitze hatte sich schon frühzeitig angewohnt, perfekt formulierte Statements über die Verantwortung der Bundesrepublik Deutschland abzugeben. Aber, wenn man so will: ganz unten, bei der Bevölkerung, war es kein Thema. Kaum jemand sprach über die privaten Verstrickungen. In vielen Familien war dies das große Tabu. Dan Bar-On hat genau darüber ein brillantes Buch geschrieben: »Die Last des Schweigens«.

Heute sind wir gut zwanzig Jahre weiter. Und es ist viel passiert, keine Frage. Das Tabu ist gebrochen. Viele Deutsche forschen inzwischen in ihren Familien, wer was getan hat – mit oft schmerzlichen, aber bitter nötigen Erkenntnissen und Folgen. Auffallend ist, dass diese Aufklärung besonders die Kinder und Enkelkinder der sogenannten Großtäter gesucht haben. Himmler, von Schirach, Frank – ihre Nachfahren haben sich alle sehr mutig und rigoros mit dem Schicksal auseinandergesetzt, einer solchen Familie anzugehören.

Und doch ist die Frage, die Dan Bar-On damals in den Mittelpunkt gerückt hat, immer noch unbeantwortet: Was bedeutet es für dieses Land, ein Land der Täter zu sein? Für die Lehrer, die Professoren, die Mütter und Väter, die Frauen und Männer? Was bedeutet es für Werte und Anti-Werte wie Mut und Feigheit, Individualität und Opportunismus, Männlichkeit und Weiblichkeit? Psychologen sind sich einig, dass es beispielsweise für ein Mädchen eine große Rolle im Leben spielt, wenn die Mutter den eigenen unerfüllten Wunsch, eine berühmte Balletttänzerin zu werden, nun mit allen Mitteln an die Tochter weitergibt. Und da soll es für das Jetzt keine Rolle spielen, was Eltern und Großeltern im »Dritten Reich« getan und nicht getan haben? Wir Deutschen haben noch eine Menge vor uns in Sachen Aufarbeitung.

Das Großartige an dem vorliegenden Buch von dem Journalisten und Medienfachmann Karl-Otto Saur und dessen Sohn, dem Journalisten und Schriftsteller Michael Saur, ist nun, dass die beiden auf eine geradezu selbstverständliche Weise die Diskussion weiterbringen. Sicher, es ist außerordentlich spannend, wenn der heute 64-jährige Karl-Otto Saur von seinem Vater berichtet, dem Groß-Nazi, dem langjährigen Stellvertreter von Albert Speer, Hitlers Rüstungsminister. Der Titel des Buches ist gut gewählt: »Er stand in Hitlers Testament«. Und es ist geradezu beklemmend, wie Karl-Otto Saur junior das Klima in seiner Familie beschreibt, das verordnete Schweigen. Das verdammte Schweigen, das bis zum Tod des Vaters anhielt.

Das wirklich Neue ist jedoch, wie es den Autoren, Vater und Sohn Saur, gelingt, ganz selbstverständlich mit dieser Geschichte umzugehen und wie sie beinahe beiläufig die Frage behandeln, wie diese Geschichte ihr Leben geprägt hat und prägen wird. Sie schreiben über Frauengeschichten, über Tapferkeit und Feigheit, über Juden und New York. Sie schreiben über ihr Leben, ganz unaufdringlich, unter Berücksichtigung der Geschichte der eigenen Familie. Dies erzeugt einen kraftvollen, sehr eigenen Ton, der uns Leser mitnimmt. Und uns allen ebenfalls die Frage stellt: Was hat eigentlich die Geschichte meiner Familie mit meinem Leben jetzt zu tun?

Stephan Lebert

ERSTE ERINNERUNGEN
(KARL-OTTO SAUR)

Mein erster Vater war eine Frau. Mieken. Sie war die jüngere
Schwester meiner Mutter, und sie gehörte ab meinem zweiten
Lebensjahr zu unserer Familie. Da meine ersten eigenen Erinnerungen mit meinem dritten Lebensjahr beginnen, war ihre
Anwesenheit für mich selbstverständlich. Sie ging morgens aus
dem Haus, um das Geld für den Lebensunterhalt der Schwester und deren fünf Kinder zu verdienen. Abends kam sie von
ihrer Arbeit als Sekretärin bei einem englischen Reisebüro zurück, um den strengeren Part in der Erziehung zu übernehmen. Aber ich erinnere mich auch, dass sie – drei Jahre jünger
als meine Mutter und damals um die dreißig – die Lustigere
war. Sie hatte ein verschmitztes Lachen, das ich auch noch
auf später aufgenommenen Fotos bestätigt fand. Und so ganz
streng konnte sie auch nicht gewesen sein. Gerne wurde in der
Familie die Geschichte kolportiert, dass ich sie als Drei- oder
Vierjähriger gebeten hatte, mir zehn Pfennig für ein Eis zu lei-
hen. Auf die Frage meiner Mutter, wie und wann ich den Be-
trag an Mieken zurückzuzahlen gedenke, soll ich geantwortet
haben: »Och, das vergisst die ja.« Weniger aus pädagogischen
denn aus anekdotischen Gründen erzählte meine Mutter es sofort ihrer Schwester weiter, die daraufhin das Scheinchen – es
waren noch Reichsmarkzeiten – nach einigen Tagen von mir
zurückverlangte. Nachdem ich mit rotem Kopf einiges daher-
gestammelt hatte, erließ sie mir die Schuld.
   Etwa zu dieser Zeit erfuhr ich, dass es auch einen wirklichen
Vater gab, auch wenn ich mir nichts darunter vorstellen konnte. Ich verstand aber bald, dass es sich bei ihm um einen Mann
handeln musste. Davon kannte ich nicht viele, meine Kennt-

nisse beschränkten sich weitgehend auf meinen Großvater, der zwei Häuser weiter links wohnte, Herrn Rasch, der bei uns im Haus im ersten Stock lebte, sowie Herrn Dern, ein Bekannter der Familie drei Häuser weiter rechts. Alle schienen mir ein wenig unnahbarer als die Frauen, auch wenn ich Herrn Rasch die erste Autofahrt meines Lebens in seinem Lieferwagen Opel »Blitz« verdankte.

Von dem Mann, der mein Vater sein sollte, wusste ich nicht viel. Im Grunde beschränkten sich meine Einblicke auf eine Zigarrenkiste im Wohnzimmerregal, die ich immer wieder heimlich öffnete. Merkwürdige Papiere waren darin. Irgendwann erfuhr ich, dass es Geld sein solle, und zwar Millionen. Es war Inflationsgeld aus den zwanziger Jahren, was mir natürlich nichts sagte. Selbst die aufgestempelten Milliardenbeträge auf den Millionenscheinen konnte ich als Dreijähriger nicht einordnen. Und dann waren da noch alle möglichen Spielsachen in der Kiste. Anstecknadeln, Abzeichen, alles aus Metall, aber damit durfte ich nicht spielen. Ich hatte das Gefühl, dass es keine Erziehungsmaßnahme war, dass ich es nicht nehmen durfte, sondern dass es aus einem anderen Grund verboten war, damit zu spielen: Niemand sollte dies alles zu Gesicht bekommen. Ob ich damals schon die Hakenkreuze darauf wahrgenommen habe, bezweifele ich, aber es schien ein Geheimnis darum, das nur mit meinem Vater zu tun haben konnte.

Langsam verstand ich auch, dass er in einem Lager war. Ich konnte mir nichts Rechtes darunter vorstellen, aber ich vermutete einen großen Zaun herum und nahm an, dass es ihm dort nicht so gut gefallen musste. Das konnte ich jedoch nicht so recht verstehen. Wir bekamen nämlich ab und zu Pakete, die offensichtlich von ihm stammten und die von der ganzen Familie mit großer Freude ausgepackt wurden, denn meistens war etwas zu essen darin. Auch ich war in heller Aufregung, obwohl ich das süßliche Pferdefleisch in Dosen überhaupt nicht mochte, selbst wenn es in den aus Griesbrei und Graupensuppe bestehenden Essensalltag ein wenig Abwechslung brachte. Einmal jedoch war auch bei mir die Freude besonders groß. Auslöser war ein Paket, das lauter Ecken mit Schmelzkäseecken enthielt, arrangiert zu einem großen Quadrat. Irgendwann fiel auch das Wort Gefängnis. Ich vermute, dass es seine Zeit in Nürnberg war, als er 1945/46 fast ein Jahr als potenzieller Zeuge im großen Kriegsverbrecherprozess zur Verfügung gehalten wurde. Obwohl ich mir als kleiner Junge unter Gefängnis eher etwas vorstellen konnte als unter Lager, schien jenes deutliche Wort in unserer Familie einen besseren Klang zu haben.

Mit drei Jahren sah ich meinen Vater zum ersten Mal. Und obwohl ich die Begleitumstände noch ziemlich genau weiß, kann ich mich an ihn und den Eindruck, den er auf mich machte, überhaupt nicht erinnern. Er war damals in einem Lager namens Steimbel in der Nähe des oberhessischen Ortes Neustadt. Jahrelang später war ich der Meinung, dass es sich immer um »mein« Neustadt handelte, wenn ich diesen Ortsnamen irgendwo hörte. Allerdings wusste ich auch, dass es in der Nähe von Kassel gewesen sein musste, denn dort haben meine Mutter und ich eine Nacht in der Wartehalle des Bahnhofs verbracht. Meine Mutter kannte diese mühselige Prozedur schon, denn sie bekam alle paar Monate eine Besuchserlaubnis. An die Zugfahrt von Düsseldorf nach Kassel, die den ganzen Tag in Anspruch nahm, kann ich mich nicht erinnern. Aber an diese Nacht im Wartesaal, wo wir auf den Frühzug nach Neustadt warteten. Wir saßen zusammen auf einer Holzbank, und meine Mutter überließ mir unsere Reisetasche als Kopfkissen.

Es war eine Ledertasche, die das Leben unserer Familie noch viele Jahre begleiten sollte. Meine Eltern hatten sie 1939 in Marokko gekauft, auf der ersten und einzigen Kreuzfahrt ihres Lebens. Obwohl die Krise, die zum Weltkrieg führte, schon zu spüren war, hatte mein Vater die Genehmigung von Reichsbaumeister Todt bekommen, die Reise anzutreten, die von Hamburg aus über England, die Straße von Gibraltar und Marokko bis Italien gehen sollte. Zwei Mitbringsel sollten den Krieg überstehen und gehörten als feste Bestandteile in den Haushalt in Düsseldorf und später in Pullach: Die lederne Reisetasche, die auch später in den 1950er Jahren die einzige Einkaufstasche war, die wir in der Familie besaßen, und mit der ich häufig als Kind zum Lebensmittelladen von Frau Ficker in der Römerstraße ging. Das zweite Mitbringsel war eine so genannte Elefantenbrücke, die aus immer kleiner werdenden Elefanten aus Elfenbein auf einem Ebenholzstück bestand. Es waren sieben Elefanten, was für mich eine gewisse Logik hatte, waren wir doch sieben Familienmitglieder: Meine Mutter, Mieken, meine Schwestern Erika, Irmi, Bärbel, mein Bruder Klaus und ich. Als es 1949 hieß, dass die Familie wieder mit dem Vater vereint würde, bekam ich Schwierigkeiten mit der Zahl sieben. Mein Vater hatte eigentlich keinen Platz auf der Elefanten-Brücke. Vielleicht lag es ja daran, dass ich ihn nach meinem ersten und einzigen Besuch im Lager nicht im Gedächtnis behielt.

Meine Mutter und ich wurden am Bahnhof Neustadt von einem amerikanischen Offizier in einem Jeep abgeholt. Als Dreijähriger hatte ich von Autos natürlich keine Ahnung, spürte aber, dass es etwas Besonderes war, mit diesem Wagen gefahren zu werden. An das Lager selbst habe ich nur eine Erinnerung: Ich stand eine ganze Weile vor der Tür der Baracke, in der mein Vater einquartiert war und wo auch wir während unseres Besuches wohnten. Meine Eltern hatten mich vor die Tür geschickt, weil sie einen Mittagsschlaf halten wollten. Was ich da draußen tun sollte, daran kann ich mich nicht mehr erinnern. Ich weiß nur, dass ich viel zu schüchtern war, irgendjemanden anzusprechen. Vermutlich habe ich alleine vor der Tür ausgeharrt, bis mich meine Eltern wieder in die Baracke ließen.

Nicht wahrgenommen oder im Gedächtnis behalten habe ich auch Grete Gringmuth, die freiwillig in diesem Lager war, um meinem Vater bei dessen von den Amerikanern gewünschten Aufzeichnungen zur Rüstungsgeschichte des Zweiten Weltkriegs zu helfen. Selbstverständlich habe ich auch nicht verstanden, dass sie die Geliebte meines Vaters war, aber damit stand ich auf derselben Bewusstseinsstufe wie meine Mutter.

Wirklich beeindruckt haben mich eigentlich nur die amerikanischen Soldaten mit ihrer Schokolade und dem Kaugummi. Dafür allein schien sich die weite Reise gelohnt zu haben.

Die nächste Begegnung mit meinem Vater fand erst zwei Jahre später statt. Ein Jahr nach seiner Entlassung aus der amerikanischen Gefangenschaft hatte er das für die ganze Familie viel zu kleine Holzhäuschen in Pullach, das ihm als einziger Besitz geblieben war, so weit umgebaut und sich selbst mit seinem Ingenieur-Büro in München in einer Kriegsruine etabliert, dass er Frau und Kinder nachkommen lassen konnte. Ich war nun fünf Jahre alt und von der Aufregung des bevorstehenden Umzugs ganz ergriffen. So durften wir einige Tage vor der langen Zugfahrt von Düsseldorf nach Oberbayern einige bunte Lutscher für die Reise kaufen, die bis dahin außerhalb meiner Reichweite gewesen waren.

Ich erinnere mich noch heute an den Laden, in dem wir sie einkauften. Er lag gleich um die Ecke der Cheruskerstraße, in der wir wohnten, nur wenige Meter von der Belsenallee entfernt, der großen zweispurigen Straße mit den Straßenbahngleisen in der Mitte. Bei aller Vorfreude auf die lange Zugfahrt mit den süßen Leckereien war mir klar, dass ich meine bisherige Welt verlassen musste, die mir inzwischen wohlvertraut war, auch wenn ich keinen einzigen Freund hatte. Ich kannte den Weg zu den Rheinwiesen, und das Leben in unserer Dreizimmerwohnung verlief irgendwie wohlgeordnet. Umso mehr, als wir eine neue Mitbewohnerin bekommen hatten, »Tante« Hertha, eine Frau, die aus einem mir unbekannten Grund in unsere Wohnung einzog und das Familienleben mitprägte. Sie war lustiger und verrückter als meine Mutter und Mieken und brachte so einen Ton in das alltägliche Leben, der mir neu war und gefiel.

Vermutlich war es auch sie, die eines Tages auf die Idee kam, dass die drei Frauen in ein neues kleines Theater in der Düsseldorfer Altstadt gehen sollten, eine Aktion, die noch tagelang das Gespräch zu Hause bestimmen sollte. Das Theater hieß »Kommödchen«. Ich konnte mir nicht vorstellen, was an einer kleinen Kommode denn so lustig sein sollte. Erst zwanzig Jahre später konnte ich ahnen, dass die Frechheiten, die Kay und Lore Lorentz in den ersten Nachkriegsjahren auf ihre improvisierte Düsseldorfer Bühne brachten, für meine Mutter revolutionär gewesen sein mussten. War doch zu Kriegszeiten eine Vorführung des Zauberers Kalanag für die Angehörigen des Rüstungsministeriums der kulturelle Höhepunkt gewesen.

Doch eines Tages verschwand Tante Hertha wieder aus unserem Leben. Sie hatte beschlossen, nach »Amerika« auszuwandern, eine Vorstellung, die meine Phantasie anregte. Amerikaner, das waren die, die meinen Vater gefangen hielten. Aber es waren auch die, die mir Schokolade geschenkt hatten, die es in ihrem Land offensichtlich in großen Mengen gab. Sie schienen auch immer ausreichend zu essen zu haben, wenn sie uns alle paar Monate etwas davon schicken konnten. Und man musste mit dem Schiff dorthin fahren. Als ich hörte, dass Tante Hertha bei der Einreise beim »Schmuggeln« erwischt worden war, konnte sie sich meines Mitleids sicher sein. Ich stellte mir vor, dass das Schiff an einer Insel angelegt hatte und sie über eine große Brücke zum Festland gehen musste, am Ende wegen der Untat nicht ins Land gelassen wurde und deshalb ihr weiteres Leben auf der Brücke verbringen musste. Die ganze Familie sorgte sich um sie – und war erst beruhigt, als die ersten Pakete mit Süßigkeiten und knallbunten Kleidern ankamen. Die Kleider waren für meine Schwestern, aber von den Süßigkeiten bekam ich die eine oder andere riesige weißrote Kandisstange ab.

Das Haus, das wir im September 1949 in Pullach bezogen, kannte ich bereits. Denn im Sommer 1948 hatte ich mit meiner Schwester Irmi, die damals zehn Jahre alt war, einige Wochen dort bei Resi verbracht. Resi war während des »Dritten Reiches« das Hausmädchen meiner Eltern gewesen, erst in München, später in Berlin, wo die Familie lebte, bevor meine Mutter nach weiteren Zwischenstationen mit den Kindern nach Düsseldorf ging. Resi stammte aus einem kleinen Weiler in der Oberpfalz, hatte dort die Dorfschule besucht, in der alle acht Klassen gemeinsam in einem Raum unterrichtet worden waren. Nach Abschluss der Schule war sie nach München gegangen, um dort »in Stellung« zu gehen. Bereits 1937 fing sie im Haushalt meiner Eltern an. Sie war neugierig, voller Humor und von einer natürlichen Intelligenz. Unmittelbar nach Kriegsende war sie in das kleine Holzhäuschen in Pullach gezogen, das mein Vater noch im Sommer 1939 als Spielhaus für die Kinder hatte bauen lassen, kurz bevor der Krieg begann und private Bauvorhaben gestoppt wurden. So konnte auch das geplante große Wohnhaus auf dem Grundstück nicht mehr begonnen werden. Doch auch das kleine Häuschen wurde in den Zeiten der Wohnungsnot gebraucht.

Resi, die mit ihrer kleinen Tochter Barbara dort wohnte, bekam Flüchtlinge eingewiesen. Ich weiß nicht, ob sie die Auswahl hat beeinflussen können, aber es war eine bunte, lustige und vor allem künstlerisch orientierte kleine Gesellschaft, die sich dort zusammenfand. Das Leben im Sommer 1948 spielte sich weitgehend im großen Garten ab. Und so ähnlich, wie Tante Hertha in Düsseldorf einen ungewohnten Ton vorgab, so sehr gefiel mir auch diese Gesellschaft in Pullach. Lange Jahre wurde noch die Anekdote erzählt, dass die erwachsene Nachbarstochter gesagt haben soll, »die sind wieder so lustig da drüben, unter welchem Vorwand kann ich denn da wieder rübergehen«. Ob es stimmt, weiß ich nicht, aber es gibt ein schönes Indiz: Noch in meiner Jugend wurde die Nachbarin in unserer Familie immer nur »der Vorwand« genannt. Und ich glaubte lange, dass das ihr richtiger Name sei.

Als wir in den ersten Septembertagen 1949 nun mit der ganzen Familie ankamen, war von den vorübergehend Einquartierten niemand mehr da. Im Sommer hatte mein Vater das Häuschen etwas ausgebaut, sodass statt der drei kleinen Zimmer nun viereinhalb (inklusive Küche) zur Verfügung standen. Das musste aber für neun Personen reichen, denn auch Resi wollte im Haus wohnen bleiben. Allerdings war – gegen ihre ursprüngliche Absicht – Mieken nicht mit übergesiedelt, weil sie einen Mann kennengelernt hatte, den sie heiraten wollte.

Die Resi bekam für sich und ihre Tochter die größere Wohn-
küche als Wohn- und Schlafplatz, den Rest mussten wir uns
teilen. Meine drei Schwestern bekamen das Schlafzimmer,
mein Vater, mein Bruder und ich schliefen in einer kleinen
Dachkammer, und meine Mutter hatte ein Bett im Wohnzimmer, das vor allem im Winter der zentrale Ort des Hauses
für die ganze Familie wurde, da nur dort ein funktionierender
Ofen stand.

So begann das Familienleben mit einem Vater. Der Vater
war wieder da, und wie in so vielen anderen Familien fühlte
er sich berechtigt, das Kommando wieder zu übernehmen,
obwohl er morgens um acht Uhr das Haus verließ und erst
abends gegen acht Uhr zurückkam. Er hatte sich in München
mit seiner treuen Mitarbeiterin Grete ein Büro eingerichtet,
das zunächst als beratendes Ingenieurbüro galt. Niemand in
der Familie wusste recht, was er dort eigentlich tat, aber es
wurde schnell klar, dass er kaum Geld verdiente. Entsprechend
war Sparsamkeit das äußerste Gebot in der Familie.

Trotzdem musste der tägliche Ritus für ihn eingehalten
werden, insbesondere am Abend, wenn er von der Arbeit nach
Hause kam. Meine Mutter und wir Kinder hatten in der Regel
schon vorher gegessen, sodass für ihn allein der Tisch gedeckt
war, wenn er heimkam. Er war der Einzige, dem Wurst und
Käse zum Abendessen serviert wurden. Wir hatten vorher
unsere Marmeladen- oder Zuckerbrote gegessen. Mein Bruder musste zehn Minuten vor der Ankunft im nahe gelegenen
Wirtshaus einen halben Liter frisch gezapftes Bier im Krug
holen, da ihm dies viel besser schmeckte als Bier aus der Fla-
sche. Als er mehrmals lautstark monierte, mein Bruder habe
aus Unachtsamkeit unterwegs Bier verschüttet, füllte meine
Mutter den Schwund kurzerhand mit einem Schluck Leitungs-
wasser auf, um Frieden zu haben. Lautstärke war das, was ich
in dieser Zeit vor allem mit ihm verband. Er war aufbrausend,
wenn ihm etwas nicht passte.

Ich fand, dass er das Familienleben eigentlich störte. Eine
dieser Szenen ist mir in Erinnerung geblieben. Nachdem er zu

Abend gegessen hatte, hatten die Kinder den Tisch abzuräumen. Normalerweise hatte er es nicht ungern, wenn der Tisch frei war für sein abschließendes Glas Schnaps und die danach fällige Partie Patience. Doch eines Tages störte ihn irgendetwas. Meine Schwester Bärbel war an diesem Tag die Diensthabende und stand schon bereit, als er plötzlich aufstand, ihr rechts und links eine Ohrfeige verabreichte und dabei brüllte, er lasse es sich nicht gefallen, von seinen eigenen Kindern unter Druck gesetzt zu werden, schneller zu essen. Der Ausbruch wurde hingenommen, keiner wagte etwas zu sagen. Auch meine Mutter tat so, als ob nichts geschehen wäre. Schläge waren eine neue Erfahrung für die Familie. Ein unberechenbares Element hatte sich in das Leben eingeschlichen.

Bei seinen Ausbrüchen war er höchst ungerecht. Nur meine Schwester Erika, die Älteste der Geschwister, und ich als Jüngster waren ausgenommen. Es war auch sonst erkennbar, dass er uns beide vorzog. Am ehesten war er noch meiner zweiten Schwester Irmi zugeneigt, insbesondere weil sie schon früh seine Leidenschaft für die Berge teilte. Meine dritte Schwester Bärbel ignorierte er weitgehend, und meinen Bruder Klaus hielt er für etwas zurückgeblieben. Er nahm es als das Schicksal eines »Hochbegabten« hin, dass eines von fünf Kindern eben dumm sei. Diese Einschätzung ließ er Klaus auch deutlich spüren. Unglücklich war er aber vor allem darüber, dass seine beiden Söhne ausgesprochen unsportlich waren. Er selbst hatte schon als Junge viel Sport getrieben, hatte sich auch während des Studiums sportlich engagiert, bis ihn eine Rheumaerkrankung für ein paar Monate ans Bett gefesselt und dick hatte werden lassen. Aber auch danach wanderte er noch viel und war ein begeisterter Tourenskifahrer.

Die Berge waren sein Element und für mich die einzige Umgebung, in der ich als Kind eine Nähe zu ihm verspürte. Nur auf diesen Wanderungen ließ er mir gegenüber fast zärtliche Anwandlungen zu. Unsere erste gemeinsame Sommerwanderwoche fand auf einer Bergalm oberhalb von Wildbad Kreuth statt, als ich acht Jahre alt war. Und als ich an einem

Tag sechs Stunden mitgewandert war, erzählte er es beim Abendbrottisch auf einer Übernachtungshütte stolz allen Anwesenden.

Zu diesem Zeitpunkt wusste ich immer noch nicht viel über seine Vergangenheit und auch nicht über seine gegenwärtigen Probleme, im Berufsleben wieder Fuß zu fassen. Ich wusste, dass es in Deutschland einen Hitler gegeben hatte, der ein böser Mann gewesen sein musste, weil man besser nicht über ihn sprach. Ich wusste, dass es einen Krieg gegeben hatte, der Städte wie Düsseldorf und München – die einzigen, die ich bis dahin kannte – in Trümmer gelegt hatte. Mir war auch klar, dass mein Vater zu dieser Zeit irgendeine wichtigere Rolle gespielt haben musste, und ich ahnte, dass auch die Familie weit weniger arm gewesen war. Er erzählte nämlich ab und zu von einem Auto, das er damals zur Verfügung gehabt hatte, einem großen Mercedes.

Es war dieselbe Zeit, in der manchmal ein Mann nach Pullach zu Besuch kam und auch an einigen der Bergwanderungen teilnahm. Sein Name war Ernst Krieg, was ich sehr merkwürdig fand, weil mein Vater ihn doch tatsächlich aus dem Krieg kannte. Seltsam fand ich auch die Erklärung, dass er damals der Chauffeur meines Vaters gewesen war. Ein Mercedes und ein Chauffeur? Das konnte ich mir gar nicht vorstellen. In den Familien meiner Schulfreunde oder bei den Nachbarn gab es inzwischen immer mehr Autos, nicht nur VWs, auch Opel und Ford, sondern ab 1954 sogar den einen oder anderen neuen Mercedes 180 mit der Ponton-Form. Aber das war die Ausnahme. Und da sollte mein Vater einen noch größeren Wagen besessen haben?

Bei meinem Nachhauseweg von der Schule, den ich meist alleine ging, wünschte ich mir manchmal, dass wenigstens einmal ein Auto vor unserem Gartentürchen stehen sollte, um auch meiner Familie ein bisschen Bedeutung zu geben. Und nun war dieser Ernst Krieg da, der offensichtlich Zeuge einer ehemaligen Bedeutung war. Der vergangene Glanz war auch in Fotoalben konserviert, die meine Mutter auf der Flucht gerettet hatte. Es waren Bilder von Berliner Straßencafés darinnen, auf denen meine beiden ältesten Schwestern vor großen Eisbechern saßen. Auf einem Foto sah es so aus, als ob meine Schwester Irmi das Eis nur höchst widerwillig in sich hineinlöffelte. Eine unfassbare Vorstellung für mich, waren doch schon die Zehn-Pfennig-Eistüten ein seltener und exklusiver Luxus.

Wie das alles zusammenhing, blieb mir verschlossen. Unsere Armut – ich hatte noch nie ein neues Kleidungsstück bekommen, sondern trug immer die Anziehsachen der Geschwister auf – konnte ich mir nur als eine Art Bestrafung erklären. Und das musste etwas mit diesem Hitler zu tun haben!

Ab und zu wurde ich in einer der Illustrierten fündig, die wir wöchentlich vom Lesezirkel ins Haus geliefert bekamen. Die Zeitschriften waren zwar schon vier Wochen alt, dafür kostete das ganze Paket von sieben oder acht Zeitschriften nur 50 Pfennig Leihgebühr pro Woche. Mein Vater nahm abends um neun Uhr, wenn er ins Bett ging, eine oder zwei Zeitschriften mit, meine Mutter las sie irgendwann im Laufe der Woche. Doch ich stürzte mich immer gleich am Dienstagnachmittag auf sie, wenn die neue Lieferung kam. Ich fand zwar das Motto »Dem Quick-Leser gehört die Welt« der gleichnamigen Illustrierten ein wenig anmaßend, weil ich nicht nur in materieller Hinsicht davon wenig zu spüren bekam, aber ich fühlte mich beim Lesen der Geschichten dennoch in eine ganz andere Welt versetzt. Und so lernte ich auch den vergangenen Krieg und die Wunden, die er geschlagen hatte, kennen. Aber auch von neuen Helden las ich, die den Wiederaufbau maßgeblich gestaltet hätten und deren Namen mir manchmal bekannt vorkamen, weil mein Vater sie als ehemalige Mitarbeiter erwähnt hatte. Ich las auch von einem Helden im fernen Amerika, der den Weltraum mit Raketen erobern wollte. Wenn der Name Wernher von Braun fiel, leuchteten die Augen meiner Mutter und sie vergaß nie zu erwähnen, dass sie ihn gekannt habe und er einer der »Buben von Vati« gewesen sei. Also doch eine Bedeutung? Und gleich so eine große.

Ich phantasierte weiter. In einer der Zeitschriften hatte ich einen ausführlichen Bericht über Hitler und das Leben auf dem Obersalzberg gelesen. Dass unser Vater ebenfalls sehr oft dort oben gewesen war, davon zeugte ein Bild aus der Zigarrenkiste, das ich auch schon früher gesehen hatte: Hitler und mein Vater gingen im Gespräch versunken auf einem Höhenweg. In dem Bericht über das Leben auf dem Obersalzberg stand auch, dass Hitler in der Öffentlichkeit immer den Eindruck vermittelt habe, er sei mit Deutschland verheiratet, weshalb es keinen Platz für eine Frau an seiner Seite gegeben hätte. Es stand aber auch ein wenig hämisch in dem Artikel, er habe eine Geliebte namens Eva Braun gehabt, die vor der Öffentlichkeit versteckt werden musste. Hier begann nun meine Phantasie zu arbeiten. Ich hatte zwar keine Ahnung von der körperlichen Liebe, aber ich wusste, dass zum Kinderkriegen immer ein Mann und eine Frau gehörten. Wenn also Hitler eine Frau gehabt hatte, dann hatten sie sich ja vielleicht auch geküsst und so ein Kind bekommen. Weil das aber nicht sein durfte, hat er vielleicht seinen Freund Saur gefragt, ob er das Kind nicht adoptieren könne. Und das wäre ja vielleicht 1944 gewesen, in meinem Geburtsjahr. Und dann wäre ich es gewesen. Wenn das die Welt erführe, dann wäre das eine Sensation. Ich wäre die Sensation!

Doch die Sensation blieb aus. Unsere Situation änderte sich wenig. Mit einer kleinen Ausnahme: Mein Vater hatte sich gut achtzig Kilometer entfernt auf einer Almhütte auf der Kampenwand eine kleine Dachstube ausbauen lassen, wo er regelmäßig eine Woche im Monat mit seiner Sekretärin und Mitarbeiterin Grete Gringmuth verbrachte, um dort in Ruhe arbeiten zu können. Unter Ruhe verstand er vermutlich in erster Linie das ungestörte Beisammensein mit ihr. Aber im Gegenzug empfand auch die Familie Ruhe: Alle atmeten auf, wenn er weg war, das Leben war entspannter und friedlicher.

Doch eines Tages war zumindest meine Ruhe gestört. Ich war inzwischen elf Jahre alt und in der zweiten Klasse des Gymnasiums, wo ich von einem evangelischen Ortspfarrer in

Religion unterrichtet wurde. Eines Tages berichtete er – sichtlich verstört –, dass er am Tag zuvor einen Fernsehbericht gesehen habe, in dem gezeigt worden sei, wie die Juden in den Konzentrationslagern des »Dritten Reiches« umgebracht worden seien. Weil es 1955 kaum einen Haushalt mit Fernseher gab, hatte kein Schüler die Sendung gesehen. Es interessierte die meisten auch nicht – mich aber traf es. Darüber hatte ich in meinen Illustrierten bisher nichts gefunden. Aber könnte dies nicht ein Grund für das Geheimnis sein, das über unserer Familie lag?

Ich wagte nicht, das Thema zu Hause anzuschneiden. Ich hatte aber auch sonst niemanden, den ich fragen konnte. Eine mühsame Suche nach der Wahrheit über einen Vater begann.

ERSTE ERINNERUNGEN
(MICHAEL SAUR)

Ich habe eine klare, sehr frühe Erinnerung an meinen Vater. Er saß abends bei mir am Bett und erklärte mir, dass die Nacht genau so lang dauert wie der Tag. Aber wie ist das möglich, die Augen zu schließen, um sie schon im nächsten Moment ausgeschlafen wieder zu öffnen, während ein Tag doch schier ewig dauert, fragte ich verschreckt. Plötzlich spürte ich die Furcht, der neuen Dimension der Nacht ausgeliefert zu sein. Von nun an ging ich noch weniger gern am Abend ins Bett. Ich wollte nicht mit dem langen, nutzlosen Schlaf viel Zeit vergeuden.

Nach dem ersten Schrecken erwog ich ernsthaft den Plan, mein künftiges Leben ganz ohne Schlaf zuzubringen. Mein Vater versicherte mir, es mache nichts aus, dass die Nacht so lange dauere. Meine Eltern und meine Geschwister, unser Haus, der Schlittenberg vor der Tür und der Lebensmittelladen am Ende der Straße mit den Wiener Würstchen – mein Kosmos – würden am nächsten Morgen noch genauso da sein wie am Morgen davor. Mein Vater verstand es, mich so lange zu beruhigen, bis ich so müde war, dass mir die Augen zufielen.

Ich lernte während dieser Gutenachtstunde gleichzeitig, dass mein Vater nicht nur der Überbringer guter Nachrichten war (»Wir fahren an den Starnberger See«, »Wir gehen Pizza essen«, »Hier ist das Taschengeld«, »Wir haben ein neues Auto«). Er verstand es auch, den Schrecken aus weniger guten Nachrichten zu entfernen. Ich verstehe heute auch, dass es das erste Mal war, dass er mir wirklich etwas beibrachte. Er konnte mich Dinge lehren, die im ersten Moment schmerzhaft schienen. Solche Sachen sind es, die man nicht mehr vergisst. Wie jeder gute Vater war er auch ein Lehrer, und wie jeder anerkannte Lehrer gewann er dadurch an Macht. Die nächsten zehn Jahre akzeptierte ich seine Gesetze. Als ich 15 war, änderte sich das.

Wir wohnten damals in einem 200 Jahre alten Bauernhof in einem kleinen Dorf am Rand zum Allgäu. Mein Vater arbeitete als Redakteur bei der *Süddeutschen Zeitung* und kam nur an den Wochenenden aus München, unsere Mutter kümmerte sich während der Woche um uns drei Kinder. Sie hatte mir einen Ruck- und Schlafsack gekauft, denn ich wollte in den Sommerferien mit einem Freund nach Italien trampen. Schon meine Vorfreude war riesig. Es war, als hätte ich mein kurzes Leben lang nur darauf gewartet, alleine loszureisen und nicht mehr nur halb unbewusst auf Überraschungen zu hoffen oder sie herbeizusehnen. Dann zum Beispiel, wenn ich jeden Tag nach der Schule gespannt den fast immer leeren Briefkasten öffnete (wer sollte mir auch schreiben?) oder ans Telefon hetzte, wenn es klingelte. Ich hoffte auf etwas Unerwartetes, das selten genug eintraf.

Ich hatte 400 Mark von meinen Eltern bekommen für die Reise. Die sollten für zwei Wochen reichen. 300 Mark hatte ich zusätzlich dabei, als Reserve. Abgemacht war, dass, solange keine unvorhergesehenen Schwierigkeiten eintreten würden, ich auf jeden Fall die Reservekasse wieder mit nach Hause bringen und zurückgeben würde. Wir packten unsere Rucksäcke, und am ersten Ferientag fuhren wir mit der Mutter meines Freundes ab, die uns zu unserer Trampstation zwanzig Kilometer südlich des Dorfes brachte. Der erste Wagen, der uns mitnahm, war ein japanisches Sportauto, dessen Fahrer uns von dem Grenzort Reutte nach Innsbruck fuhr. Der Mann hinter dem Steuer hatte genauso viel Spaß an diesem Auto wie wir, denn er fuhr nur für uns nach Innsbruck. Dann legte er noch eine Extrarunde ein und brachte uns hinauf auf den Brenner. Es war ein sonniger Tag, und ich schaffte es, alle Gedanken an zu Hause und den Alltag abzustreifen. Das ist bemerkenswert, denn ich hatte bei der Abreise ein nicht ganz unwesentliches Geheimnis zurückgelassen, um das ich mir mit jeder Minute weniger Sorgen machte, bis ich es ganz vergessen hatte.

Am Abend kamen wir in Lido de Iesolo, einem Badeort an der italienischen Adria, an. Mein Freund und ich schliefen im Freien und wachten am nächsten Morgen unter Zypressen auf. Dann suchten wir uns einen Campingplatz, bauten unser winziges Zelt auf, mieteten Mopeds und fuhren damit in das Strandhotel, in dem meine Freundin mit einer Tante Urlaub machte. Die nächsten Tage nahmen ihren Lauf. Wir aßen in den Straßenrestaurants und ließen uns die Haare bis auf einen Zentimeter herunterschneiden. Wir tranken Bier und fuhren betrunken, wurden von der Polizei angehalten, bekamen anstatt eines Strafzettels je eine Ohrfeige verpasst und lachten sie weg. Es war eine Zeit im Leerlauf.

Nach nur einer Woche war das Geld alle. Einschließlich der Reserve. Uns blieb nichts anderes übrig, als schon am nächsten Morgen die Rückreise anzutreten. Mit dem letzten Geld stiegen wir in Venedig in den Zug und lösten Billets für die halbe Strecke. So schafften wir es bis Innsbruck, wo der Schaffner uns blinde Passagiere nachts hinauswarf. Am nächsten Morgen riefen wir mit unseren letzten Groschen erst die Eltern des Freundes und dann meine Eltern an und baten sie, uns in Österreich abzuholen. Wir begriffen nicht, dass wir damit unsere Niederlage eingestanden. Nicht nur war es nicht unser eigenes Geld gewesen, das wir so gründlich auf den Kopf gehauen hatten. Wir waren uns auch nicht zu schade, der Reise durch diesen kläglichen Hilferuf ihre Würde zu nehmen. Unsere Eltern lehnten allerdings ab, und wir begannen an einer Kreuzung an die Seitenscheiben der Autos zu klopfen, die in unsere Richtung abbogen. Am Nachmittag trafen wir schließlich ausgehungert und kein bisschen beschämt zu Hause ein.

Eine Nacht lang erhielt ich Galgenfrist. Am nächsten Morgen bat mein Vater mich um einen Spaziergang. Ich wusste, was nun drohte. Spazieren gegangen wurde dann, wenn ernste Gespräche anstanden. Nicht nur hatte ich alles Geld ausgegeben und war eine Woche früher zurückgekehrt als geplant, dazu noch mit einem Stiftenkopf. Es war nun auch der Moment, in dem mich mein Geheimnis mit aller Wucht einholen würde.

Ich war in der Schule durchgefallen in dem Jahr. *Das* wussten meine Eltern. Was sie nicht wussten, jedenfalls nicht gewusst hatten, als ich hoffnungsfroh im Sportauto nach Innsbruck saß, war, wie verheerend mein Zeugnis tatsächlich ausgefallen war. Mein Vater hatte immer noch gehofft, ich könnte nach meiner Reise eine Nachprüfung ablegen, um dann zum Schuljahresbeginn in die nächste Klasse aufzurücken. Während unseres letzten Telefonats vor dem Italienurlaub hatte ich ihn in dem Glauben gelassen, weil ich die Reise auf keinen Fall gefährden wollte. Ich hatte ihn angeschwindelt und das tatsächliche Ausmaß der schulischen Katastrophe verschwiegen, nämlich dass eine Nachprüfung völlig ausgeschlossen war und kein Weg daran vorbeiführte, dass ich mit Pauken und Trompeten durchfiel und wahrscheinlich eines der schlechtesten Zeugnisse besaß, das jemals von der Schule ausgestellt worden war.

Wir hatten damals einen Hund, eine neurotische, aber liebenswerte Töle namens Tinka, die mein Vater an der Leine hielt, als er mich nach draußen rief. Der Hund wedelte mit dem Schwanz und zog. Mein Vater spürte mein Zögern, änderte nun seinen Ton, bat nicht mehr, sondern befahl mir mitzukommen. Vielleicht noch im Rausch der Italienreise sagte ich nein. Er wurde energischer. Dann geschah etwas: Wie ich ihn da stehen und auf so untypische Art drohen sah, begriff ich, dass seine Macht Grenzen hatte. Wenn ich mich weiter weigern würde, gab es nichts, was er tun konnte.

Ich ging schließlich mit. Dieser Spaziergang, der für mich nur ungemütlich war, bedeutete ein Dilemma für meinen Vater. Die Schule und meine schlechten Noten waren mir so fern, so unbedeutend und egal, dass ich das Zeugnis einzig und allein als Hindernis für meine anstehende Reise gesehen hatte, keineswegs aber als längerfristiges Problem. Und hierin lag auch das Seltsame oder Besondere. Auch mein Vater war nicht so sehr erbost über das Zeugnis selbst, nicht wirklich enttäuscht oder beschämt darüber, dass ich sitzen geblieben war. Er war auch ein schlechter Schüler gewesen, der selbst einmal eine Ehrenrunde gedreht hatte – und er gehört zu der Sorte Mensch, die Mängel, die sie selber besitzt, anderen am ehesten verzeiht. Es war sozusagen der Verrat an genau dieser Großzügigkeit, die sein Blut in Wallung brachte. Als meine Mutter, der ich das Zeugnis zunächst nur vorgelesen hatte, nämlich mein Zeugnis gesehen hatte und ich im wahrsten Sinne des Wortes schon über alle Berge war, hatte sie meinen Vater in seiner Münchner Redaktion angerufen und ihm erzählt, wie schlecht es tatsächlich ausgefallen war. Er hatte ihr geantwortet, dass sie töricht sei, ich hätte ihm doch das Zeugnis vorgelesen. Der Konflikt war also entbrannt zwischen meiner Mutter und meinem Vater, weil er meinem Wort vertraut hatte, wohingegen meine Mutter die blanken Fakten ins Feld führte – und trotzdem und beinahe irrwitzigerweise glaubte er ihr *nicht*. Bis er das Zeugnis selber in den Händen hielt.

Was aber hat das alles mit meinem Großvater, dem Nazi zu tun? Mein Vater war der Sohn eines autoritären Mannes, eines Mannes, der sich auf beinahe lächerliche Weise Adolf Hitler verschrieben hatte, der im »Führer« so etwas wie eine Vaterfigur erkannte. Mein Großvater war noch keine vierzig, als er in die unmittelbare Nähe des Diktators rückte, ins Scheinwerferlicht der Geschichte geriet, nur wenig älter als ich in dem Moment, in dem ich diese Zeilen schreibe. Mein Großvater war jemand, der während seiner Karriere im »Dritten Reich« sich nach oben duckte und nach unten trat. Er war in seinem Arbeitsumfeld als Plärrer und als Despot bekannt und gefürchtet. Er stand Hitler bis zuletzt loyal zur Seite, war aber zugleich gezwungen, wie viele andere auch, dies nach Kriegsende wie ein Geheimnis zu hüten.

Dabei braucht ein System wie das der Nazis nur *einen* Ideologen und ansonsten lauter Männer, die für den »Führer« alles tun. Die Spitze um einen Despoten setzt sich zusammen aus Männern, die entweder der Macht eines Mannes verfallen oder bürokratische Karrieristen sind. Mein Großvater hat zur ersten Kategorie gehört.

Er war jemand, der gefallen wollte. Das war alles. Also ging er dort hin, wo er Gefallen zu finden glaubte – auch nach dem Krieg. Das waren nicht alle seine Kinder, sondern nur zwei, das war nicht seine Frau, sondern seine Geliebte, die ihm die zu Zeiten des »Dritten Reiches« erworbene Anerkennung noch nicht abgesprochen hatte. Daheim herrschten Not und Enge. Er war zu Hause überhaupt nicht im Stande, irgendeine Art von Ideologie anzuwenden. Und darin liegt eine gewisse Ehrlichkeit seiner Person, die wieder bestätigt, was ich vermute: Dass er kein Ideologe war. Er betrog seine Frau und machte gewaltige Unterschiede in der Behandlung der einzelnen Kinder. Er liebte den Jüngsten und die Älteste unter seinen fünf Kindern, die anderen schlug er. Er liebte das Mädchen, das kam, als seine große Zeit im »Dritten Reich« begann, und er liebte den Jungen, der kam, als seine große Zeit zu Ende ging, als wären diese beiden Kinder die Klammer, die die besten Jahre seines Lebens zusammenhielten, und sei es nur in seiner Erinnerung.

Mein Großvater hatte Ingenieurwesen studiert und war in Hitlers politischem Testament bis zum Reichsminister für Rüstung aufgestiegen. Vor Beginn des NS-Regimes hatte er wichtige Stellungen bei der Firma Thyssen inne. Er hat dort 1922 die damals noch unbekannte *Just-in-Time*-Fabrikation eingeführt, was einer meiner Onkel – ebenfalls ein Ingenieur – gerne erwähnt, wobei er dann gern noch hinzufügt, dass der »Großvater Saur wirklich genial« gewesen sei. Sich Jahre später, als unbedeutender Kleinverleger in einem winzigen Büro gleich neben den S-Bahn-Gleisen des Münchner Vorortes Pullach Hunderte von Werbebriefen für ein neues technisches Kompendium unter dem Füller vom Sohn wegziehen zu lassen, um den Unterschriftsprozess so schnell wie möglich zu betreiben, entsprach seiner Idee von Effizienz. Dass sein mehr schlecht als recht laufender Verlag nicht sonderlich von derartigen Einsparungen wie dem raschen Briefwegziehen profitieren konnte, muss mein Großvater gewusst haben. Seine ungeschickte Art, Prioritäten zu setzen, spiegelte sich jedenfalls bis zu seinem Tode in seinen schlechten Bilanzen wider.

Ich bin immer noch erstaunt darüber, dass mein Großvater es seinem älteren Sohn Klaus übelnahm, im Geschäftlichen besser gewesen zu sein als er, bin immer noch verwundert darüber, dass ihm sein Stolz wichtiger war als die Aussicht auf ein gesundes Unternehmen, das immerhin einen Großteil der Familie zu ernähren hatte. Mich überrascht die Diskrepanz zwischen Innen- und Außenwelt, ich wundere mich über die Instinkte der Menschen im Allgemeinen und im Besonderen darüber, dass im Falle meines Großvaters das psychologische Überleben offenbar vor dem physischen kam. Mein Großvater wollte, dass mein Vater den kränkelnden Betrieb führt, in voller Verkennung der Tatsache, dass Klaus der einzige logische, weil der einzige fähige Nachfolger war.

Mein Vater wollte mich bei dem Spaziergang schimpfen, aber auch die angeknackste Verbindung zu mir wiederherstellen. Nichts hat mich über meinen Vater wütender gemacht, als wenn er dachte, ich könnte etwas nicht tun aus dem einfachen Grund, weil er es nicht können würde. Ich wehrte mich gegen diese Gleichmacherei, gegen diesen totalen Loyalitätsgedanken. Zugleich machte ich ihn mir beizeiten zunutze. Ich war oft genug über mich selber wütend, wenn ich als Kind das Spiel mitgespielt hatte, nämlich dass wir gleich und ähnlich waren, sozusagen eine Verbindung miteinander hatten, die nach außen hin unsichtbar war. Witze und Wortspiele flogen in Ping-Pong-Manier zwischen uns beiden hin und her. Erst später wurde mir klar, dass dieses Hin und Her genug Leuten auf die Nerven ging, weil es auch etwas Prätentiöses hatte, in jedem Fall aber etwas Verschwörerisches, etwas, das andere ausschloss, das andeutete, dass etwas zwischen uns war, das andere nicht hatten.

Mir fehlt der Einblick, ob das nicht ein Mechanismus ist, dem alle oder viele Kinder unterliegen. Als ich als Jugendlicher den Film »Carrie« nach einem Buch von Stephen King im Fernsehen sah, erkannte ich zwar keine Verwandtschaft, aber Ähnlichkeiten in der Rolle des Mädchens, gespielt von Sissy Spacek. Carrie wird von ihrer Mutter in Isolation gehalten. In der Schule ist sie eine Außenseiterin, bis sie sich in einem Amoklauf an ihren Mitschülern für die Nichtbeachtung rächt. Es war eine dieser Geschichten, die nicht eins zu eins übertragbar sind. Ich verstand aber genau, warum Carrie in diesem Amoklauf die Mutter mit einbezog: Sie hatte sie von der Welt ferngehalten, wofür sie sie am Ende also tötete.

Jedenfalls wollte mein Vater partout nicht glauben, dass ich ihn angelogen hatte, und vielleicht gab mir das damals eine gewisse Genugtuung, auf einer Ebene allerdings, die jenseits meines Bewusstseins stattfand. Aber es war dieser Italien-Urlaub, der eine Machtverschiebung innerhalb unseres Verhältnisses auslöste. Dies mag ein normaler Vorgang sein, der Teil des Älterwerdens ist, ein Kampf, von dem jeder Sohn eine Geschichte zu erzählen weiß. Es ging um dieses unsichtbare Band, das mein Vater zu mir hin geflochten hatte, oder genauer: die Verlängerung eines Bandes, das wohl auch mit seinem Vater existierte. Manchmal, in Momenten der Not, verließ ich mich auf dieses Band, in anderen Momenten wieder, wenn ich mir meiner sicher war, begann ich damit zu spielen, es zu dehnen. Es spricht für meinen Vater, dass er diese Versuche tolerierte. Es spricht auch für eine Kontinuität seinerseits, dass er von seiner Masche nicht abrückte. Es war wie bei zwei Bergsteigern, die zusammen auf Tour gehen und dabei mit einem Seil aneinandergebunden sind. Er dachte, das Seil würde einander retten. Ich dachte, würde einer fallen, würde der andere auch fallen.

Mein Vater stammte aus dieser bedrängt zusammenlebenden Familie, in der die Welt draußen zum Feindesland geworden war, weil sie für die große Vergangenheit des Vaters kein Verständnis mehr aufbringen konnte. Er war der Sohn eines Nazis, den er als autoritär kannte, der aber nach außen dafür keine Anerkennung erwarb, sondern nach dem Krieg der kollektiven Scham erlag, die er nur in den vier Wänden nicht in ihrem ganzen Maße fühlte. Er war nach außen hin zwar nicht bußfertig, aber verdruckst. Es entstand diese Diskrepanz zwischen der Außen- und Innenwelt. Dies muss bei ihm eine seltsame Mischung von Verhaltensweisen hervorgebracht haben. Er konnte tyrannisch sein, aber auf eine leisere, eine unterschwelligere Art, war es jedoch niemals nach außen hin. Mein Vater hatte einen Vater, der entnazifiziert worden war und vielleicht gerade deswegen niemals entmystifiziert für meinen Vater.

Die Buben gingen nach der Schule ins Büro, wo die Sekretärin nickte. Da war der Vater oft schon wieder zu Hause oder auf seiner Hütte auf der Kampenwand, wo er eine Woche im Monat arbeitete, und niemand nahm den Kindern die schleifenden Leistungen in der Schule übel. Irgendwie hatte der Vater geschafft, dass die Jungen sich nicht messen wollten mit den Gleichaltrigen, mit dem, der gut Ski fuhr, mit dem, der eine Eins schrieb in Latein, mit dem, der wusste, wie man einen Vergaser beim Mofa säubert. Und so wurden sie eingekrustet, lebten nicht in der Welt da draußen, sondern in der Drinnenwelt. Der Welt dieser seltsam widersprüchlichen Familie.

Davon hat sich etwas weitergetragen in unsere Familie, ja bis in meine Generation. Ich habe durch diese Erwartungshaltung gelernt, oft das Unerwartete zu tun. Als ich bei einer meiner Lesungen gefragt wurde, warum ich gerne Bücher mit kriminalistischen Komponenten schreibe, erklärte ich dieses bis in meine schriftstellerische Arbeit hineingehendes Prinzip so: Ich spiele mit dem Unerwarteten, mit der plötzlichen Wendung, dann erst lebt etwas. Wenn ich das Unerwartete nicht mehr spüre, erlebe ich den Stillstand.

Das Unerwartete kommt von draußen. Dies ist und war das Kapital, das mir mein Vater mitgegeben hatte. Obwohl das nicht sein Plan war, hat er mir dabei immer die Stange gehalten.

MEIN VATER

(KARL-OTTO SAUR)

Mein Vater wurde ein Jahr älter, als ich jetzt bin. Er wurde 64 Jahre und einen Monat alt. Ich bin, als ich diese Zeilen schreibe, 63 Jahre und einen Monat alt. Ich habe das letzte Bild von ihm noch vor mir. Es ist der 24. Juli 1966. Er sitzt an seinem Schreibtisch im Pullacher Häuschen, und ich vereinbare mit ihm, dass ich ihn drei Tage später nach Bad Wörishofen fahren werde. Er hatte zwar als junger Mann den Führerschein gemacht, aber bereits nach kurzer Zeit nie mehr ein Auto gelenkt, schließlich hatte er im »Dritten Reich« einen Chauffeur. Danach hatte es nie mehr zu einem Auto gereicht. Nun nahm er öfter meine Fahrdienste in Anspruch. Mein Bruder und ich hatten für den Verlag, der aus dem Ingenieurbüro unseres Vaters hervorgegangen war, einen olivgrünen Opel Rekord Baujahr 1957 für 1100 Mark erworben. Doch zur vereinbarten Fahrt kam es nicht mehr. Das Letzte, was er in seinem Leben tat, war eine 500 Meter lange Fahrradfahrt in das kleine Büro des Verlages, den er ein halbes Jahr zuvor meinem Bruder und mir überschrieben hatte. Er wollte mit seinem Besuch bei meinem Bruder Klaus wie üblich zeigen, dass er trotz der Übergabe noch präsent sei. Es reichte aber nur noch dazu, sich auf das Sofa zu setzen und zu sagen, dass ihm schlecht sei. Zwölf Stunden später war er tot.

Heute fahre auch ich morgens immer 500 Meter mit dem Fahrrad, um die Post für mein Büro zu holen. Ich radele jeden Morgen gegen meinen Vater an. Ich habe ihn in Erinnerung, wie er gemächlich auf ein Damenfahrrad stieg, vorsichtig in die Pedale trat und vor dem Ziel immer langsamer wurde, um ebenso gemächlich wieder absteigen zu können. Wenn ich aufs

Rad steige, will ich mir jedes Mal beweisen, dass ich noch jung bin. Dafür habe ich bei Eis und Schnee schon mit dem einen oder anderen Sturz bezahlt und mir das Gespött meiner Enkelkinder eingeheimst. Aber ich brauche das andere Radeln, um mir zu beweisen, dass ich anders lebe als mein Vater, dass ich anders bin als mein Vater: Mein Vater war Nazi, ich war Juso. Mein Vater war ein lauter Choleriker, ich bin eher leise und konfliktscheu, mein Vater war ein bedingungsloser Anhänger Hitlers, mir sind alle suspekt, die eine Idee über den einzelnen Menschen stellen, mein Vater war Ingenieur und vom Fortschritt der Technik überzeugt, ich fürchte, dass der technische Fortschritt auch einen geraden Weg in den Abgrund bedeuten kann. Ich habe nicht erlebt, dass mein Vater einen Roman gelesen hat oder ins Theater gegangen ist, ich halte Bücher, Kinobesuche und Theateraufführungen für wesentliche Orte der geistigen Besinnung und Auseinandersetzung.

Doch trotz allem, was ich an ihm und an seinem Leben negiere, habe ich ihn auch anders kennengelernt. In den letzten Jahren seines Lebens war er ein liebevoller – etwas tollpatschiger – Großvater, ein etwas hilfloser, aber hilfsbereiter Opa, wie man ihn aus Bilderbüchern kennt. Ich bin seit 13 Jahren Großvater, und meine Enkel wissen, was sie mir bedeuten. Wir wohnen mit der Familie unserer Tochter auf ihren Wunsch im selben Haus, und die Kinder nehmen selbstverständlich meine Koch- oder Fahrdienste in Anspruch, wenn ihre Eltern nicht da sind. Sie reden die Großeltern mit dem Vornamen an, was ich mit Genugtuung zur Kenntnis nehme. Aber als ich vor einigen Jahren erzählte, dass mich ein jüngerer Mann in Berlin auf dem Fahrradweg glaubte mit den Worten »Hey Opa, falsche Seite« auf mein verkehrswidriges – in meinen Augen aber vernünftiges – Fahrverhalten hinzuweisen, meinten sie nur lapidar, ich hätte keinen Grund, eingeschnappt zu sein. Ich sei doch auch in Wirklichkeit ein Opa.

Mir würde ein großes Glück entgehen, wenn ich keine Enkel hätte. Aber so, wie ich kein Nazi sein will wie mein Vater, so will ich auch kein Opa sein, wie er einer war. Also ist es vielleicht nur der ganz normale Generationenkonflikt, den ich bis in mein Alter hineingeschleppt habe? Fühlen sich die Söhne und Töchter nicht immer ihren Eltern überlegen? Oder kommen sie doch nicht los und müssen sich immerzu in einer Absetzbewegung zu ihnen definieren? Was für viele normal ist – dass sich im Alter das Verhältnis umdreht, dass die Kinder die Verantwortung für Eltern wieder übernehmen müssen, weil diese hilflos oder pflegebedürftig werden –, blieb mir erspart. Nicht nur mein Vater wurde nur 64 Jahre alt; auch meine Mutter war erst 65, als sie 14 Jahre später starb.

Aber dennoch fühlte ich mich belastet durch meine Eltern, und zwar schon von Kindesbeinen an. Wie viele Erwachsene in den 1950er Jahren vermittelten sie ihren Kindern, dass sie die eigentlich Leidenden seien, die kein Unrecht getan hatten, sondern im Gegenteil die vom Schicksal geschlagenen waren. Also erwarteten sie von uns Kindern Rücksichtnahme, Hilfsbereitschaft, Verzicht und Respekt. Widerworte oder gar Widerstand wurden nicht geduldet. Als ich einmal als Jugendlicher das schöne, aber doch recht harmlose Wort »Papperlapapp« aufgeschnappt hatte und es auch in einem Gespräch mit meinem Vater verwendete, gab es eine ungewöhnlich scharfe Rüge wegen Ungebührlichkeit. Als ich diese Anekdote irgendwann meinen Enkelkindern erzählte, konnte ich sie damit nur langweilen.

Aber wofür beanspruchten meine Eltern Respekt: dafür, dass mein Vater Nazi war, und zwar an entscheidender Stelle, dass meine Mutter selbstverständlich an seiner Seite lebte und in all dem, was um sie herum passierte, nichts Anstößiges fand? Ich wusste das alles natürlich nicht als kleines Kind, sondern habe es nach und nach erfahren und mir aus Erinnerungen, aber auch Dokumenten und Akten zusammengeklaubt. Mein Vater brannte zunächst im Amt für Technik und dann in seinem Amt im Rüstungsministerium vor Ehrgeiz, seine Aufgaben zu erfüllen und nach Höherem zu streben. Und so war er 1942 mit vierzig Jahren bereits am ersten Höhepunkt

seiner Karriere angelangt. Zu seinem 40. Geburtstag bekam
er von drei Mitarbeitern ein Album geschenkt, in dem er als
ebenso wichtiger wie ruheloser Organisator der Rüstung
porträtiert wird. Im selben Alter war ich Redakteur bei der
Süddeutschen Zeitung, seit fast zehn Jahren in derselben Position. Meine Frau und ich – Uli hatte gerade ihr Studium der
Sozialpädagogik abgeschlossen und ihren ersten Job in einem
psychiatrischen Krankenhaus angetreten – hatten damals
Mühe, genug Geld für das Leben einer fünfköpfigen Familie
zu verdienen. Ich wusste aber auch, dass ich Glück gehabt
hatte.

Ich hatte erst mit 27 Jahren die Möglichkeit ergriffen, meinem Traumberuf näher zu kommen. Nachdem ich aus dem
gemeinsam mit meinem Bruder betriebenen – damals noch
sehr kleinen – Verlag ausgeschieden war, konnte ich von meinem Anteil während der zweijährigen Journalistenausbildung
die Familie ernähren. Meine Frau und ich hatten 1965 mit
21 Jahren geheiratet und waren drei Jahre später Eltern von
drei Kindern. Nach der Geburt des dritten Kindes wurde ein
Schwager beauftragt, uns diskret auf die bereits im Handel be-
findliche Antibabypille aufmerksam zu machen. Doch bei allen
materiellen Problemen, die noch auf uns zukommen sollten,
waren die Kinder das Glück unseres Lebens. Und natürlich
wollten wir, wie die meisten jungen Eltern, alles anders machen als unsere Eltern.

Nach der Ausbildung bekam ich mit 28 Jahren eine Repor-
terstelle in der Lokalredaktion der *Süddeutschen Zeitung*. Mein
erstes Gehalt im Dezember 1972 betrug brutto 1225 Mark,
unsere festen Kosten – ohne Kleidung und Essen – beliefen
sich aber bereits auf 1500 Mark. Also war ich vom ersten Tag
an auf Nebenjobs angewiesen, um das zum Leben notwendige
Geld zu verdienen. Doch sollten es Jobs um jeden Preis sein?
Nach den Studentenunruhen und der politisch aufgeladenen
Atmosphäre der frühen siebziger Jahre erschien es nicht nur
mir unmöglich, für eine Zeitung des Springer-Verlages zu arbeiten. Aber hätte ich mit einer solchen Moral meine Familie

ernähren können, wenn ich keinen anderen Job angeboten bekommen hätte?

Ein Freund aus meiner Journalistenschulklasse machte im Sommer 1972 ein Praktikum bei der Münchner Redaktion der *Bild*-Zeitung. Er wurde dort nach Zeilen bezahlt. Eines Tages bekam er den Auftrag, über den tödlichen Auto-Unfall eines 18-jährigen Starnbergers zu schreiben, der gegen einen Alleebaum gerast war. Sein Chef gab ihm den Hinweis, dass er »mit Foto« 75 Zeilen schreiben könne, ohne Foto sei es eine Meldung von lediglich 15 Zeilen. Auf seine Nachfrage, wie er denn die Familie dazu bekommen könnte, ein Foto herzugeben, bekam er folgende Belehrung: Er solle zur Mutter gehen, wenn er wüsste, dass sie alleine sei, und sie um das Foto bitten. Wenn das nicht funktioniere, solle er die Bitte äußern, sich ein paar Fotos anschauen zu dürfen, um sich selbst ein Bild von dem Jungen machen zu können. Wenn dann ein Foto vor ihnen läge, solle er doch mit dem Hinweis kommen, der Sohn würde es sicher als Ehre empfunden haben, in der *Bild*-Zeitung abgebildet zu sein. Sollte dies immer noch nicht zum Erfolg führen, dann solle er um ein Glas Wasser bitten, um eine Tablette gegen sein Kopfweh schlucken zu können. Und wenn die Mutter in der Küche sei, könne er ja eines der Bilder verschwinden lassen.

Dieser Zynismus – und er war sicher nicht der schlimmste, der mir im Laufe meines Lebens im Journalismus begegnen sollte – ließ uns erschauern. Aber ich weiß nicht, was ich getan hätte, wenn ich kein anderes Angebot bekommen hätte als von der *Bild*-Zeitung. Diese Geschichte passierte kurz nach der Veröffentlichung von Günter Wallraffs Buch über seine verdeckte Arbeit bei der *Bild*-Zeitung. Darin stand ein Satz, der mir besonders auffiel und dessen Inhalt ich nie wieder vergessen habe. Und der handelte von der Schizophrenie, die Wallraff selbst erlebte. Er hatte einen Auftrag erhalten, den er moralisch besonders verabscheute, und dennoch spürte er einen Ehrgeiz, den anderen in der Redaktion zu zeigen, dass er die Gesetze dieser Zeitung begriffen habe. Er wollte plötzlich sich und den anderen beweisen, dass auch er ein guter Bild-Reporter sein konnte.

Ich habe mich oft gefragt, ob sich mein Vater über seine Haltung und Taten während des »Dritten Reiches« im Klaren gewesen ist. Ob es Momente gab, in denen er sich selbst in Frage gestellt hat, in denen er sich vielleicht geschämt hat. Das klingt – angesichts der damals verübten Verbrechen – harmlos und leicht gesagt, aber ist es wirklich so einfach, sich selbst Rechenschaft abzulegen? Und ist es nicht schwieriger, je monströser die Taten sind?

Ich habe in meiner Familie den Ruf, zu selbstgewiss zu sein. Ein beliebter Vorwurf meiner Kinder ist, dass ich »beratungsresistent« sei, vor allem, wenn ich mich in einer bestimmten Frage verrannt habe. Diese Kritik hat mich nicht sehr verändert, aber sie macht mich zumindest immer mal wieder nachdenklich. Vor vielen Jahren ging ich mit einigen Kollegen nach einer Preisverleihung gemeinsam zum Hotel. Das eher heitere und vom Alkohol beflügelte Gespräch nahm unerwartet eine ernste Wendung, als einer das Wort Scham einbrachte. Einer meiner besten Freunde, auf dessen Urteil ich viel gab und gebe, fragte mich plötzlich, wann ich mich das letzte Mal geschämt hätte. Mir fiel keine Situation ein, und das sagte ich auch. Dennoch ärgerte ich mich über das ungläubige Staunen in der Stimme meines Freundes.

Am nächsten Tag fuhr ich alleine mit dem Zug nach München zurück. Die gesamte Fahrt über ging mir das kurze Gespräch vom Abend zuvor nicht aus dem Kopf. Und nun schämte ich mich dafür, dass mir nichts eingefallen war. Nun dachte ich an eine ganze Reihe von Situationen, in denen ich mich so benommen hatte, wie ich es bei anderen Menschen sofort kritisiert hätte. Eine Kollegin, mit der ich 14 Jahre im selben Zimmer gearbeitet habe, hatte mich einmal darauf angesprochen, dass ich die »richtigen« Leute schätzen würde, mich selber aber häufig nicht so verhalten würde wie diese. Auf der Zugfahrt fiel mir ein, wie ich einmal jemandem aus Dummheit und falschem Ehrgeiz geschadet hatte.

Diese Episode trug sich 1975 zu, als ich Medienredakteur der *Süddeutschen Zeitung* war und den Ehrgeiz hatte, auch für die »Seite Drei«, den »Ehrenplatz« für jeden Redakteur des Hauses, zu schreiben. Dem zuständigen Redakteur habe ich daraufhin eine Geschichte über die Situation der Verlage und des Buchhandels in der DDR angeboten. Durch meine frühere Verlagstätigkeit kannte ich mich in diesem Bereich gut aus. Und dann konnte ich sogar durch eine zufällige Begebenheit, die sich einige Wochen vorher zugetragen hatte, das Thema anreichern. Für eine Tagung war ich mit dem Zug nach Regensburg gefahren. In mein leeres Abteil kam kurz vor Abfahrt am Münchner Hauptbahnhof eine ältere elegante Dame mit einem schweren Koffer. Ich half ihr, ihn in der Gepäckablage zu verstauen. Entschuldigend sagte sie, er sei nur so schwer, weil sie nach Leipzig zurückfahre und ihren Freundinnen und Bekannten Mode- und sonstige Zeitschriften aus dem Westen mitbringen müsse.

Im Verlauf des Gespräches erzählte sie mir, dass sie Kinderbuchverlegerin in der DDR sei. »Dann müssen Sie Lucie Groszer sein«, war meine Replik, die sie sehr erstaunte. Im Westen war sie kaum bekannt, aber ich wusste, dass sie eine der wenigen ostdeutschen Verlegerinnen war, die lange den Verstaatlichungsansinnen widerstanden hatte, und immer noch ihrem eigenen Verlag vorstand, wenngleich der inzwischen mit staatlicher Beteiligung geführt wurde. Wir unterhielten uns auf der Fahrt bis Regensburg angeregt, und mit der genauen Schilderung dieses Gespräches begann ich meine Reportage auf der »Seite Drei«.

Ich bekam viel Lob für die Geschichte, bis ich nach ein paar Wochen den Ostberliner Korrespondenten der *Süddeutschen Zeitung*, der auf Besuch in der Zentrale war, auf dem Flur traf. Seine erste Frage war, ob ich mit der Geschichte nicht zu weit gegangen sei und ob denn Frau Groszer keine Schwierigkeiten bekommen hätte, wegen der Äußerungen über die mitgeführten West-Zeitschriften. Das konnte ich mir nicht vorstellen und wiegelte den Einwand ab, aber die Frage ging mir nicht aus dem Kopf. Tatsächlich traf ich einige Zeit später einen ehemaligen Kollegen aus einem Buchverlag, der regelmäßig zur Leipziger Buchmesse fuhr. Er hielt mir vor, dass Frau Groszer wegen der illegalen Einfuhr von bundesdeutschen Presseerzeugnissen vorgeladen worden sei und nur ihr Alter und ihr Ansehen sie vor Schlimmeren bewahrt habe. Die fällige Entschuldigung schrieb ich nie. Ich wusste einfach nicht, wie ich es ihr erklären sollte. Reichten Dummheit und Ehrgeiz als Begründung aus? Doch der Stachel saß tief – und er verschwand nicht, selbst und gerade auch, als ich Jahre später den Nachruf auf sie las.

Hat mein Vater auch einmal etwas erlebt, das ihm ein Gefühl der Scham gegeben hat? Ich habe von ihm nie ein Wort des Bedauerns oder der persönlichen Schuld über irgendetwas, das er während des »Dritten Reiches« getan hatte, gehört. In den Veröffentlichungen über ihn taucht häufiger der Vorwurf auf, er habe in seinen Augen unbotmäßigen Mitarbeitern oder Vertretern der Industriefirmen immer wieder mit der Einlieferung ins Konzentrationslager gedroht, wenn er sich oder seine Anweisungen nicht ernst genommen fühlte. Wenn er später durch Fernsehsendungen oder Zeitungslektüre mit dem Thema konfrontiert wurde, berief er sich immer nur auf seine Pflicht, die er ausgeübt habe. Mit dieser Haltung konnte er sich in seiner Familie gut aufgehoben fühlen. Denn auch dort war man der Meinung, er als Ingenieur hätte sich ja nur um die Technik zu kümmern gehabt. Mit all den schrecklichen Dingen wie der Judenverfolgung oder dem Gestapo-Terror, die man nun über das »Dritte Reich« wüsste, hätte er nichts zu tun gehabt. Dass es gerade die skrupellose Nutzung der Technik war, die den ganzen Wahnsinn des Krieges und der Judenvernichtung erst ermöglicht und Millionen von Toten verursacht hatte, ist meiner Verwandtschaft nie in den Sinn kommen.

Eine ganz andere Erfahrung habe ich mit meiner Schwiegermutter gemacht. Sie wurde 92, aber in den letzten Jahren ließ ihr Sehvermögen stark nach. Zuerst konnte sie nicht mehr lesen, dann erkannte sie auch nichts mehr auf dem Fernsehbildschirm. Ein Telefon mit großen Tasten lehnte sie als zu neumodisch ab, sodass sie eines Tages auch nicht mehr telefonieren konnte, weil sie mit ihrem alten Telefon nicht mehr zurechtkam. Ihre letzten Monate verbrachte sie weitgehend im Bett. Bei einem meiner letzten Besuche erzählte sie mir, ihre größte Freude sei, sich das Leben mit den Enkelkindern – unseren Kindern – ins Gedächtnis zu rufen. Sie hatte sich früh und viel um sie gekümmert, auch um uns ein wenig zu entlasten. So hatte sie zu ihnen schnell ein sehr viel tieferes und herzlicheres Verhältnis, als sie je zu ihren beiden eigenen Töchtern gehabt hatte. Die Kinder ihrerseits liebten sie sehr, und unsere Tochter hat nach wie vor ein Problem damit, dass keiner von den Enkeln in ihrer Sterbestunde dabei gewesen ist. Die Kinder hatten viel von ihr gelernt, aber auch sie hatte mindestens genauso viel von ihnen gelernt. Und mitten in diesem letzten ernsthaften Gespräch sagte sie plötzlich: »Ich habe auch viel darüber nachgedacht, was wir falsch gemacht haben.« Und dann folgte der Satz: »Und das mit den Juden im Dritten Reich war auch nicht in Ordnung!« Sie war ein zutiefst unpolitischer Mensch, hatte als Sudetendeutsche den gesamten Konflikt zwischen Deutschen und Tschechen miterlebt, hatte sich über den »Anschluss« an Deutschland sehr gefreut und musste bei der Vertreibung die Leiden mittragen. Nie zuvor hatte ich etwas Ähnliches von ihr gehört. Ich wusste auch, dass sie meinen Vater und meine Mutter sehr schätzte, aber doch rang sie sich zu einem solchen Satz am Ende ihres Lebens durch.

Einen solchen Satz habe ich weder von meinem Vater noch meiner Mutter je gehört. Wenn mal die Sprache auf die Judenverfolgung kam – was selten genug geschah –, dann hieß es immer: »Wo viel Licht ist, da ist auch Schatten.« Mein Vater hat die Untaten, an denen er direkt beteiligt war, auch nicht zu erklären versucht oder verteidigt, er hat sie einfach nicht erwähnt. Oder hatte er sie schlicht aus seinem Bewusstsein verdrängt?

Nur einmal echauffierte er sich. Aber in eine andere Richtung, als ich gehofft hatte. 1962 stand ein Bericht in der Zeitung, dass die sogenannte Wannseekonferenz vom Januar 1942, als unter Reinhard Heydrichs Leitung die »Endlösung« der Judenfrage endgültig beschlossen werden sollte, doch noch juristisch aufgearbeitet werden sollte. Einige der Teilnehmer dieser Konferenz, die bisher unbehelligt in der Bundesrepublik Deutschland lebten, wurden verhaftet. Darunter war auch Gerhard Klopfer, der in der Parteikanzlei der NSDAP einer der Stellvertreter Martin Bormanns und zuständig für »Rassenfragen« war. Ich hatte den Namen vorher nie gehört, aber mein Vater geriet sichtlich in Erregung, als er die Meldung las. Klopfer, ausgerechnet Klopfer, der sei so ein feiner Mann gewesen. Es sei absolut ungerecht, ihn nun in Untersuchungshaft zu nehmen und anklagen zu wollen. Zur Anklage kam es dann tatsächlich nicht; er wurde nach wenigen Wochen wieder freigelassen, ebenso wie sich alle anderen Beteiligten nicht mehr juristisch für die Teilnahme an der Konferenz und die Verabschiedung der Beschlüsse verantworten mussten. Die mutige Aktion einiger Staatsanwälte verlief – wie so viele dieser Versuche – im Sande. Es gab zwar seit 1958 eine zentrale Stelle in Ludwigsburg, die die Verbrechen des »Dritten Reiches« aufarbeiten sollte, aber der erste Leiter dieser Stelle war ein Staatsanwalt, der bereits unter den Nationalsozialisten aktiv in der Justiz tätig gewesen war.

Einer der Teilnehmer an der Wannseekonferenz war der Staatssekretär im Innenministerium Wilhelm Stuckart gewesen. Er war schon 1952 bei einem Autounfall ums Leben gekommen. Auch über ihn äußerte mein Vater nur Lobendes. Er war mir bereits vom Namen her bekannt, war er doch – neben Hans Globke, dem späteren Staatssekretär Konrad Adenauers im Bundeskanzleramt – Mitverfasser des 1935 erschienenen Kommentars zu den »Nürnberger Rassengesetzen« gewesen, die die juristische Grundlage für die Judenverfolgung gelegt hatten. Als ich im Internet nach Informationen über ihn suchte, fand ich auch eine Todesanzeige seines Sohnes Rüdiger

Stuckart, der – wie ich – 1944 geboren worden war. Er hatte sich offensichtlich später intensiv in der Berliner Studentenbewegung engagiert und auch beharrlich mit der Vergangenheit seines Vaters auseinandergesetzt. Die übrige Familie brach daraufhin alle Beziehungen zu ihm ab. Nach einem Sozialpädagogikstudium wurde er in der Behindertenarbeit für Jugendliche aktiv. Eines Tages fand er heraus, dass es außer seinen beiden Brüdern noch einen vierten Sohn gegeben hatte, der behindert gewesen sein musste und noch während des Krieges gestorben war. Gegenüber Freunden – so las ich in einem Nachruf – schloss Rüdiger Stuckart nicht aus, dass sein eigener Bruder Opfer der Euthanasie-Politik des »Dritten Reiches« geworden war, die vom eigenen Vater an maßgeblicher Stelle mitverantwortet worden war. Rüdiger Stuckart starb 2004 an Krebs, gegen den er jahrelang angekämpft hatte. Das Krebsleiden führte er auf seine Familiengeschichte zurück.

Bei meiner letzten Vorsorgeuntersuchung teilte mir der Arzt mit, dass sich meine schlechte Körperhaltung vermutlich nicht mehr korrigieren lasse, dass ich ansonsten aber vollkommen gesund sei. Keiner meiner Werte weiche von der Norm ab. Dabei kann ich nicht behaupten, dass ich besonders gesundheitsbewusst lebe. Ich rauche zwar nicht und betreibe mäßig, aber einigermaßen regelmäßig Sport. Doch auf mein tägliches Glas Rotwein will ich nicht verzichten. Ein befreundeter Journalist hat einmal über mich geschrieben, dass ich ihm vorkomme wie ein Mensch, der ständig bemüht sei, die Waagschalen des Lebens auszutarieren, damit es nicht aus dem Lot geriete. Ich weiß bis heute nicht, ob er es eher als Lob oder als Kritik gemeint hat.

MEIN VATER

(MICHAEL SAUR)

Mein Großvater war ein kleiner Mann mit Lücken zwischen den Zähnen und einem dicken Bauch. Nach allgemeinem Dafürhalten galt er als eher hässlich; nicht zuletzt war eines seiner auffälligsten Merkmale ein Stiernacken, der sich in wulstige Falten legte, wenn er das Kinn hob. Stephan Lebert bemerkte in seinem Buch über die Kinder prominenter Nazis, dass die Haare seiner beiden Söhne bis ins Alter unzeitgemäß in den Nacken hingen. Das kam daher, weil mein Großvater bis zu seinem Tod im Jahr 1966 sich in Militär-Manier den Hinterkopf ausrasierte. Mit ihren Frisuren wollten seine Söhne sich abgrenzen.

Ich wusste, dass mein Vater das Haar in Wirklichkeit aus fehlender Eitelkeit und Bequemlichkeit wachsen ließ. Er ist der einzige Mensch, den ich kenne, der nie auf die Idee käme, sich im Vorbeigehen in einem Schaufenster anzusehen. Ich kann mich nicht erinnern, dass er sich außer zum Rasieren je in einem Spiegel betrachtet hätte. Gerne wird er, Jahrgang 1944, wegen seines jetzt ergrauten Kinnbartes und der längeren Haare als ehemaliger Achtundsechziger bezeichnet. Er selbst sagt, dass er 1968 beim besten Willen andere Sorgen hatte, als revolutionäre Ideen zu verfolgen. Er war damals Vater von drei kleinen Kindern, hatte wenig Geld, und um die Familie durchzubringen, sparte er vor allem an sich selbst. Auch im billigsten Hotel klaut er bis heute die Seife. In seinen Reisetaschen finden sich noch immer die Zuckertütchen von Flughafen-Cafeterien und Bahnhofsrestaurants. Er trägt ausgebeulte Hosen. Wenn meine Mutter (die ihm manchmal auch die Haare stutzt) sich nicht um seine Garderobe kümmerte, würde er sich außer Socken im Sonderangebot nie etwas Neues anschaffen.

Ich ärgerte mich schon als Kind über meinen Vater, wenn er mir meine persönliche Eitelkeit vorhielt, gerade weil er so wenig davon besaß. Als ich mir als Teenager einen Ohrring stechen ließ, sagte er mir voraus, ich würde altern wie ein Weihnachtsbaum: behangen zwar, dafür irgendwann nicht mehr grün. In dem Satz steckt mehr, als ich zuerst glaubte: Ich hatte lange gedacht, es sei meinem Vater ganz egal, dass alles, auf das er nicht achtete, eines Tages außer Kontrolle geraten würde: dass die Fußnägel durch die Socken wachsen, die Haare endgültig zu lang werden würden, der Zahnstein zu einem kleinen Gebirge aufsteigen könnte. So sehr mich seine Gleichgültigkeit verdutzte – das eine, so dachte ich, musste ich ihm lassen: Er geht dem Alter gelassen entgegen, kämpft nicht gegen Windmühlen, ist kein Don Quichotte von der Sorte, die der Zeit ihr Recht abspenstig machen will. Diese Tatsache strahlte vor allem eines aus: Gelassenheit. Dafür schätzen ihn Leute, laden ihn ein, suchen seine Nähe, umgeben sich gern mit ihm, fragen ihn um Rat in allen möglichen Lebenslagen. Das genießt er und findet darin seine glücklichsten Momente.

Gelassenheit zeigte er auch in seinen Berufen, erst als Verleger, dann als erfolgreicher Journalist und Redakteur, später wieder als Unternehmer: Mit gewissem Aufwand so viel wie möglich zu erreichen, so lautet seine Maxime. Einmal stand er fassungslos vor mir, als ich als Zwanzigjähriger den angeschlagenen Parkettfußboden in unserer Münchner Mietswohnung bearbeiten wollte und dazu die riesige Abziehmaschine unter größter Mühe erst in die dritte Etage gewuchtet hatte und nun über den Fußboden presste. Nach halb getaner Arbeit besah mein Vater das Werk und schlug vor, ich sollte doch der Mühsal ein Ende setzen und über das unfertige Werk einen Teppich legen. Ich trieb das Projekt erst recht weiter und wählte am Ende nicht den matten Siegel, sondern den mit Hochglanz-Effekt.

Ich verstand erst später, wie er dachte. Solange der Fußboden hielt, war er gut genug. Wen kümmerte es schon, ob er glänzte oder matt war, glatt oder uneben. Während seiner Zeit als Ressortleiter beim *Spiegel* zeigten sich Chefredakteure erstaunt darüber, dass mein Vater dachte, teuer bezahlte Autoren wären auch im Stande, einen Artikel zu schreiben, der nicht von Grund auf umredigiert werden musste. Man durfte sich keine Probleme machen, wo keine waren. Die erste Priorität im Leben war für meinen Vater immer nur die Gegenwart beziehungsweise das Überstehen der Gegenwart. Vielleicht wächst einem diese Lebenseinstellung automatisch zu, wenn man mit 21 eine Frau heiratet, die genauso jung ist wie man selber, man keine vernünftige Ausbildung und erst recht kein Geld hat, wenn man gezwungen ist, an allen Ecken und Enden zu sparen, und wenn das Geld trotzdem vorne und hinten nie reicht. Er wusste jedenfalls die wichtigen Dinge von den unwichtigen zu unterscheiden. Er verabscheute Langzeitprojekte, weil er sie sich nicht leisten konnte, weil er lernen musste, was sein eigener Vater nach Kriegsende lernen musste: ein Leben von der Hand in den Mund. Ich frage mich sogar, ob er es von ihm gelernt hat, und gleichzeitig verspüre ich die Sorge, dass diese Eilfertigkeit in allem an mich weitergereicht wurde.

Doch da ist eine Art von Luxus, den mein Vater sich gönnt. Dieser Luxus, den ich meine, hat auf den ersten Blick fast etwas Bürgerliches: nämlich das Anrecht auf Erholung nach getaner Arbeit. Etwas fertig zu machen und sich dann mit einem Glas Wein zurückziehen zu dürfen, sich ins Aus setzen zu können. Doch es ist gerade nicht die bürgerliche Gemütlichkeit zu zweit oder in der Familie, in die sich mein Vater zurückzieht. Er will sich an den Ort des Beobachters begeben, auch des Sich-Selbst-Beobachtens. Sein Leben scheint eine Wanderung zwischen seiner inneren Welt und der Außenwelt zu sein, die an seine Erfahrungen der eigenen Kindheit denken lässt, als die Familie im eigenen Saft schmorte, während woanders das Wirtschaftswunder auf Hochtouren lief. Es lässt sich dabei an Franz Kafkas »Kleine Fabel« denken: »Ach«, sagt die Maus, »die Welt wird enger mit jedem Tag. Zuerst war sie so breit«, als sie in der Falle sitzt. Er wusste, er musste in die Welt dort draußen, um Geld zu verdienen, Kontakte zu knüpfen, Menschen zusammenzubringen, auch um sich zu unterhalten. Das war leichter gesagt als getan.

Sein Ziel war es stets, in die innere Welt zurückzukehren. Diese Welt beschützte er, die bewahrte er sich. Ein Buch zu lesen, einen Film anzuschauen, zu träumen, Gespräche in Gedanken zu führen. Das waren die Momente, auf die er hinarbeitete, vielleicht sogar *für* die er arbeitete. Als Journalist zitierte er gerne Dorothy Parker mit dem Satz:»Schreiben ist nicht schön. Geschrieben zu haben, *das* ist schön.«

Ich dachte immer, wie ungleich mein Vater *seinem* Vater doch gewesen ist. Mein Großvater war Ingenieur, und mein Vater schien so gar nicht technisch versiert oder interessiert. Eine meiner Kindheitserinnerungen besteht darin, mit ihm gemeinsam eine Fertigsauna aufzubauen. Wenn er etwas Handwerkliches erstellen musste, verlor er rasch seine Gelassenheit, wurde ungeduldig, nervös, fahrig. Er schob solche Dinge auf, bereitete sich nicht auf sie vor, bis er sie plötzlich und sogar überstürzt zu einem Ende bringen wollte. Man konnte förmlich zusehen, wie ihm das Projekt über den Kopf zu wachsen begann mit jedem weiteren, unsicheren Handgriff, wie er nach Abkürzungen und Einsparungen suchte. Als nach Fertigstellung der Sauna ein Viertel der gelieferten Holzplanken übrig geblieben war, war ihm das egal.

Was mein Vater garantiert nicht von seinem Vater geerbt hatte, war Sinn für Effizienz. Was mein Vater nicht geerbt hat, ist die Art des erfolgreichen Ingenieurs, im kleinsten Detail den Kontakt zum Großen zu suchen, dieser Glaube an das Detail, der so nah an das Phänomen der Selbsttäuschung grenzt. Ich weiß nicht, ob mein Großvater ähnlich wie mein Vater dieses Effizienzempfinden hatte, aber die Anekdote vom blitzschnellen Wegziehen der Werbebriefe legt es nahe. Ich weiß, dass er die Natur liebte, dass er gern früh schlafen ging und den frühen Tag schätzte und dass er leidenschaftlich in den Bergen wanderte. Ich weiß also, dass es diesen privaten Mann gab. Was angefangen wurde, musste noch am gleichen Tag beendet werden. Selbst in den Bergen ging er nur auf Tagestouren.

Mein Großvater war jemand, der pragmatisch an Probleme herantrat und darin offenbar so gut war, dass er schnell Karriere machte, dass andere auf ihn aufmerksam wurden. Deswegen ist es auch nachvollziehbar, dass sein Vorgesetzter Albert Speer meinen Großvater im Grunde verachtete, wie in einigen Büchern nachzulesen ist. Anders als mein Großvater war Speer ein Erdenker des Großen und hatte noch dazu die Fähigkeit, diese Träume umzusetzen. Er war jemand mit einem Gespür für Umgebung und Atmosphäre, hatte einen Sinn für Proportionen und wusste, wann etwas beginnt und wann etwas zu Ende geht. Speer war ein Schönwetterarchitekt; er genoss das Ansehen Hitlers, als die Dinge gut liefen. Es gehört zum Schicksal meines Großvaters, dass er erst das gesamte Ansehen Hitlers erhielt, als es zu spät war, als es mit diesem Ansehen nichts mehr zu gewinnen gab. Ja schlimmer, als dieses Ansehen nichts weiter sein konnte als eine Hypothek für die Zukunft.

Mein Großvater war der Anti-Speer. Er glaubte felsenfest daran, der Krieg könne gewonnen werden, wenn nur die Waffen und die notwendige Munition im richtigen Moment und in richtiger Stückzahl am richtigen Ort eintrafen. Mein Großvater war ein fleißiger Arbeiter an zweifellos wichtiger Stelle. Hitler hielt ihn sich warm, weil er wusste, dass er solche Leute brauchte. Er telefonierte ihn an zu Heiligabend und wünschte ihm eine schöne Weihnacht, nahm den Namen »Saur« in den Mund und konnte sich so der Dankbarkeit und absoluten Loyalität des Technikers sicher sein. Richtiggehend Vertrauen sprach er ihm erst aus, als er selbst den Glauben an die Sache nicht mehr hatte, nämlich in seinem Testament, in dem er, acht Tage vor der Kapitulation, meinen Großvater zum Rüstungsminister ernannte. Die Ironie dieses Gunstbeweises zur falschen Stunde wollte mein Großvater nie wahrhaben, diesen Witz in der eigenen Geschichte verstand er nie.

Das Kartenspiel Patience ist ein Spiel für Ungeduldige und Einsame. Mein Vater spielt es oft. Fast bin ich versucht zu sagen, er spielt es leidenschaftlich; doch ich glaube, die Natur des Spiels ist das genaue Gegenteil von Leidenschaft. Früher, als es noch keine Computer gab, schob mein Vater zum Spielen auf seinem stets vollen Schreibtisch einen Papierstapel zur Seite, breitete die

Karten aus und betrieb es mit ruhigem Gesicht. Heute verwendet er dafür seinen Laptop. Das Spiel wird getragen von der Idee, etwas rasch und reibungslos fertigzustellen, Kartenreihen in die richtigen Reihenfolgen zu bringen. Beim Patience-Spielen lässt sich etwas fertigstellen, während man selbst träumt. Es beschert einem eine leichte, schnelle Belohnung, die Illusion von Erfolg, ähnlich einem Spontaneinkauf, ähnlich einem Fressgelage. Auch mein Großvater legte gern Patiencen. Kreuzworträtsel, diese Puzzle für Denker, das Geduld und Weitsicht erfordert, haben in meiner Familie nie jemanden begeistert.

Viele der Patiencen im Leben meines Großvaters gingen nicht auf. Er setzte mit beinahe verlässlicher Beharrlichkeit immer auf das falsche Pferd. Versuchte in Eile, diese und jene Kartenreihe zu einem Ende zu bringen, und verlor, weil er das große Bild nie im Auge hatte. Manchmal machte ich mir Sorgen um meinen Vater deswegen, auf diese nervige, manchmal besserwisserische Art, mit der sich Söhne Sorgen um ihre Väter machen, ob er diese Eigenschaft von seinem Vater geerbt hatte. Es scheint fast unnötig zu sagen, dass ich mir auch Sorgen machte, ob ich es nicht selbst geerbt hatte.

Wenn ich heute das Büro meines Vaters betrete, wundere ich mich noch immer über seine Angewohnheit, seine Papiere auf dem Schreibtisch liegen zu lassen, bis es ihm unmöglich wird, dort noch etwas zu finden. Aber es stört mich nicht mehr, es amüsiert mich sogar. Vielleicht ist es die ganze große Patience, die er nicht fertigstellen mag. Wenn ich mir meinen Vater heute ansehe, sehe ich das Folgende: einen Mann, der das Alter erreicht, in dem sein Vater gestorben ist. Ein Mann, der ohne Bitterkeit auf sein Leben, auch auf die Niederlagen darin, zurückblickt. Ich sehe einen Mann, der weder zornig noch verbraucht ist, ein Mann, der noch immer Ideen hat, der sich seinen Platz im Aus bewahrt hat, von wo aus er sich und die Welt betrachten kann, und der immer noch gern mitspielt. Ich sehe ihm zu, wie er über die Brille guckt, wenn er seine Enkel, die beiden Kinder meiner Schwester, auf dem Schoß sitzen hat und sich über ihre Schläue und Frechheit freut. Seine Haare sind nun weiß, seine

Bewegungen noch immer etwas zackig, beinahe ungelenk, zu schnell, geprägt zwar von einer dauernden Ungeduld, etwas fertigzubekommen, aber es ist eine Ungeduld, die er seltsamerweise zwar in den Händen hat, aber nicht in den Augen.

Deswegen war es auch kein Zufall, dass ihn sein Vater und dessen Verstrickung in die Verbrechen des »Dritten Reiches« im Alter immer mehr und mehr zu beschäftigen anfingen. Er fühlte, dass ihm die Zeit knapp wurde, wollte er sich noch einmal mit seinem Vater beschäftigen. Dieser milde Mann war der Sohn eines ungeheuren Schreihalses. Er war der Sohn eines Mannes, der sich nicht dafür schämte, KZ-Insassen anzufordern für den Bau seiner Panzer und Kanonen, der bekannt war dafür, lieber zu schreien als zu sprechen, dem man nachsagte, dass er gern auch mal zugeschlagen hätte, wenn die Untergebenen nicht so machten wie er wollte, und dessen legendäre Energie scheinbar einfach verpuffte nach dem Krieg. Der Vater war ein Rätsel für den Sohn.

Ich selbst ging weg aus Deutschland. Ging nach New York, um mir nicht immer so viele Gedanken machen zu müssen über meinen Vater, zumindest nicht auf direktem Weg. Wie er wurde ich Journalist, dann Romanautor. Ich wählte die Form der Fiktion, da ich nicht mehr die direkte Auseinandersetzung mochte. Heute weiß ich, dass ich aus der Distanz, über den Umweg immer wieder zu meiner Herkunft zurückkehre. Meine beiden Romane sind im Grunde Vatergeschichten.

Ich erlebe gerade, was jeder Sohn, der von seinem Vater jung gezeugt wurde, irgendwann bemerkt. Je älter ich werde, desto mehr erstaunt es mich, dass meinen Vater und mich nur 23 Jahre trennen. Das Alter wird zum seltsamen Begleiter, zu einer Art Brille, durch die wir näher zusammenrücken. So interessiert es mich auch mehr als früher, wie sich seine Vaterbeziehung auf sein Leben auswirkt.

Aber es gibt auch etwas, das mich mit dem Großvater verbindet, was ich erst spät bemerkt habe. Der Beweis hängt wie zur Erinnerung im Treppenhaus der alten Villa meines Vaters. Die E-Mail, die ich ihm am 11. September 2001 aus New York schickte, am Mittag nach dem Fall der Türme des World Trade Centers, von dem ich damals nur wenige Blocks entfernt wohnte. Er hat die E-Mail ausgedruckt und auf ein Bild des World Trade Centers geklebt.

Mein Großvater wollte am Ende, als der Krieg eigentlich schon verloren war, Hitler die technische Möglichkeit servieren, New York in Schutt und Asche zu legen. Er wollte noch in den letzten Kriegswochen durchsetzen, dass die Firma Messerschmitt einen vierstrahligen Düsenjäger baute, der mit seiner Bombenlast New York erreichen sollte. So sollte der Krieg in letzter Minute doch noch gewonnen werden. Zum Lohn wollte er von Hitler nach dem Krieg zum Botschafter für Deutschland in den besiegten USA ernannt werden. Er wäre ein Art Herrscher im zerstörten New York geworden. Der Wiederaufbau wäre für einen Techniker wie ihn ein Fest geworden. Plötzlich, vor dieser gerahmten E-Mail, erscheint die Welt sehr klein, so klein, wie sie jeder Mensch manchmal sieht, nämlich nur in seinem eigenen, engen Gefüge.

Ich sehe meinem Großvater ähnlich, das sagen alle. Kürzlich war ich mit meinen Eltern in Panama, und wir machten auf einem Boot einen Ausflug in den Dschungel. Eine Touristin neben mir glaubte in einem Baum eine grüne Mamba entdeckt zu haben. Ich reckte mich, um die Schlange zu sehen. Mein Vater, der hinter mir saß, sagte leise zu mir: »Dein Nacken rollt sich, wenn Du den Kopf hebst.« Glücklicherweise sah es niemand, weil alle nach der Mamba im Dickicht suchten.

SUCHE NACH DER WAHRHEIT

(KARL-OTTO SAUR)

Es war im Kaufhof am Münchner Marienplatz, als ich Ende der 1950er Jahre zum ersten Mal las, dass mein Vater in Adolf Hitlers Testament namentlich genannt war, und zwar in einem der größeren Nachschlagewerke, die in diesen Jahren zunehmend zum Thema »Drittes Reich« veröffentlicht wurden. Ich hatte kurz vorher beschlossen, »Intellektueller« zu werden und mich für Bücher zu interessieren. So suchte ich gerne auf den Wühltischen der Kaufhäuser nach billigen Angeboten. Nachdem mir klargeworden war, dass mein Vater im »Dritten Reich« eine größere Rolle gespielt hatte als von mir ursprünglich angenommen, gewöhnte ich mir an, in zeitgeschichtlichen Büchern über die NS-Zeit im Register nach dem Namen meines Vaters zu suchen. Oder nach meinem? Es war mir auf jeden Fall immer eine Genugtuung oder sogar eine Art von Stolz, wenn ich den Eintrag »Karl-Otto Saur« fand – auch wenn der Vorname häufig auf Karl oder Otto reduziert war. Und ich war jedes Mal enttäuscht, wenn mein Vater nicht im Register verzeichnet war. Wenn ich ihn aber fand, blätterte ich noch am Büchertisch zu den angegebenen Seiten. Und da las ich nun zum ersten Mal Hitlers »politisches Testament«, verfasst unmittelbar vor seinem Selbstmord am 29. April 1945.

Fünf Seiten lang beschäftigt sich Hitler darin zunächst mit dem Weg zum Zweiten Weltkrieg. Die Schuld daran leugnet er heftig und schiebt sie allein den Juden in aller Welt zu. Es folgt Rechtfertigung auf Rechtfertigung, bis er im zweiten Teil seine Personalentscheidungen für die Zukunft bekannt gibt, eine Zukunft, an die er aber selber offensichtlich nicht mehr geglaubt hatte:

Ich stosse vor meinem Tode den früheren
Reichsmarschall Hermann G ö r i n g aus der
Partei aus und entziehe ihm alle Rechte,
die sich aus dem Erlass vom 29. Juni 1941
sowie aus meiner Reichstagserklärung vom
1. September 1939 ergeben könnten. Ich
ernenne an Stelle dessen den Großadmiral
D ö n i t z zum Reichspräsidenten und Obersten Befehlshaber der Wehrmacht.
Ich stosse vor meinem Tode den früheren
Reichsführer-SS und Reichsminister des
Innern, Heinrich H i m m l e r aus der Partei
sowie aus allen Staatsämtern aus. Ich ernenne an seiner Stelle den Gauleiter Karl
H a n k e zum Reichsführer-SS und Chef der
deutschen Polizei und den Gauleiter Paul
G i e s l e r zum Reichsminister des Innern.
Göring und Himmler haben durch geheime
Verhandlungen mit dem Feinde, die sie
ohne mein Wissen und gegen meinen Willen
abhielten, sowie durch den Versuch, entgegen dem Gesetz, die Macht im Staate an
sich zu reissen, dem Lande und dem gesamten Volk unabsehbaren Schaden zugefügt,
gänzlich abgesehen von der Treulosigkeit
gegenüber meiner Person.
Um dem deutschen Volk eine aus ehrenhaf-
ten Männern zusammengesetzte Regierung zu
geben, die die Verpflichtung erfüllt, den
Krieg mit allen Mitteln weiter fortzuset-
zen, ernenne ich als Führer der Nation
folgende Mitglieder des neuen Kabinetts:

Reichspräsident: D ö n i t z
Reichskanzler: Dr. G o e b b e l s

Parteiminister: B o r m a n n
Aussenminister: S e y ß - I n q u a r t
Innenminister: Gauleiter G i e ß l e r
Kriegsminister: D ö n i t z
Oberbefehlshaber des Heeres: S c h ö r n e r
Oberbefehlshaber der Kriegsmarine: D ö -
n i t z
Oberbefehlshaber der Luftwaffe: G r e i m
Reichsführer-SS und Chef der Deutschen
Polizei: Gauleiter H a n k e
Wirtschaft: F u n k
Landwirtschaft: B a c k e
Justiz: T h i e r a c k
Kultus: Dr. S c h e e l
Propaganda: Dr. N a u m a n n
Finanzen: S c h w e r i n - C r o s s i g k
Arbeit: Dr. H u p f a u e r
Rüstung: S a u r
Leiter der Deutschen Arbeitsfront und
Mitglied des Reichskabinetts: Reichs-
minister Dr. L e y .

Obwohl sich eine Anzahl dieser Männer,
wie Martin Bormann, Dr. Goebbels usw.
einschliesslich ihrer Frauen, aus freiem
Willen zu mir gefunden haben und unter
keinen Umständen die Hauptstadt des Reiches verlassen wollten, sondern bereit
waren, mit mir hier unterzugehen, muss
ich sie doch bitten, meiner Aufforderung
zu gehorchen und in diesem Falle das
Interesse der Nation über ihr eigenes
Gefühl zu stellen. Sie werden mir durch
ihre Arbeit und ihre Treue als Gefährten
nach dem Tode ebenso nahestehen, wie ich

hoffe, dass mein Geist unter ihnen weilen und sie stets begleiten wird. Mögen
sie hart sein, aber niemals ungerecht,
mögen sie vor allem nie die Furcht zum
Ratgeber ihres Handelns erheben und die
Ehre der Nation über alles stellen, was
es auf Erden gibt. Mögen sie sich endlich
dessen bewusst sein, dass unsere Aufgabe
des Ausbaus eines nationalsozialistischen
Staates die Arbeit kommender Jahrhunder-
te darstellt, die jeden einzelnen verpflichtet, immer dem gemeinsamen Interesse zu dienen und seine eigenen Vorteile
demgegenüber zurückzustellen. Von allen
Deutschen, allen Nationalsozialisten,
Männern und Frauen und allen Soldaten der
Wehrmacht verlange ich, dass sie der neu-
en Regierung und ihren Präsidenten treu
und gehorsam sein werden bis in den Tod.
Vor allem verpflichte ich die Führung der
Nation und die Gefolgschaft zur pein-
lichen Einhaltung der Rassegesetze und
zum unbarmherzigen Widerstand gegen den
Weltvergifter aller Völker, das internationale Judentum.

Gegeben zu Berlin,
den 29.April 1945, 4.00 Uhr.
Adolf Hitler

Als Zeuge:
Dr. Joseph Goebbels   Wilhelm Burgdorf
Martin Bormann   Hans Krebs

Das war etwas Neues für mich. Über dieses Testament oder besser gesagt Dokument war bei uns zu Hause nie gesprochen worden. Ende der 1950er Jahre hatte ich in einer der Illustrierten aus dem Lesezirkel eine Fortsetzungsreihe über das »Dritte Reich« gelesen, in der mein Vater in einer Folge erwähnt worden war. Es ging um ein Lokomotiv-Programm, das er offensichtlich unter großem Druck und mit hohem Tempo durchgesetzt hatte, um die durch Bombenangriffe ausgefallenen Lokomotiven zu ersetzen. Und in einem anderen Bericht wurde er als ziemlich skrupelloser Schinder geschildert. Aber sonst hatte ich zu der Zeit noch wenige Anhaltspunkte, was für eine Rolle mein Vater im »Dritten Reich« gespielt hatte. Nun hatte ich eine wirklich konkrete Aussage, was mein Vater damals gemacht hatte und auf welcher Stufe er in der damaligen Hierarchie stand. Mein zweiter Gedanke war, dass die anderen Bücherwühler mich sicher anders betrachten würden, wenn sie das wüssten. Aber es wusste ja keiner, und ich konnte es ihnen ja auch schlecht sagen.

Ich ahnte aber, dass es nicht sehr positiv gewesen sein konnte, im letzten Moment des »Dritten Reiches« noch zum Minister ernannt zu werden, und dennoch überkam mich ein gewisser Stolz, dass Hitler – auch und gerade beim totalen Zusammenbruch des Reiches, das er schaffen wollte – in seinen letzten Gedanken noch meinen Vater erwähnte. Ich hatte natürlich keine Ahnung, dass dieser Entscheidung damals das Zerwürfnis Hitlers mit Speer vorausgegangen war und dass mein Vater noch am 21. April, dem Tag seiner letzten Begegnung mit Hitler, ihm die ewige Treue geschworen hatte, wie er selbst sehr viel später mal seinen Abschied von Hitler schilderte.

Nun gewöhnte ich mir an, in jeder Buchhandlung oder Buchabteilung der Kaufhäuser nach zeitgeschichtlichen Werken zu suchen, um mehr Informationen über meinen Vater zu finden. Geredet habe ich über meine Spurensuche allerdings nie mit ihm. Allerdings spürte er, dass ich mich mit dem Thema »Drittes Reich« zunehmend beschäftigte. Und so begann er seinerseits, mir immer wieder mal Geschichten und Anekdoten aus seiner Vergangenheit zu erzählen. Es waren aber eher die Momente der Erfolgs oder auch des Glücks, die er aus seiner Erinnerung hervorholte. Ich wollte aber eigentlich etwas anderes wissen, traute mich aber nicht zu fragen. Und auch bei meiner Literatursuche kam ich nicht recht vorwärts. Häufig wurde ich enttäuscht und fand ihn nicht einmal erwähnt. Einmal wunderte ich mich bei meinen Wühltischrecherchen über ein älteres Paar, das sich ganz ähnlich verhielt wie ich. Sie fragte immer, ob er seinen Namen im Namensregister gefunden hätte. Ich konnte leider nicht sehen, unter welchem Buchstaben er im Register suchte, geschweige denn, dass ich den Namen erkennen konnte. Das Verhalten der beiden kam mir ein wenig kindisch vor. Mein Verhalten entschuldigte ich noch vor mir selber. Aber gestandene Erwachsene müssten doch souveräner sein, dachte ich mir.

Zu der Zeit wäre mir auch nicht der Gedanke gekommen, dass es ein Glück war, dass unser Nachname in der Öffentlichkeit nicht mit dem Nationalsozialismus in Verbindung gebracht wurde. Als Kind wurde ich nicht ein einziges Mal auf den Namen meines Vaters angesprochen. Auch später gab es nur ein paar wenige, die ihn erwähnten oder mich nach meinem Vater fragten. Einer war Franz Schönhuber – noch vor der Gründung der »Republikaner« –, ein anderer der Medienmanager Hans Beierlein, der über Jahrzehnte das deutsche Unterhaltungsfernsehen entscheidend mitprägte. Beide hatten einen bewundernden Unterton in der Stimme, der mich schon zu diesem Zeitpunkt sehr störte. Längst hatte ich genug erfahren, als dass ich den jugendlichen Stolz von einst noch hätte aufrechterhalten können.

Mein Vater erwähnte in den 1950er und 1960er Jahren immer mal wieder seinen Plan, die »13 Bücher der Deutschen Rüstung« zu schreiben. Er redete dabei von Längsschnitten und Querschnitten, so wie er generell die gute Organisationsstruktur des Rüstungsministeriums erwähnte, die durch »Ringe« und »Ausschüsse« für größte Effektivität gesorgt hätte, ohne dass ich je verstand, was er damit eigentlich meinte. Nur

der Grundidee konnte ich folgen, dass Speer und er sehr misstrauisch gegenüber der alten Bürokratie und dem Beamten-
heer waren und daher möglichst viele Industrielle in die Organisation der Rüstung einbezogen werden sollten. Diese von
ihm noch zu schreibende deutsche Rüstungsgeschichte sollte
auf den Aufzeichnungen basieren, die mein Vater in amerikanischer Gefangenschaft gemacht hatte.

Obwohl er sein technisches Beratungsbüro inzwischen zu
einem Verlag umfunktioniert hatte, wollte er diese 13 Bände
auf keinen Fall selber verlegen. Aber er fand keinen Verlag,
der sich dafür interessierte. Nach langer Zeit gab es dann doch
einen: Heinz Sündermann, stellvertretender Reichspressechef
in Goebbels' Propagandaministerium, hatte nach dem Krieg
einen Verlag gegründet, der sich ganz der Rehabilitation von
Nazis widmete. Der Druffel-Verlag saß am Starnberger See
und galt in rechtsradikalen Kreisen als eine der wichtigsten
Adressen. Mein Vater und Heinz Sündermann kannten sich
aus den Kriegsjahren, und so nahm mein Vater 1964 Kontakt
mit ihm auf. Tatsächlich erklärte Sündermann sich bereit, das
Material für eine Publikation aufbereiten zu lassen. Aber mehr
als zwei Bände dürften es nicht werden, erklärte er in der ersten
Besprechung, an der auch mein Bruder und ich teilnahmen.
Uns beiden waren der Plan unseres Vaters und vor allem die
Verbindung zu Sündermann nicht geheuer. Ich hatte die An-
zeigen des Druffel-Verlages immer mit Misstrauen betrachtet
und auch einige Bücher aus dessen Programm gelesen, und
zwar die Bände von Kurt Ziesel. Ziesel, später Gründer der
rechtsradikalen »Deutschland-Stiftung«, setzte sich in seinen
Büchern mit der Vergangenheit vieler liberaler und linker Autoren auseinander, denen er gerne von ihnen verfasste Kom-
mentare aus der Nazizeit vorhielt, um sie dann als Pharisäer
oder Verräter zu beschimpfen.

Mein Vater hielt sonst großen Abstand zu allen, die neo-
nazistische Bestrebungen unterstützten. Es schien mir fast so,
dass er mit dem Tod Hitlers die Ära des Nationalsozialismus
für abgeschlossen ansah. Aber in diesem Fall ließ er sich offen-

sichtlich von dem Geld locken, das Sündermann ihm anbot: 2000 Mark wollte er als Garantiehonorar für die beiden Bände bezahlen. Dafür schluckte mein Vater sogar die gewünschte Umfangsreduzierung auf zwei Bände. Vielleicht beeindruckte ihn auch die Versicherung Sündermanns, dass er kein Buch unter einer Auflage von 5000 Exemplaren drucke. Durch die gesicherten Absatzkanäle in der rechtsradikalen Publizistik gehe er mit dieser für ein Nischenthema recht stattlichen Auflage kein Risiko ein.

Allerdings schien Sündermann das selbst nicht genug zum Geldverdienen. Er hatte noch einen anderen Verlag, der auf Formulare und Behördenvordrucke spezialisiert war. Ihn hatte er nach dem Namen seiner Stiefsöhne »Leitfadenverlag Sudholt« benannt. Damit Buchhandel und Öffentlichkeit nicht mitbekamen, wer tatsächlich hinter dieser Firma steckte, wandte er einen Trick an. Beide Verlage waren gemeinsam in einem Haus in dem Badeort Leoni am Starnberger See untergebracht. Nur die Einheimischen wussten, dass Leoni kein eigenständiger Ort war, sondern ein Teil der Gemeinde Assenhausen am Hochufer des Sees. So firmierte der Druffel-Verlag unter der Adresse Leoni, Seestraße 33 ½ und der Leitfadenverlag unter Assenhausen, Seestraße 33 ½. Sündermann war sehr darauf bedacht, dass die Buchhändler und die Behördenkunden nicht erfuhren, dass der harmlose Leitfadenverlag Sudholt etwas mit dem Druffel-Verlag zu tun hat. Beide Verlage sind übrigens noch heute im Familienbesitz. Glücklicherweise sind beide Bände nicht erschienen, denn bevor mein Vater mit der Überarbeitung anfangen konnte, starb er.

Das hat ihm und auch der Familie viel erspart. Unter anderem auch, dass in der DDR eine Kampagne weitergeführt wurde, die bereits Anfang der 1960er Jahr begonnen hatte. Der ostdeutsche Militärhistoriker Julius Mader hatte im Deutschen Militärverlag mehrere Bücher veröffentlicht, in denen er den politischen und wirtschaftlichen Einfluss alter Nazis in der Bundesrepublik schilderte. Er hatte auch ein kurzes Kapitel über meinen Vater geschrieben, dem er eine starke Beeinflussung der »nachkriegsdeutschen Raketenindustrie« (die es überhaupt nicht gab) nachsagte sowie eine organisatorische Nähe zur ehemaligen »Organisation Gehlen«. Dieser Nachrichtendienst war von den amerikanischen Behörden gegründet und vom ehemaligen Generalmajor Reinhard Gehlen mit Hilfe ehemaligen NS-Personals betrieben worden. Diese Vorläuferorganisation des 1956 etablierten Bundesnachrichtendienstes (BND) residierte seit 1947 in Pullach.

Somit lag der Beweis für Mader auf der Hand: Denn mein Vater hatte 1962 sein Büro von München nach Pullach verlegt. Tatsächlich hatte es in den späten 1950er Jahren mal ein Gespräch gegeben, ob sein notleidendes Büro »Dokumentationen der Technik« mit dem BND zusammenarbeiten und Informationen aus der DDR beschaffen könnte. Doch dieser Vorstoß ging auf einen gutmütigen ehemaligen Mitarbeiter meines Vaters zurück und scheiterte schon im Ansatz – dazu hatte mein Vater erstens zu viele Feinde und war zweitens in den Jahren zuvor viel zu häufig in der DDR gewesen, um dort Geschäftskontakte zu knüpfen. Das musste beim Bundesnachrichtendienst tiefstes Misstrauen auslösen. Die Hysterie und Berührungsängste gingen dort sogar so weit, dass unserer Mitbewohnerin Resi eine Putzstelle beim BND, für die sie sich beworben hatte, verweigert wurde, weil sie bei uns wohnte.

Doch der Militärhistoriker Mader stellte weiter die These vom nach wie vor einflussreichen Karl-Otto Saur auf, was angesichts dessen beruflicher Realität jeder Beschreibung spottete. Auch eine Intervention meines Bruders beim Verlagsleiter des Deutschen Militärverlages, den er kannte, änderte nichts an den Veröffentlichungen.

Wie zwanghaft es zuging im Bereich der Geheimnisse und Konspirationen zwischen Ost und West bezüglich der Nazizeit, erfuhr ich kurz nach dem Gespräch mit dem rechtsradikalen Verleger Sündermann. Mein Bruder und ich besuchten damals regelmäßig die Leipziger Buchmesse, die zweimal im Jahr stattfand. Dabei ging es vorwiegend darum, die Nachschlagewerke unseres kleinen Verlages in die kommunistischen

Länder zu verkaufen, zudem hatte mein Bruder noch ein neues Geschäftsfeld entdeckt. Er erwarb in Leipzig von ostdeutschen Verlagen Lizenzen von Fachbüchern, die im Westen bisher – meist aus juristisch komplizierten Gründen – nicht verkauft werden durften. Als Lizenzausgabe unter dem Namen unseres Kleinverlages ging es jedoch. Es war kein großes Geschäft, aber eine zusätzliche Möglichkeit für die aufstrebende Firma.

Im Frühjahr 1966 erschienen zwei Herren am Stand unseres Verlages im Leipziger Messehaus am Markt. Sie stellten sich als Mitarbeiter des Innenministeriums vor und fragten uns, ob wir durch unseren Vater Unterlagen über die Tätigkeit des damaligen Bundespräsidenten Heinrich Lübke während des »Dritten Reiches« im Rüstungsministerium besorgen könnten. In der DDR war gerade eine Kampagne gestartet worden, wonach das amtierende westdeutsche Staatsoberhaupt Baracken für die KZs gebaut habe. Ich war geradezu stolz darauf, den beiden DDR-Funktionären sagen zu können, dass wir ihnen nicht weiterhelfen könnten. 1959 war ich zufällig Zeuge gewesen, wie im Vorfeld der Bundespräsidentenwahl ein Redakteur des *Spiegel* bei meinem Vater angerufen hatte, um ihm dieselbe Frage zu stellen. Die Antwort wusste ich noch genau: Lübke sei ein so unbedeutender Mann im Rüstungsministerium gewesen, dass er sich an keine Besprechung oder gemeinsame Arbeit erinnern könne. Es gab damals schon ein viel gedrucktes Bild, das den damaligen Reichsminister für Bewaffnung und Munition Fritz Todt und meinen Vater zeigte und auf dem in der hinteren Reihe Lübke zu erkennen ist. Aber auch nach Betrachtung des Bildes fiel meinem Vater nichts anderes zu ihm ein.

Zu meinem Ärger befriedigte die beiden DDR-Vertreter meine Antwort offensichtlich nicht. Wenn wir unsere Geschäfte in der DDR weiterbetreiben wollten, dann sollten wir doch in einem halben Jahr zur nächsten Buchmesse mit mehr Material wiederkehren. Wir kamen wieder – und die beiden Herren auch. Mit einem gewissen Triumph in der Stimme verkündete ich, dass wir leider ohne Material gekommen seien und ob sie nicht im »Neuen Deutschland« gelesen hätten, dass mein Vater in der Zwischenzeit gestorben sei. Tatsächlich war das Massenblatt der DDR die einzige Zeitung gewesen, die vom Tod meines Vaters am 26. Juli 1966 Notiz genommen hatte. Kein Agent steht gerne als uninformiert da, und so war die Situation frostig, aber kurz.

Einen Tag nach meiner Rückkehr aus Leipzig klingelte im Büro in Pullach morgens um 9 Uhr das Telefon. Es meldete sich ein Mitarbeiter des Bayerischen Innenministeriums mit den Worten: »Es hat sich als notwendig erwiesen, dass wir mit Ihnen sprechen müssen.« Da es Freitag war und ich mir unter Notwendigkeit nichts vorstellen konnte, schlug ich Montag vor. »Nein, früher«, lautete die Antwort. »Dann heute Nachmittag«, war mein neuer Vorschlag. »Nein, früher«, hieß es wieder – schließlich einigten wir uns auf 10 Uhr. Meinen fürsorglichen Hinweis, ihm die schnellste Fahrtroute von München nach Pullach zu erklären, lehnte er ab: »Ich kenne den Weg.«

Also stand um 10.00 Uhr ein Herr in der Tür mit einem Ausweis in der Hand und einer Entschuldigung auf den Lippen: »Ich bin vom Bundesnachrichtendienst, aber das konnte ich am Telefon nicht sagen. Uns ist zu Ohren gekommen, dass der Staatsicherheitsdienst der DDR sie kontaktiert hat.« »Wenn es in Ihrer Branche üblich ist, sich als Vertreter des Innenministeriums auszugeben, dann war es die Stasi«, entgegnete ich. Er wollte genau über den Inhalt unserer Gespräche informiert werden, und da ich das ganze Thema aufgrund des Todes meines Vaters für abgeschlossen hielt, erzählte ich sie auch bereitwillig. Doch der BND-Mann wollte die Geschichte nicht abgeschlossen haben. Wir sollten die Kontakte weiter halten und ihm anschließend immer von den Zusammenkünften berichten. Meine brüske Ablehnung, als Agent tätig zu werden, konnte er nicht verstehen, er sah sie als eine Art Vaterlandsverrat an.

Am folgenden Wochenende bekam ich wieder Besuch von einem BND-Mitarbeiter. Dieses Mal war es allerdings nur ein Werkstudent, der seinen Posten dem Umstand verdankte, dass sein Vater ein hoher Mitarbeiter beim BND und seine Schwester mit einem Sohn Reinhard Gehlens verheiratet war. Er war einer meiner besten Freunde, und wir waren sowohl in der Volksschule als auch im Gymnasium in derselben Klasse gewesen. Sogar die »Ehrenrunde« wegen schlechter Leistungen hatten wir gemeinsam absolviert. Er hatte wenige Monate zuvor eine Mitarbeiterin unseres Verlages geheiratet, die von ihm ein Kind erwartete. An diesem Wochenende erzählte er mir, dass er noch am Freitag vorgeladen und ihm auferlegt worden war, jeden Kontakt mit mir abzubrechen. Auch seine Frau sollte sofort ihren Arbeitsplatz kündigen – unter Verzicht auf alle Krankenkassenansprüche als Schwangere. Zur Begründung wurde ihm gesagt, dass ich in der folgenden Woche als feindlicher Agent verhaftet werden sollte.

Doch hörte ich weder in dieser Woche noch in allen folgenden Wochen etwas vom BND. Schon war ich ein wenig beleidigt, dass ich als »Agent« nicht ernst genug genommen wurde, als im Frühjahr 1967 die beiden Mitarbeiter des »Innenministeriums« der DDR wieder auf unseren Stand auf der Leipziger Buchmesse zurückkehrten. Sie eröffneten das Gespräch mit dem Satz: »Uns ist zu Ohren gekommen, dass Sie der Bundesnachrichtendienst kontaktiert hat.« Auch dies war ein letzter Besuch der beiden Herren.

Und das alles, weil mein Vater, der sonst so stolz auf sein Gedächtnis war, sich nicht erinnern konnte, was der Bauingenieur Heinrich Lübke im Dunstkreis des Rüstungsministeriums gemacht hatte. Ich ahnte, dass es damit zu tun hatte, dass mein Vater sich damals zu »bedeutend« gefühlt hatte, um von jedem Mitarbeiter im Ministerium Notiz zu nehmen. Nun war ein solcher ehemaliger »Niemand« der deutsche Bundespräsident. Und er war jetzt ein Niemand.

Im Jahr 1992 war ich im Bundesarchiv in Berlin, das die bis dahin von den Amerikanern verwalteten Dokumente aus der Nazizeit übernommen hatte. Leider fand ich dort in der Causa Karl-Otto Saur nur rudimentäre Überreste von Dokumenten, nicht mehr als etwa fünfzig Seiten, viele belanglose Schreiben, deren Zusammenhang nicht sofort erkennbar war, ein paar Ordensvorschläge für »Goldenes Parteiabzeichen« und Ritterkreuz. Aber ein Dokument elektrisierte mich wirklich. Es war das Protokoll einer Sitzung vom 17. März 1942, in der konkret über den Einsatz von KZ-Häftlingen für die Rüstungsindustrie gesprochen worden war. Mein Vater hatte die Sitzung geleitet, das Protokoll war von ihm unterzeichnet worden. Bereits einen Tag später wurden von einem Mitarbeiter meines Vaters die konkreten Aufträge für die Ausführung der beschlossenen Maßnahmen zu Papier gebracht. Aus diesem Schreiben geht hervor, dass die in Weimar ansässigen Gustloff-Werke »sofort die Karabiner-Fertigung 98 nach Buchenwald« verlegten. Und die Waffenwerke Suhl, eine Tochterfirma der Gustloff-Werke, sollten von sofort an monatlich 2000 Stück der KK-Wehrsportgewehre ebenfalls in Buchenwald produzieren lassen.

Ich fragte die Archivarin, ob es sein könnte, dass bestimmte Papiere noch in amerikanischen Archiven liegen. Das hatte ich von dem amerikanischen Autor Gerald Posner gehört, der an einem Buch über die Kinder prominenter Nazis arbeitete und mich dafür interviewt hatte. Er hatte mir damals erzählt, dass diese Dokumente bis zum Jahre 2020 unter Verschluss liegen würden. Als ich hörte, dass der amerikanische Präsident Bill Clinton eine Reihe der Geheimhaltungsvorschriften für Regierungsdokumente aufgehoben hatte, machte ich noch einmal einen Vorstoß, an die Papiere heranzukommen – allerdings vergeblich.

Der größte Bestand an Dokumenten aus dem »Dritten Reich«, die meinen Vater betreffen, befindet sich heute im Münchner »Institut für Zeitgeschichte«. Die meisten Dokumente stammen aus dem Besitz meines Vaters. Nach seinem Tod war ein großer Teil davon von seiner ehemaligen Mitarbeiterin Grete Gringmuth an die Hamburger Stiftung für Sozialgeschichte von Jan Philipp Reemtsma verkauft worden. Sie fühlte sich der Arbeit ihres ehemaligen Chefs sehr verpflichtet, wobei sie das für das Material angebotene Geld nicht ungern entgegennahm. War es doch auch ihr an der Seite meines Vaters nur schwer gelungen, materiell wieder Fuß zu fassen; ihre Rente war entsprechend klein. Das Material umfasst vor allem die Unterlagen, die er für seine geplanten Bücher aufgehoben hatte. Dazu gehört auch eine Reihe von Vernehmungsprotokollen durch Offiziere der Alliierten.

Zweifellos am interessantesten sind die Protokolle der Rüstungsgespräche mit Hitler, die Speer und mein Vater im Abstand von vier bis sechs Wochen mit ihm führten. Sie dauerten – mit häufigen Unterbrechungen – jeweils bis zu drei Tage, an denen Hunderte von Punkten abgehandelt wurden. Die Protokolle zeigen, dass Hitler sich für zahlreiche Details interessierte und sich für den größten Fachmann auch auf diesem Gebiet hielt. Häufig gab er kurze und knappe Anordnungen, die keineswegs immer durchführbar waren. Speer erklärte später, Hitler und mein Vater hätten sich gegenseitig in Utopien hineingesteigert, dass mit stärkeren und größeren Waffen doch noch die Wende zum Sieg herbeizuführen sei. Aus den Protokollen geht ferner hervor, dass Speer und mein Vater mit der Formulierung »der Führer wünscht« eigenen Bestrebungen gegenüber Untergebenen oder den Wirtschaftsführern mehr Nachdruck zu verleihen wussten.

In den 1990er Jahren erwarb das »Münchner Institut für Zeitgeschichte«, mit finanzieller Unterstützung meines Bruders, vom Hamburger Institut den gesamten Bestand im Original. Dort lagern nun auch die meisten Vernehmungsprotokolle aus der Zeit der Gefangenschaft meines Vaters bei den Amerikanern, in denen oft die dreiste Bagatellisierung seiner Taten nachzulesen ist, verbunden mit seinem spürbaren Wunsch, die eigene Bedeutung gebührend herauszustellen. Doch es fehlten alle Voraussetzungen, dass dieser Wunsch ihm in Erfüllung gegangen wäre.

Bei meinen Nachforschungen über das Wirken meines Vaters im »Dritten Reich« stieß ich erst spät auf das Lager Dora bei Nordhausen im Harz. Erst nach der Wiedervereinigung der beiden deutschen Teilstaaten geriet das letzte große Waffen- und Munitionswerk in den Blick der breiten Öffentlichkeit. Es erschienen einige Bücher über den Bau des riesigen unterirdischen Werkes, das eine von Luftangriffen geschützte Produktionsstätte werden sollte. Hierhin wurde mit großem Aufwand unter anderem die V2-Produktion aus dem zerbombten Peenemünde verlagert. Dass dies nur mit dem brutalen Einsatz ausgemergelter KZ-Häftlinge geschehen konnte, wurde erst langsam publik. Einige jüngere Historiker beschäftigten sich nach der Wiedervereinigung intensiv mit den Vorgängen in diesen gespenstischen Zwangslagern. Jens Christian Wagner veröffentlichte im Wallstein Verlag »Produktion des Todes: Das KZ Mittelbau Dora«, und der Amerikaner Michael J. Neufeld, ein Historiker beim National Air and Space Museum des Smithsonian Institute in Washington, legte mit »Die Rakete und das Reich« eine Studie vor, die sich vor allem mit den Aktivitäten Wernher von Brauns und seinen Raketenbauern befasste.

In beiden Büchern, die beide um die Jahrtausendwende erschienen, wird das grausame Zusammenspiel des Rüstungsministeriums mit der SS bestätigt. Dort fand ich auch, was mein Vater nie selber erwähnt hatte, dass er nämlich seinen Stab aus dem Rüstungsministerium noch Ende 1944 ebenfalls nach Dora in einen der Bunker verlegt hatte – offensichtlich auch, um sich und seine Mitarbeiter vor Luftangriffen zu schützen. Dadurch wurde er aber zweifellos auch Augenzeuge des grausamen Umgangs mit den KZ-Häftlingen, mit deren Hilfe man noch im letzten Moment eine Kriegswende einleiten wollte – um den Preis, dass Tausende von ihnen noch in den letzten Wochen des Krieges unter den grausamsten Bedingungen an Erschöpfung starben. Hier war es nicht mehr möglich zu sagen, dass man vom Schreibtisch aus die Rüstungsmaschinerie in Gang hielt. Hier waren alle – auch und gerade mein Vater – Augenzeugen und Mittäter bei der organisierten Vernichtung von Menschenleben.

SUCHE NACH DER WAHRHEIT

(MICHAEL SAUR)

Mein Vater wuchs in einem kleinen Haus auf. In diesem winzigen Haus südlich von München im Isartal, im hinteren Teil eines großzügigen Eckgrundstücks mit prächtigen Kastanien und Fliederbüschen, müssen sich drei Arten des Provinzialismus auf komische Art aneinander gerieben haben: die Nachwehen des Provinzialismus einer rasant mächtig gewordenen Nation mit Weltreich-Anspruch, die des neuen, kleinen und kaputten Deutschland und der Provinzialismus einer siebenköpfigen, zusammengepferchten Familie, die nach dem Zusammenbruch des »Dritten Reiches« in ihrem eigenen Saft schmorte.

Den Besitzer dieses Pullacher Spielhauses, von ihm selbst so getauft, hatten ambitionierte Pläne getrieben als junger und nicht mehr ganz so junger Mann. Ich weiß nicht, ob meinem Großvater wirklich die Weltherrschaft Deutschlands vorgeschwebt hatte im »Dritten Reich«, ob er sich darunter überhaupt etwas vorstellen konnte oder wollte. Ich weiß nicht, ob seine Vorstellungskraft überhaupt so weit gereicht hätte. Irgendetwas sagt mir, dass er eher dem Führer verfallen war als wirklich der Ideologie der ganz großen Herrschaft. Dass er als eine Art Lieferant den Vorstellungen eines anderen dienen wollte, die für ihn en gros im Vagen geblieben waren. Darauf hat ein britischer Vernehmungsoffizier nach seinen Befragungen meines Großvaters hingewiesen. Er bezeichnete Karl-Otto Saur nach langen Gesprächen als Sancho Pansa Hitlers, in Anlehnung an den braven Schildknappen des tollen Don Quichote. Da ist etwas an diesem Bild, das mir einleuchten will, nicht nur wegen des Bauches meines Großvaters. Als es niemanden mehr gab, der ihn führen durfte, kam er mit dem Leben nicht mehr zurecht.

Dabei hätte *er* führen müssen, als er 1948 von den Amerikanern freigelassen wurde, und zwar seine Frau, die zwölf Jahre jünger war als er, und die fünf Kinder. Dass er nicht wollte oder nicht konnte, zeigte sich bereits in der selbst verursachten Verzögerung seiner Rückkehr nach Hause, wo seine Frau Vroni mit den fünf Kindern seiner Ankunft entgegenfieberte. »Lieber Karl-Otto, nun wird es aber wirklich Zeit, dass Du kommst. Wir erwarten Dich sehnlich …«, schrieb sie ihm in die Gefangenschaft, während er sich an so manchen Freiheiten aus alten Zeiten festklammerte, selbst als diese Freiheit Gefangenschaft bei den Amerikanern bedeutete.

Das Grundstück, auf dem das Spielhaus steht, kaufte mein Großvater im Jahr 1939 für rund 9000 Reichsmark. Das war damals mehr Geld, als es heute klingt, aber trotzdem war es ein Schnäppchen für einen, der sich bereits auf dem Weg zum Zenith seiner Macht befand. Bis dahin hatte er mit Frau und Kindern bereits zwei Jahre in einem Einfamilienhaus in Pullach zur Miete gewohnt. Er ließ mit dem Bau des Holzhauses noch im selben Jahr beginnen. Auf den großen, freien Platz vor das Spielhaus sollte das richtige, das herrschaftliche Wohnhaus gebaut werden. Dort würde die Familie genug Platz haben – er würde es als Zufluchtsort betrachten, wie es Zeit und Laune und die Arbeit für den Führer zuließen. Doch der Beginn des Zweiten Weltkriegs änderte alle Pläne.

Dann war der Höhenflug vorbei, der Krieg zu Ende und er in Gefangenschaft. Sein letzter Plan, sich den Amerikanern anzudienen als ziviler Spezialist für Rüstungsorganisation, lief ins Leere. Als er 1948 entlassen wurde und sofort nach Pullach zog, lebten seine Frau und die fünf Kinder noch in Düsseldorf. Ein ganzes Jahr mussten sie warten, bis er die Möglichkeit sah, sie endlich nachkommen zu lassen. Mein Großvater legte inzwischen letzte Hand am Häuschen an und bereitete den Umzug der Familie vor.

Bei dem Pullacher Spielhaus handelte es sich um eine Art Berghütte auf einem flachen Grundstück. Das hatte er so entworfen, wenn auch frei nach Ungefähr und Gutdünken, denn die Berge waren seine wirkliche Leidenschaft. Vielleicht tröstete er sich durch die Nähe der Alpen, auf die er am Isarhang blicken konnte, wenn es in Pullach föhnig war. Wenn er an Wochenenden – aufgrund seiner Leibesfülle schnell schwitzend und seine Glatze mit einem an den Ecken verknoteten Taschentuch vor der Sonne schützend – auf die Gipfel wanderte, soll er guter Laune gewesen sein, nicht von dieser Bleischwere, die ihn später zu Hause oft befiel, in der Enge des Hauses, wo er anstatt die Fenster aufzureißen Ohrfeigen an die mittleren seiner Kinder verteilte. Schade nur, dass seine Frau ihn nie in den Bergen erleben konnte. Sie verabscheute körperliche Betätigung, mochte die frische Luft nicht, sah keinen Sinn darin, auf einen Berg zu wandern, um ihn dann wieder herunterzulaufen. Die Interessen dieser beiden Menschen waren diametral entgegengesetzt. Wenn mein Großvater nach Süden in die Berge fuhr, zog es meine Großmutter ein paar Kilometer nach Norden, in die Kaffee- und Kaufhäuser Münchens, wo sie sich das meiste allerdings nicht leisten konnte.

Der Ort muss eine im Vergleich zum Rest von Deutschland märchenhafte Idylle gewesen sein. Sicher, die Lebensmittel waren auch in Pullach knapp. Niemand hatte ein Auto, kaum jemand eine zweite Hose. Verglichen aber mit Berlin und dem Ruhrpott, wo Deutschland wirklich in Schutt und Asche lag, war es gut. Mein Großvater wusste das. Er war in den letzten Kriegsmonaten zwischen der schwelenden Hauptstadt und dem Ruhrpott hin- und hergejagt mit seinen bizarren Ausweisen in der Tasche, die ihm gestatteten, von jedem Fernsprecher ohne Verzögerung »Führungsblitzgespräche« zu führen, und einem anderen Ausweis, der ihn als »Führervertrauten« auswies. Wäre er bei Verstand gewesen, er hätte solche Wische weggeworfen, denn wäre er den Amerikanern damit in die Hände gefallen, ein übereifriger Offizier hätte ihn auf der Stelle erschießen können. Aber er war ja kaum noch bei Verstand, spätestens seit Hitler ihm 1944 gesagt hatte: »Saur zu sein bedeutet mehr als jede Auszeichnung, jeder Orden.« Für den Führer wäre er auch noch in der Unterhose durch den Ärmelkanal geschwommen, selbst dann noch, wenn es nichts mehr genützt hätte.

Das ist es ja. Wäre er bei Trost gewesen, er hätte es sich viel früher selber ausrechnen können, dass es zu Ende geht. Er hätte nicht einmal auf Stalingrad blicken müssen, auf die Attacken der Alliierten in der Normandie, die Verluste in Afrika oder Italien, die systematische Zerstörung der deutschen Städte, die wachsenden Schwierigkeiten bei der Erfüllung der von ihm selbst auferlegten und Hitler immer wieder neu versprochenen Rüstungsziele. Er hätte sich nur eine einzige Frage zu stellen brauchen: Wie konnte er, der ungelenke Technokrat, Erbsenzähler und Polterer, den Visionär Albert Speer, dessen Stellvertreter er war, in der Gunst des Führers überholen?

Sicher, er hatte sich ins enge Umfeld Hitlers hineingeredet mit seinem unumstößlichen Optimismus, mit seinem ungebrochenen Willen, mit seiner Eigenschaft, seine Findigkeit ganz und gar in den Dienst des Höheren zu stellen. Musste er nicht im tiefsten Inneren gewusst haben, dass es nichts gab, für das er um seiner selbst willen geschätzt wurde? Hätte er sich das bewusst gemacht, er hätte begriffen, dass Hitler ihn niemals Speer vorgezogen hätte, wäre es zum Besten verlaufen. Speer, dem eleganten Nazi-Gentleman, dem geschmeidigen Weltmann, dem Visionär und aufschneiderischen Kronprinzen, konnte er mit seinen Zahlenkolonnen und dem lauten, oft ungehobeltem Auftreten das Wasser nicht reichen. Als Hitler sich gezwungen fühlte, Albert Speer seine Zuneigung zu entziehen und sie meinem Großvater zu überschreiben, hätten seine Alarmglocken losschlagen müssen. Spätestens da hätte auch er verstehen müssen, was Hitler schwante: Das Ende war nah. Es geht dahin. Und mein Großvater, hätte er all das richtig verstanden, hätte das richtige Haus zu bauen begonnen.

Dort, wo das Herrenhaus einst hinsollte, befindet sich noch immer ein Schwimmbecken, das mein Großvater im Frühjahr 1956 genehmigt hatte unter der Voraussetzung, dass sich die Kinder bereit erklärten, den Aushub zu übernehmen. Im Sommer spiegelt sich die Sonne flimmernd im Blau des Wassers. Meine Tante Erika, die Älteste der fünf Kinder und auch einer der Lieblinge meines Großvaters, lebt mit ihrem Mann Gert noch immer in dem Häuschen. Ihre beiden Kinder sind längst ausgezogen, folgen einem eigenen Leben. Die Fensterläden des Hauses sind im bayerischen Stil verziert. Es waren zwar andere Fensterläden nach dem Krieg, aber sie besitzen dieselben ausgestanzten Herzen, das gleiche dunkle, gemütliche Braun von damals. In der Küche hängt ein Kranz mit dem folgenden Spruch über der Tür: »Streut Blumen der Liebe bei Lebenszeit, und bewahrt einander vor Herzensleid.«

Wie viele solcher Hütten in der Provinz war dieses Spielhaus von der Sorte, dass, hätte man es aufblasen können, es tatsächlich nach etwas Herrschaftlichem ausgesehen hätte. Aber aufblasen ließ es sich nicht, jedenfalls nicht richtig. Eine Veranda, ein Zimmer nach hinten raus, ein kleines Quadrat nach vorne, in dem mein Großvater Zigarren rauchte und auf einem kleinen Tisch am Fenster seine Patiencen legte – solche Anbauten waren alles, was es hergab, aber sie brachten keine ernsthafte Abhilfe für die Enge. Dazu kam der Verhau im und um das Haus herum, denn Ehefrau Vroni war nicht bekannt für ihren Ordnungssinn, den ein solch kleines Haus mit so vielen Menschen erfordert hätte. Sie hasste den Abwasch und das Kehren. Es war ein Labyrinth, wenn auch ein Kleines, in dem man sich nicht verlaufen konnte. Geblieben ist die Treppe, die in das Zimmer im ersten Stock führt. Sie knarrt an den gleichen Stellen wie damals. Als ich bei einem Besuch bei meiner Tante Erika nach oben gehe, sieht sie mich mit großen Augen an, als ich das alte Zimmer vom Opa Saur betrete: »Wie beim Vati«, sagt sie, »es knarrt wie beim Vati.« Ich weiß nicht, wer ungläubiger schaut, meine Tante Erika oder ich.

Ich komme mir jedenfalls zu groß vor für dieses Haus mit meinen einsachtzig. Das muss meinem Großvater ähnlich gegangen sein, wegen seiner Korpulenz. In seinem alten Arbeitszimmer stehe ich gebeugt über dem Photoalbum, angelegt von der Lieblingstochter Erika. Seine Physiognomie war seltsam. Der britische Beamte, der ihn Sancho Pansa taufte, sah in ihm einen Pykniker. Er hatte einen dicken Bauch und einen runden, harten Rücken, an dem der Kopf wie angeklebt saß, und da war er noch kein alter Mann. Er sah wie eine Schildkröte auf zwei Beinen aus, mit einem Panzer als Rücken, den Kopf nicht ganz rausgestreckt, bereit, sich ins Innere zurückzuziehen. War das seine Verfassung in all den Jahren nach dem Krieg: zum Rückzug bereit? Auf den Bildern neben Hitler oder Speer, rausgeputzt in der braunen Uniform, oft Farbbilder, das Gesicht im Schatten seiner Schildmütze, ist sein Bauch bereits gut zu sehen. Doch da steht er noch gerade. Er steht da auch aufrechter als auf den Bildern, die es von ihm gibt aus den Zeiten vor dem Krieg.

Doch dann denke ich mir: Die Decke ist so niedrig, als ob sie jederzeit über den Bewohnern einstürzen will. In dem Haus duckte sich jeder. Aber, obzwar eng und klein, es war das Reich des Alten, das einzige, das ihm geblieben war. Er war uneingeschränkter Herr über die Atmosphäre, bestimmte darüber, ob Sprechen, Schweigen, Essen, Trinken angesagt waren, ob nach dem Abendbrot eine Runde Doppelkopf gespielt wurde, wozu immer mindestens zwei der Kinder verpflichtet wurden, oder ob er lieber alleine seine Patiencen legte. Pünktlich um neun verabschiedete er sich ins Bett, nach einer letzten Praline und dem Schnaps als Betthupferl. Dann musste es still sein. Die Familie atmete auf.

Mein Vater und seine vier Geschwister hatten nicht von ihrem Vater beigebracht bekommen, sich von der Wahrheit führen zu lassen. Das war für die damalige Zeit nicht ungewöhnlich. Die Wahrheit war ja in Deutschland unaussprechbar geworden, erst recht in den Familien derer, die aktiv mitgewirkt hatten am kurzen »tausendjährigen Reich«. Nur: In anderen Familien wurde gearbeitet, geackert, wiederaufgebaut, das getan, was die Mitscherlichs das wütende Tun nannten, um sich abzulenken und zu vergessen, was sich nicht vergessen ließ. Im Spielhaus aber herrschte Leere, wenn auch eine enge Leere. Im Sommer blühte der Flieder, im Winter lag damals der Schnee noch monatelang und meterhoch. Ich stelle mir das Leben dort als verarmtes Dasein vor hinter der Hecke im rasch wieder zu Wohlhaben gelangenden Pullach. Die Familie war nicht arm genug, um sich wirklich ins Geschehen werfen zu müssen, um zu essen, um zu überleben (oder vielleicht auch zu verwöhnt, um das tun zu können), war eine Familie, die ihren Zenith hinter sich gelassen hatte.

Was mein Großvater nach dem Krieg geschäftlich anfasste, misslang ihm. Er war tatsächlich kein Macher oder Unternehmer, sondern der geborene Exekutiv-Beamte. Doch niemand wollte ihn mehr haben als solchen. Er war ein Gebrandmarkter, ein Verräter, der in Nürnberg beim Krupp-Prozess als Zeuge der Anklage aufgetreten war. Auch da bewies er wenig Weitblick. Diesen Verrat hat ihm keiner seiner ehemaligen Kollegen verziehen, und er sprach sich schnell herum. Die Art, wie er sich zurückzog, wie er die Verwandlung von einem Mann der ersten Liga zu einem Mann ohne Selbstvertrauen vollzog, hat jedes seiner Kinder auf die eine oder andere Art geprägt. Wie er mit seiner Kinderschar ein Spielhaus bewohnte, in dem kaum jemandem je zum Spielen zumute gewesen sein kann, wenn man vom Kartenspiel, das mit militärischem Zack-Zack-Ton den Kindern oktroyiert wurde, absieht, müssen sie manchmal Blicke ausgetauscht haben, wenn er wieder aufbrauste oder wenn er wieder in sich gesunken schmollte.

Er war ein ungerechter Vater. Er mochte Erika, die Älteste, und er mochte Karl-Otto, den Jüngsten, meinen Vater. Der ältere Sohn Klaus hatte den Ruf, ein Versager zu sein. Als der alte Sportlehrer aus dem Ickinger Gymnasium zu einer Veranstaltung im Mariandl, dem kleinen Kellerlokal im Untergeschoss des Hauses meiner Eltern, zum 40-jährigen Klassentreffen erschien und er die beiden Jungen von damals sah, gestandene Männer, da rief er auf, der sonnenverbrannte Greis: »Die Saur-Buam, oh mei, des warn vielleicht Bummerln! Aber dann ist doch noch was aus ihnen geworden.« Da wollte keiner widersprechen. Beide waren das gewesen, was man im Sport Flaschen nennt.

Später wird gerade der verschmähte Sohn Klaus den bankrotten Verlag meines Großvaters in die Gewinnzone führen. Er wird zum hart bandagierten Geschäftsmann werden, zum erfolgreichen Verleger von Nachschlagewerken, jemand, der gelernt hat, dass es im Leben wenig nutzt, liebenswert zu sein oder zumindest nur im richtigen Augenblick oder bei den richtigen Leuten. Das Manko der Familie, dass es außer dem diplomierten Vater in der Familie keine Akademiker gibt, gleicht er aus, indem er Ehrendoktorwürden aus Deutschland, Polen, den USA und Italien aneinanderreiht. Er wurde zu einer Art Jet-Setter, der auf dem internationalen Verlagsparkett Karriere machte. Er wurde der reiche Onkel der Familie.

Was der Großvater versäumt hat, war die eigentliche Aufgabe eines Vaters: die Kinder vorzubereiten auf die Welt, auf die Aufgaben und Hürden, auf das, was man etwas pathetisch den Lebenskampf nennen könnte. Ich bin mir sicher, irgendwie wollten sie alle fort aus der Enge. Weg von dem kleinen Waschbecken im Wohnzimmer, denn ein richtiges Badezimmer gab es im Spielhaus nicht; weg von der traurigen und in steigendem Maße resignierenden Mutter, die still an den uneingelösten Versprechen ihrer Jugend litt, einen einst mächtigen Mann geheiratet zu haben; weg von der Lautstärke des Vaters und dem sich Anschweigen der Eltern. Durch dieses Haus stapfte und stiefelte der Großvater wie Gert Fröbe in »Es geschah am hellichten Tag«. »Ach der Vati, seit dem Krieg ist er nicht mehr der Gleiche«, jammerte seine Ehefrau ihren Kindern vor.

Auf den ganz alten Bildern besitzt sie noch etwas Keckes, Freches. Sie war eine gut aussehende Frau, wenigstens in frühen Jahren, eine junge Meryl Streep. Wie lange ihm das wohl gefallen hat? Wann ist diese Liebe abhandengekommen? Oder gab es je eine? Am Ende, als ich sie kennenlernte, war die Frische in ihrem Gesicht dahin. Da war sie träge und schwer, und obwohl sie zu der Zeit schon nicht mehr in dem kleinen Haus an der Pullacher Gistlstraße wohnte, konnte ich sie mir immer gut darin vorstellen.

Die Töchter blieben auch nach ihrer Hochzeit in der Nachbarschaft hängen, zumindest zunächst, aber auch das war in den unbeweglichen Nachkriegsjahren üblich. Die älteste Schwester Erika heiratete Gert, den Jungen aus dem Nachbarhaus, der Ingenieur war wie ihr Vater. Irmi heiratete den im Elektrogroßhandel tätigen Wasserburger Franz und zog mit ihm aus wirtschaftlichen

Gründen in den ersten Stock des Spielhauses. Bärbel heiratete später und siedelte sich zwei Dörfer weiter an. Nur Klaus, der kleine Klaus, der so gar nichts zu werden schien, feierte Hochzeit auf einem Schloss, in dem die Familie seiner ersten Frau wohnte. Als sein Sohn geboren wurde im Jahr darauf, hieß es in der Geburtsanzeige: »Der Kronprinz ist gekommen.«

Mein Vater begab sich in eine innere Immigration. Er las weiter die Illustrierten des Lesezirkels, spielte mit dem Gedanken, Journalist zu werden, traute sich diesen Schritt aber erst ein paar Jahre später zu. Jemand hat ihn einmal verglichen mit einem Wasserträger, der viele Gefäße miteinander ausbalancieren muss. Er war kein Nein-Sager, hatte das Nein-Sagen nicht gelernt, war kein Rebell. Er war das Nesthäkchen mit den Spangen im Haar, der sich nichts erkämpfen musste, mit den netten Löckchen, dem alles verzeihenden und verlockenden Lächeln. Ihm wurden die Wünsche von den Augen abgelesen. Dieser schlanke Mensch, der Sport und jegliche Körperertüchtigung hasste, stand dem Leben staunend und fremd gegenüber, hatte als Kind und Jugendlicher immer wieder in dieses kleine Haus in der Gistlstraße zurückgewollt, weil das die einzige Welt war, die er kannte, der er trotz allem traute. Dort, in der vermeintlichen Geborgenheit, konnte er sich in seine Welt flüchten, sich in ihr verlieren – die des Lesezirkels. Wusste er denn nicht, dass die Dämonen keine frische Luft mögen? Sie mögen Menschen mit kalten Füßen in Ohrensesseln, die Illustrierte lesen.

Man sieht nicht gerne zu, wie ein alter Mann seinen Kopf niederlegt und sich zum Sterben bereithält. So war es wohl mit dem Opa Saur. Ihm war nicht wohl am Tag seines Todes. Da hat er sich von dem Büro nahe der Bahngleise in Pullach auf den Heimweg gemacht und sich zu Hause auf dem Sofa ausgestreckt. Als seine Frau ihn ins Krankenhaus fahren lassen wollte, lehnte er ab. Er lag da und wartete auf den Tod. Er schlief mit 64 Jahren ein und wachte nicht mehr auf. Und als er tot war, wunderte sich mein Vater darüber, dass gerade der ungeliebte Sohn Klaus um ihn weinte. Er selber weinte nicht.

LEBENSLAUF

(KARL-OTTO SAUR)

Irgendwann in meiner Jugend bekam ich das Buch von Ernst Glaeser »Jahrgang 1902« in die Hand und begann es interessiert zu lesen. Mein Vater war Jahrgang 1902, und ich war mir sicher, dass ich in diesem Buch etwas über ihn erfahren konnte, was ich bisher nicht wusste. Doch ich gab die Lektüre bald auf, das Buch hatte so gar nichts von einer Gebrauchsanleitung, die ich mir erwartet hatte. Erst sehr viel später verstand ich die seherische Kraft des jungen Glaeser, der erst 26 Jahre alt war, als das Buch, das er selbst als ein Werk über eine verlorene Generation empfand, veröffentlicht wurde.

Ich konnte mit dem Begriff der »verlorenen Generation« wenig anfangen. Mein Vater stammte aus einer durch und durch bürgerlichen Familie, in der alles seine Ordnung hatte, und diese Ordnung wurde in den schweren Zeiten des Ersten Weltkriegs und danach aufrechterhalten. Er wurde im Juni 1902 geboren, als jüngstes von drei Kindern. Seine beiden Schwestern kamen 1898 und 1900 zur Welt. Der Vater war Ingenieur und Besitzer einer kleineren Maschinenbaufabrik in Freiburg. Seine Firma war am Bau der Wuppertaler Schwebebahn sowie der Bergbahn auf den Schauinsland (den Freiburger Hausberg) beteiligt, was für die Geschichte und das Selbstwertgefühl der Familie immer große Bedeutung hatte. Zu Beginn des 20. Jahrhunderts baute die Familie ein Mehrfamilienhaus im Freiburger Stadtteil Wiehre und bezog dort den ersten Stock. Von seiner Jugend im Elternhaus erzählte mein Vater selten. Zwei Dinge sind mir im Gedächtnis geblieben. Einmal hatte er sich heimlich über eine Schachtel voller Pralinen hergemacht, verschiedene angebissen und dann wieder zurückgelegt, damit es nicht auffiel. Es fiel aber auf, und er bezog eine Tracht Prügel. Das andere war, dass er als Kind immer angefaulte Äpfel essen musste. Die Familie besaß etwas außerhalb einen großen Garten und erntete die Äpfel und anderes Obst selbst und lagerte die Vorräte im Keller ein. Den ganzen Winter über mussten immer zuerst die angefaulten Äpfel gegessen werden, damit keine weggeworfen werden mussten. Das erschien ihm unlogisch, hätte er doch gerne auch einmal einen guten Apfel gegessen.

Laut geäußert hätte er das aber niemals. Der Haushalt wurde von der Mutter beherrscht, die von ihren Töchtern ohne jede Einschränkung verehrt und geliebt wurde. Die Schwestern blieben unverheiratet und lebten auch als erwachsene Frauen nach dem frühen Tod des Vaters weiterhin mit der Mutter zusammen. Mein Vater stellte diese Ordnung nie in Frage, aber es zog ihn früh aus dem Haus. Nach dem Abitur ging er zum Studium zunächst nach Karlsruhe, dann nach Hannover. Er wurde Mitglied eines Turnerbundes, legte aber stets großen Wert darauf, dass der Turnerbund nicht mit den schlagenden Verbindungen in einen Topf geworfen wurde. Er war ehrgeizig und schloss sein Studium schnell ab. Seine erste Stelle wollte er bei der August-Thyssen-Hütte in Duisburg antreten. Der Legende nach war dieser Wunsch so stark, dass er sich zunächst als Arbeiter an die Werkbank stellte, weil keine adäquate Stelle frei war. Die Wahrheit war profaner. Ein Nenn-Onkel der Familie, den er selbst sehr verehrte, war Generaldirektor auf der August-Thyssen-Hütte und hatte ihn vermittelt, sodass er nur kurze Zeit an der Werkbank stand, bis die vorgesehene Ingenieursstelle frei wurde.

Sein Fachgebiet war die Automatisierung von Arbeitsabläufen. Wenn ich mich daran erinnere, wie umständlich er später arbeitete, kann ich mir das kaum vorstellen, aber er war in diesem relativ neuen Bereich recht erfolgreich und machte schnell Karriere. Bis zu dem Tag, als ihn im Oktober 1926 die Nachricht erreichte, dass sein Vater gestorben war. Mutter und Schwestern verlangten, dass er umgehend nach Hause kommen und die Maschinenfabrik übernehmen solle. Auch wenn es eine Herausforderung für den 24-Jährigen war, so war er mit diesem Leben nicht glücklich. Die Geschäfte gingen schlecht, und er fühlte sich in der Firma und privat isoliert. Durch die Weltwirtschaftskrise vergrößerten sich die Probleme, bis die Firma 1928 Bankrott machte.

Es war die erste große Niederlage in seinem Leben, eine Niederlage, die vor allem durch die Vorhaltungen der Mutter und der Schwestern noch schmerzlicher wurde. Er hatte das Lebenswerk des Vaters ruiniert. Das wurde ihm nie verziehen. Mein Vater ging daraufhin zurück nach Duisburg und setzte seine Karriere bei Thyssen fort, doch die Familie war nicht bereit, seinen dortigen Erfolg anzuerkennen. Bereits 1931 trat er in die NSDAP ein. Auch das gefiel der Familie nicht. Sie war über Generationen hinweg zutiefst konservativ, von diesem Standpunkt aus war Hitler ein Rabauke, dem man nicht trauen konnte. Da nützte es auch nichts, dass der alte Fritz Thyssen Hitler zu dieser Zeit schon finanziell erheblich unterstützte. Schließlich war (und blieb) der Onkel auch als Generaldirektor ein Antinazi, und das zählte weit mehr.

Für meinen Vater war aber zweifellos für die Hinwendung zur nationalsozialistischen Politik ausschlaggebend, dass Hitler offensichtlich der Technik eine große Wertschätzung entgegenbrachte. Die zentrale Techniker-Organisation, die schon früh gegründet wurde, war im benachbarten Essen aufgebaut worden, und so engagierte er sich hier schon bald ehrenamtlich. Er war der Meinung, dass die Technik der Zukunft den Weg bereite, und seit einem Studienbesuch in Russland 1931 sah er, dass auch das kommunistische Regime das erkannt hatte. Diese Parallele passt gut zu einer Anekdote, die er mir später erzählte: Seine Mutter habe ihn einst gewarnt, die bürgerliche Welt zu verlassen. Sie fürchtete, dass er sich einer radikalen Partei anschließen könnte – womit sie die Nazis oder die Kommunisten meinte. Tatsächlich konnte er sich beides vorstellen. Doch aufgrund seiner Herkunft und auch von seinem studentischen Engagement her war ihm die nationalsozialistische Variante näher. Und bereits 1931 schrieb er für eine Fachzeitschrift einen Aufsatz über den »Zusammenhang zwischen Rationalisierung und Automatisierung in der Technik und der Rassenfrage.«

Nebenbei nahm ihn nach der Machtübernahme die Parteiarbeit mehr und mehr in Anspruch. Dabei lernte er Fritz Todt kennen, der als »alter Kämpfer« – er war schon 1922 in die NSDAP eingetreten – unmittelbar nach der Machtübernahme zum »Generalinspekteur für das deutsche Straßenwesen« ernannt worden war. Damit war er der oberste Verantwortliche für den Autobahnbau, den Hitler zum deutschen Prestigeprojekt gemacht hatte. Auf Parteiebene wurde Todt gleichzeitig Leiter des Hauptamtes für Technik in der Reichsleitung der NSDAP in Essen. Genau dorthin holte er meinen Vater zunächst nebenamtlich und dann von 1937 an hauptamtlich.

Ein Jahr zuvor hatte mein Vater bei einem Karnevalsball meine Mutter kennengelernt und bereits nach wenigen Monaten geheiratet. Ob er vorher irgendeine längere Beziehung zu einer Frau gehabt hatte, haben wir nie erfahren. Allerdings gab es in seiner Sport- und Skiclique aus der Studentenzeit zwei jüdische Mädchen, von denen er ab und zu später noch schwärmte und erzählte (und denen er im »Dritten Reich« offensichtlich half).

Die Hochzeit im Juli 1936 wurde zweimal gefeiert. In Düsseldorf bei seinen Schwiegereltern trat er in Parteiuniform auf, in Freiburg bei seiner Mutter und den Schwestern in Zivil. Es gibt Bilder dieser Hochzeit, auf denen alle glücklich strahlen, während es unter der Oberfläche bereits zu brodeln begann. Nach einem Jahr wurde die erste Tochter, meine Schwester Erika, geboren. Da gab es bereits den ersten Schatten. Meine Mutter hatte sich in Duisburg ungewöhnlich wohl gefühlt, unter den Kollegen von der August-Thyssen-Hütte gab es einen Freundeskreis, der ihr ein ganz anderes Gefühl gab als die vergiftete Atmosphäre im Elternhaus mit der gehassten Stiefmutter. Als nach einem Jahr aufgrund der Parteiarbeit der Umzug nach München anstand, passte ihr das ganz und gar

nicht. Sie erzählte später noch oft davon, dass sie in der neu-
en Münchner Wohnung in bester Lage in Bogenhausen nur
geheult habe. 1938 folgte dann der Umzug in die Münchner
Vorortgemeinde Pullach, meine Schwester Irmi wurde hier
geboren.

In München plante mein Vater inzwischen den Bau des
»Hauses der Deutschen Technik« gegenüber dem Deutschen
Museum. Es sollte sein erstes großes Prestigeobjekt werden.
Obwohl Fritz Todt massiven Druck auf die Führung des Deutschen Museums ausgeübt hatte, meinen Vater in den Vorstand
aufzunehmen, blieben die Herren dieser ehrwürdigen Institution ungewöhnlich standhaft. Bei den vielen Verhinderungs-
manövern klang immer wieder durch, dass sie meinen Vater
für einen Apparatschik der Partei hielten, wie sehr viel später
auch in der wissenschaftlichen Zeitschrift des Museums festgehalten wurde. Für ihn muss es eine ganz besondere Enttäuschung gewesen sein. Bewunderte er doch zutiefst Oskar von
Miller, den Gründer des Museums, und dessen Arbeit. Nach
dem Krieg versuchte er immer wieder, zwischen seinem Ingenieurbüro und dem Museum eine Zusammenarbeit in die
Wege zu leiten. Doch auch dies blieb erfolglos. Das Einzige,
was er erreichte, war, dass er mittags in der Mitarbeiter-Kanti-
ne des Museums, das ja nur wenige Minuten von seinem Büro
entfernt war, essen durfte. Als ich als Schüler begann, in seinem
Büro nebenbei auszuhelfen, nahm er mich gelegentlich mit in
diese Kantine. Doch nie habe ich erlebt, dass er auch nur mit
einem der Museumsmitarbeiter ein Wort gewechselt hätte.

Mit umso mehr Vehemenz stürzte mein Vater sich 1938 in
den Plan, das Gegenstück zum Museum genau gegenüber auf
der andern Isarseite zu bauen. Ganze Straßenzüge sollten dafür
abgerissen werden. Als ich mir in den 1990er Jahren auf einer
Ausstellung über NS-Bauten in München die Pläne näher an-
schaute, musste ich feststellen, dass ein ganzer Wohnblock zur
Abrissmasse gehört hätte, mit dem ich gute Erinnerungen verband. 1989 hatte ich dort die Wohnung einer Freundin übernommen und ein glückliches Jahr verbracht. Letztendlich war

es der Krieg, der diesen gigantischen Bau »Haus der Deutschen Technik« vereitelte. Und mir eine Menge Stoff zum Nachdenken gab, wie wohl mein Leben verlaufen wäre, wenn das meines Vaters anders verlaufen wäre – ganz unabhängig von der kleinen Wohnung, die ich dann nie bezogen hätte.

Obwohl Hitler das Bauwesen und die Rüstung längst auf den kommenden Krieg eingestellt hatte, mahlten die Mühlen der Bürokratie gemächlich weiter. Mein Vater erhielt unmittelbar nach Kriegsbeginn Anfang September 1939 – wie so viele andere Funktionäre auch – einen Einberufungsbefehl der Wehrmacht. Er, der nie gedient und inzwischen die Zwei-Zentner-Marke auf der Waage überschritten hatte, musste den Polen-Feldzug mitmachen. Den Bildern nach zu schließen, die aus dieser Zeit erhalten sind, war er eher in der Etappe beim Kartoffelschälen anzutreffen als an der Front, aber dennoch dauerte es fast ein halbes Jahr, bis die sofort beantragte Unabkömmlichkeitsstellung anerkannt wurde. Merkwürdig finde ich heute nur, dass er auf allen Bildern, die ihn, der das Befehlen in seinem Amt so schnell gelernt und so lautstark ausgeübt hatte, als kleinen Gefreiten im Kreise seiner Kameraden zeigen, einen glücklichen Eindruck macht.

Nach der Rückkehr ins Amt Anfang 1940 begann sein rasanter Aufstieg. Todt war inzwischen zusätzlich zu seinen zahlreichen Ämtern zum Rüstungsminister ernannt worden und übertrug seinem getreuen Knappen dort zahlreiche Aufgaben. Es war die Zeit der schnellen Siege an den Fronten, und in dieser Euphorie wurde viel dafür getan, um mit der auf Hochtouren laufenden Rüstungsproduktion Schritt zu halten.

Meine Mutter wurde zwar zwischen 1936 und 1944 fast Jahr für Jahr schwanger – zu fünf gesunden Kindern kamen eine Fehlgeburt und ein ganz früh verstorbenes Mädchen hinzu –, aber mein Vater war immer weniger zu Hause. Rastlos pendelte er zwischen seinen Amtssitzen in München und Berlin, den Führerhauptquartieren und den Inspektionsreisen zu den Industrieunternehmen hin und her. Hitler und Todt zu dienen, seine Vision von Technik durchsetzen zu können, das war für ihn die Erfüllung seines Lebens. Und die beste Möglichkeit, seiner Mutter und den beiden Schwestern zu zeigen, dass die Pleite des väterlichen Unternehmens nicht seine Schuld gewesen sein konnte.

Dann kam der 8. Februar 1942. In den Morgenstunden dieses Tages bricht Fritz Todt im Führerhauptquartier in Rastenburg auf, um nach Berlin zurückzufliegen. Am Abend zuvor hat er mit Hitler eine Besprechung unter vier Augen. Dabei soll Todt eindringlich gewarnt haben, dass ohne eine deutliche Änderung des Kurses der Krieg nicht mehr gewonnen werden könnte. Zeugen gibt es keine für das Gespräch. Aber es hat länger gedauert als geplant. Albert Speer, Hitlers Lieblingsarchitekt und der »Generalbauinspektor für die Reichshauptstadt«, soll eigentlich noch nach Todt zum Gespräch bei Hitler erscheinen, doch Hitler verschiebt dieses Gespräch auf den nächsten Morgen. Es ist selbst ihm, dem Nachtmenschen, zu spät.

Noch in Sichtweite des Flughafens stürzt Todts Maschine am nächsten Morgen ab, die Insassen sind alle sofort tot. Eigentlich hatte Speer gemeinsam mit Todt nach Berlin fliegen wollen. Nun wartet er auf das Gespräch mit Hitler, das eine völlig unerwartete Wendung nimmt: Hitler unterrichtet Speer von Todts Tod und ernennt ihn zum Nachfolger »in allen seinen Ämtern«. Speer bekommt den Auftrag, umgehend nach Berlin zu fliegen, um das Rüstungsministerium zu übernehmen.

Schon am Nachmittag hält Speer die erste Besprechung mit dem Führungsstab des Ministeriums ab. Er macht deutlich, dass er keine personellen Veränderungen vornehmen will. Mein Vater – trotz oder vielleicht auch wegen seiner Trauer um Todt, den er als Vaterersatz empfunden hatte – überträgt seine Solidarität auf Speer. Noch nie hat er eine Anordnung oder Entscheidung Hitlers in Frage gestellt, also auch diese nicht, auch wenn er sich selber als Nachfolgekandidaten für Todt gesehen hätte. Es macht ihm – wie er später erzählte – nur zu schaffen, dass er zum ersten Mal einen Vorgesetzten

hat, der jünger ist als er. Speer ist zum Zeitpunkt der Amtsübernahme erst 36 Jahre alt, Karl-Otto Saur steht kurz vor
seinem 40. Geburtstag.

Speer übernimmt das Ministerium mit großer Energie und
organisiert es neu. Dazu gehört vor allem, dass er eine Reihe
von Industrieführern in die Arbeit des Ministeriums einbindet.
Die Reform ist eigentlich eine Kritik an der Arbeit des Vor-
gängers Todt, aber dennoch empfindet auch mein Vater die
Reorganisation als sinnvoll. Die Einbindung der Ingenieure
und Wirtschaftsführer aus der Praxis entspricht seinem eigenen
Selbstverständnis und seinem tiefen Misstrauen gegenüber der
Ministerialbürokratie. Er wird nie Beamter, sondern sein Rang
ist »Reichshauptamtsleiter« und das sei – wie er später einmal
erzählte – ein Parteirang unter dem Reichsleiter, die Stufe 23
von insgesamt 24 innerhalb der Hierarchie.

Die folgenden drei Jahre werden für ihn zur wichtigsten Zeit
seines Lebens. Er erwirbt sich den Ruf, bis in das Jahr 1944
die Produktionen der Waffen ständig zu steigern. Er weiß sich
bei Hitler einzuschmeicheln, vermutlich – wie später mancher
Historiker meint – mit geschönten Produktionszahlen. Aber
die Nähe wird immer stärker. Ab 1943 begleitet er Speer auf
Wunsch Hitlers zu den Rüstungsgesprächen. Immer öfter ruft
Hitler direkt bei Saur an, um sich auch zwischendurch Zahlen
geben zu lassen; Speer bekommt das Gefühl, in diesen Dingen
an die Seite gedrängt zu werden. Hinzu kommt, dass Speer im
Frühjahr 1944 schwer erkrankt – er selbst glaubt an einen An-
schlag auf sein Leben –, sodass er monatelang aus dem Sanatorium das Ministerium mit verminderter Kraft führt. Außerdem
hat er den Verdacht, dass Saur und Xaver Dorsch, der Chef der
Organisation Todt, der zentralen Bautruppe des Landes, ihn
bei Hitler ausstechen wollen.

Der Ehrgeiz meines Vaters ist so groß, dass er auch noch
1945 an den »Endsieg« glaubt und immerzu in ständigem
Einsatz sein Ganzes gibt. Die Welt um ihn herum versinkt
in Trümmern, doch er glaubt weiter an die Wende. Der Tod
Theodore Roosevelts am 11. April 1945 lässt ihn – ähnlich

wie Hitler auch – an das Wunder glauben, dass der Nachfolger einen sofortigen Frieden mit Deutschland schließen wird, um gemeinsam gegen die drohende bolschewistische Kraft im Osten vorgehen zu können. Die Wiederholung der Geschichte scheint greifbar nah: Nicht ganz zweihundert Jahre zuvor war Friedrich der Große durch den Tod der Zarin Elisabeth gerettet worden, weil ihr Neffe und Nachfolger Alexander III. sofort nach Amtsübernahme den Frieden mit Preußen schloss.

Doch 1945 unterzeichnet die deutsche Führung keinen Friedensvertrag, sondern eine Kapitulationsurkunde. Die Welt sieht sich vom bisher schlimmsten Regime der Geschichte befreit. Und schnell wird klar, dass ein ganzes Volk zu Massenmördern und ihren Helfern geworden war. Für Karl-Otto Saur ist die Glanzzeit zu Ende. Nur: Er weiß es noch nicht, als er am 15. Mai offiziell von den Amerikanern in Gefangenschaft genommen wird.

Als er am 31. Juli 1948 aus der amerikanischen Gefangenschaft entlassen wird, versucht er, sein Leben in den Griff zu kriegen. Doch eigentlich hat er wissen müssen, dass er kaum noch eine Chance hat. Zu viele hat er in der Vergangenheit schlecht behandelt oder sogar ins Unglück gestürzt. Vielleicht ahnt er bereits, dass der großen Niederlage weitere Niederlagen folgen werden.

Dabei ist seine Idee für die Gründung einer neuen Existenz gut. Er will das vorhandene und ständig zunehmende technische und wissenschaftliche Schriftgut katalogisieren und auswerten, um Doppelforschungen möglichst zu vermeiden. Aber er kann die Idee nicht richtig umsetzen und sie vor allem auch nicht als Vision verkaufen. Er hält sein Ingenieurbüro mühsam über Wasser, doch es bildet keine stabile Grundlage für ein neues Leben. Es ist ihm verhasst, als sein eigener Vertreter unterwegs zu sein, häufig wirkt er unterwürfig. Immer wieder hofft er auf den Durchbruch, doch der bleibt aus.

Mitte der 1950er Jahre bekommt er eine Anfrage, ob er die Rüstungsindustrie Indiens aufbauen könnte. Es scheint eine

Chance zu sein, Skrupel hat er keine. Im Gegenteil, er steckt bereits Geld in die Reisevorbereitungen zu einem ersten Gespräch. Dann platzt auch dieses Vorhaben. Ein Jahr später rettet ihn die Erbschaft eines wohlhabenden Onkels, der keine eigenen Kinder hatte, sondern nur sechs Neffen und Nichten. Damit hatte er nicht gerechnet, da der Onkel, den er als Kind sehr geschätzt hatte, ihm nie verziehen hatte, dass er ein Nazi geworden war.

Doch die finanzielle Entlastung hält nicht lange an. 1960 setzt er die nächste Hoffnung auf den Durchbruch, als er über einen Verwandten Kontakt zu einem amerikanischen Unternehmer bekommt, der Verbrennungsöfen herstellt. Verbrennungsöfen für Müll in Kleinbetrieben und großen Haushalten. Dass sie mit Gas betrieben werden, um die notwendige Verbrennungshitze zu erreichen, erscheint ihm nicht makaber. Für den Vertrieb der Öfen in Deutschland zu sorgen, das wäre für ihn der Weg aus der ewigen finanziellen Misere. Er mietet einen Stand auf einer Münchner Fachmesse und beauftragt einen Grafiker mit dem Standentwurf, ich helfe beim Standaufbau. Der Unternehmer reist aus Chicago an. Doch schon die erste Besprechung endet im Fiasko, die Verhandlungspartner haben vollkommen unterschiedliche Vorstellungen von der Zusammenarbeit und vor allem von der Verteilung der Provisionen. Noch während der Messe wird klar: Auch diese Hoffnung und auch die Vorleistungen sind dahin. Fast scheint es, als suche er die Niederlage.

Es dauert wieder einige Jahre, bis endlich die Erlösung kommt. Aber auch diese ist zugleich eine schmerzliche Niederlage. Sein Sohn Klaus tritt – nicht gerade begeistert, denn ihm ist ein begehrter Posten im Econ Verlag, der damals noch in Düsseldorf saß, angeboten worden – 1963 in den väterlichen Verlag ein und schafft es bereits im ersten Jahr seines Wirkens, einen (wenn auch kleinen) Gewinn zu erwirtschaften. Ausgerechnet der Sohn, dem er als Kind so gar nichts zugetraut hatte, zeigt ihm zwanzig Jahre nach Kriegsende, dass man aus seinen Ideen doch was machen kann. Er selber hat da längst keine neuen mehr. Zum 1. Januar 1966 entschließt er sich, den Verlag an meinen Bruder und mich zu überschreiben. Noch bevor der Vertrag beim Notar unterschrieben ist, wirft er meinem Bruder vor, ihn ausbooten zu wollen. Sieben Monate später stirbt mein Vater.

LEBENSLAUF

(MICHAEL SAUR)

Der Gedanke, dass mein Großvater diese Stadt in Schutt und Asche legen wollte, lässt mich nicht los. Fast nehme ich das persönlich, denn dann hätte er mich um mein Leben beraubt. Andererseits hat er ja dadurch, dass diese Verrücktheit nicht zur Ausführung kam, mein Leben erst ermöglicht. Es ist eine Binsenweisheit: New York City ist eine Stadt für Menschen, die woanders nicht zu Hause sein wollen oder können. Weil sie sich in New York ihren Zwängen entheben, entwickeln sie manchmal einen Sinn für *grandeur*. »Ich halte mich für groß, ich halte mich für Joe Gould. Ich halte mich für Joe Gould, der ich eigentlich gar nicht bin«, sagte einmal ein Mann, der für das folgende Kapitel von Bedeutung ist, wenn auch mehr in indirekter Hinsicht.

Joe Gould war ein verschrobener, intelligenter Winzling und bissiger Witzbold mit einem groben Mangel an Takt, den er nur dann unterdrückte, wenn der Durst ihn überkam und er betteln ging für den täglichen Wermut oder ein Lager-Bier. Er war Lebenskünstler und vielleicht auch ein fauler Künstler. Er behauptete allen Ernstes, er beherrsche die Sprache der Seemöwen, was ihm erstaunlich viele Menschen abnahmen. Außerdem erzählte er jedem, der es hören wollte oder auch nicht, dass er am längsten Buch arbeite, das je geschrieben wurde: Der Geschichte der Menschheit in ihrer mündlich überlieferten Form, ein Werk, das am Ende aus über anderthalb Millionen Wörtern bestehen sollte. Die Produktionsmethode war simpel: Gould lief durch die Straßen New Yorks und sammelte Anekdoten und belauschte anderer Leute Gespräche in den Bars und Kaffeehäusern. Manchmal dichtete er auch selber, so zum Beispiel: »Im Winter bin ich Buddhist, im Sommer bin ich Nudist.« Gould ernährte sich von

Ketchup-Suppe und Alkohol. Nie erklärte er, wie es kam, dass die Menschheitsgeschichte gerade von New York aus erzählt werden müsse.

Eine Hälfte derer, denen er von seinem grandiosen Plan erzählte (meistens verknüpft mit der Bitte um eine Geldspende), hielt Gould für einen Spinner. Die andere Hälfte hielt ihn für ein Genie. Unter denen, die an ihn glaubten und über Jahre mit Spenden versahen, waren der Dichter E. E. Cummings und der Bühnenautor Eugene O'Neill. Der New Yorker Journalist Joseph Mitchell, der über Menschen schrieb, die mit der Welt nicht mehr mithalten konnten, verhalf Gould zu kurzfristigem Ruhm. Im Jahr 1942 veröffentlichte Mitchell sein Porträt über Gould unter dem Titel »Professor Seemöwe« in dem Magazin *The New Yorker*. Die große Resonanz auf das Stück stieg dem merkwürdigen Joe Gould zu Kopf und ließ ihn nach dem Abflauen des öffentlichen Interesses wie einen Stein im Wasser auf den Grund sinken.

Gould war einer dieser Menschen, die sich pausenlos missverstanden fühlen und langsam eine Aura von Bitterkeit entwickeln, die irgendwann undurchdringbar wird. So, wie er sich ausdrückte, war er ein Rätsel für sich und die Welt. Vielleicht stammte die verführerische Schnapsidee einer mündlich überlieferten Weltgeschichte daher, dass er sie sich selber zu erklären versucht hatte und keine Antworten fand. Oder weil man einem Penner und Bettler bald nicht mehr zuhören mag, wenn er zu oft redet, und dann auch noch am liebsten über sich selber. Hierin liegt eine Analogie zu meinem Großvater. Ich glaube, er fühlte sich missverstanden nach dem Krieg. Auch er wurde nach ruhmvollen Zeiten bitter, endete als Rätsel.

Als jüngerer Mann soll er charmant gewesen sein. Nicht mein Großvater, sondern Gould. Später nicht mehr. Wenn das Betteln nichts brachte, überschüttete er den Angebettelten mit einem Schwall an Beleidigungen und war sich am Ende nicht zu schade, dem Geschmähten auch noch hinterherzuspucken. Er starb in einem Obdachlosenheim im Jahr 1957. Keiner seiner ehemaligen Förderer erschien zur Beerdigung auf dem Ferncliff-Friedhof bei Westchester, eine halbe Autostunde nördlich von

Manhattan. Noch einmal machte sich Journalist Joseph Mitchell allerdings nach dem Tod Goulds auf den Weg, das mysteriöse Buch zu suchen. Doch Gould hatte sein Werk in Wirklichkeit nie geschrieben. Nicht einmal zu einem kurzen Epigraph auf seinem Grabstein hat es am Ende gereicht. Auf dem steht nur der Name: Joseph Ferdinand Gould.

Auch diese Geschichte erinnert an meinen Großvater. Er träumte die Jahre nach dem Krieg davon, die Geschichte zu erzählen, wie er die Rüstung in Deutschland in Schwung hielt. Er versprach sich in dieser Hinsicht viel von dem britischen Holocaust-Leugner und Geschichtsrevisionisten David Irving, hoffte insgeheim auf die Wiederherstellung seiner Person.

Von den Spelunken im West Village, in denen Gould seine Nachmittage verdöste und seine Abende fortsoff, sind nicht viele übriggeblieben. Die Minetta Tavern auf der MacDougal Street musste nach einem Steuerproblem schließen, das Johnny's auf der Vierten Straße, wo es zwischen fünf und sieben abends zwei Bier für den Preis von einem gegeben hat, ebenfalls. Nur die White Horse Tavern gibt es noch. Die Urinale stammen aus den 1920er Jahren, riesige Porzellan-Skulpturen mit Tausenden von Feinrissen überzogen wie Elefantenhaut. Abends kommen die Touristen und trinken maßvoll.

Die New Yorker Lebenskünstler von heute sitzen tagsüber nicht mehr in der White Horse Tavern, in den neuen Schänken des Village oder den Bars an der Houston Street, nicht mehr auf abgewetzten Holzbänken oder lederbezogenen Stühlen in Kneipen, nicht breiter als ein Gang im Schlafwagen. Sie sitzen stattdessen in den Starbucks-Cafés, die sich epidemieartig über die Stadt verteilen, die sich schneller vermehren als McDonald's. Die Starbucks-Cafés werden von Puristen als Niedergang der Kaffeehaus- und damit zugleich als Sterben der Lebens- und Lebenskünstlerkultur gesehen und als monströses Produkt amerikanischer Hegemonie. Doch sie sind in Wirklichkeit die wahre, moderne Heimat der Lebenskünstler und Boheme der Gegenwart, die wie die früheren Bohemiens seit jeher Pragmatismus über hehre Ideale oder auch nur über die schlechtere und oft sogar teurere Tasse Kaffee stellen. Jedenfalls so lange bleiben sie sitzen in den Ohrensesseln der Starbucks-Cafés (deren Oberfläche aus diesem synthetischen Material gemacht ist, das sich abwaschen und desinfizieren lässt, aber dennoch warm und weich anfühlt), bis der Wunsch nach dem ersten Drink sie weiter- und woanders hintreibt und ein Tag vom dösenden Halbtraumzustand mit Kaffeearoma in eine Wolke aus Alkohol übergeht.

Die Starbucks-Cafés sind wie die New Yorker U-Bahn: Menschen schlafen, manche lesen. Viele trinken Kaffee. Aber jeder fährt in ihr, ob reich oder arm, ob schwarz oder weiß. Aus einem Starbucks wird niemand verjagt, nur weil er stundenlang in den Sesseln sitzt, ohne etwas gekauft zu haben. Nur wenn das Gesicht eines Schlafenden heruntersackt wie ein nasser Teebeutel und ein Schnarchen mit der seichten Hintergrundmusik zusammenstößt, kommt einer der Kaffeeröster in der grünen Schürze und weckt den Eingeschlafenen mit einem Stups auf. Die Regeln sind einfach: Solange kein anderer Gast direkt belästigt wird, darf jeder sitzen bleiben. Dass ein Gast manchmal nicht so besonders gut riecht, kommt ihm sogar zugute. So bleibt der Platz neben ihm frei.

Vormittags kommen die Stammkunden. Von Schlaflosigkeit geplagte Künstler, die im Viertel wohnen, lesen dort die Zeitung. Dann kommen die Straßenverkäufer mit Billigschmuck, selbst gestrickten Wollmützen oder geklauten Fotobildbänden, die sich die Zeit mit einem Becher Kaffee vertreiben, bis sie ihren Stand aufbauen. Die Nachteulen treffen ein, die keinen anderen Ort zum Dösen finden nach dem Ende einer Party. Der ehemalige Chauffeur von Jack Nicholson kommt, der wieder bei seiner Mutter wohnt, seit er keinen Führerschein mehr hat, und liest Boulevardblätter und feilt sich dabei sorgfältig die Fingernägel, bis er um 14 Uhr den Bus ins Spielcasino nach Atlantic City nimmt. Und dann sitzen da Leute wie ich, den ganzen Vormittag bei einer einzigen Tasse Kaffee, entweder in den Computer stierend oder tippend und dabei auch noch die Stromversorgung des Cafés gratis nutzend. Viele von uns bezahlen den Kaffee nicht einmal mehr, weil er uns von den *Barristas* leicht verschwörerisch mit einem Zwinkern zugeschoben wird, Gott weiß warum. Die Touristen beginnen erst am Nachmittag das Café zu übervölkern, und auf eine gewisse Art bezahlen sie für uns mit. Trotzdem brechen wir auf, wenn sie kommen.

In diesem zentral gelegenen Starbucks-Flaggschiff traf ich Jerry Marlow zum ersten Mal. Es dauerte eine Weile, bis ich den Zusammenhang zwischen ihm und dem alten Joe Gould erkannte – und auch den Zusammenhang zu mir und meiner Familiengeschichte. Jerry ist Südstaatler aus Tennessee. Er ist 57 Jahre alt, also nur fünf Jahre jünger als mein Vater, und er kam nach Manhattan, als er zwanzig Jahre alt war. Wäre mein Vater damals auf seiner ersten Überseereise in den USA geblieben, so muss ich immer wieder denken, er könnte Jerry sein. Jerrys Vater ist ehemaliger Navy-Offizier, der nach seiner Pensionierung einen Golfplatz managte. Jerry hatte wie ich an der New York University studiert. Die Bekanntschaft zwischen Jerry und mir begann, wie viele Starbucks-Bekanntschaften entstehen. Irgendwann nickten wir uns als Stammgäste morgens zu. Er bat mich eines Tages, auf seinen Computer achtzugeben, als er auf die Toilette ging oder einen neuen Saft an der Theke bezahlte. Dann entwickelten sich kurze Gespräche. Als ich ihm sagte, dass ich schreibe, fing er an, mich mit immer dem gleichen Satz zu begrüßen: »Ist das Komma drinnen oder draußen?«, frei nach dem Zitat von Mark Twain, der auf die Frage, wie es mit dem Schreiben ginge, antwortete: »Blendend, großartiger Tag. In der Früh stellte ich das Komma hinein in den Text. Nachmittags nahm ich es wieder raus.«

Zuerst glaubte ich, Jerry sei ebenfalls Schreiber, arbeite an einem Buch oder einem langen Aufsatz. Bis ich ihn eines Tages fragte. Er holte eine Karte raus, die mit Sprüchen beschrieben war. »Godot kommt nicht. Also iss schnell, räum ab und verschwinde«, oder »Erwartest du deine Mutter? Falls nicht, räum gefälligst selber deinen Tisch ab.« Ich kannte die Sprüche, denn sie hingen an der Wand eines kleinen italienischen Restaurants, für das Jerry sie verfasst hatte und in das ich selbst ab und zu ging. Er verstand sich also auch als Schreiber, hatte aber im Laufe seines Lebens noch ein paar andere interessante Tätigkeiten ausgeübt:

Jongleur, Clown auf Stelzen, Fotograf, Tangotänzer, Schweißer, Fahrraddesigner und Taxifahrer. Außerdem hatte er sich eine Weile als erfolgloser Heiratsschwindler betätigt. Er hatte zwei Universitätsabschlüsse von der New York University. Außerdem war er Pleitier, denn zweimal musste er vor einem New Yorker Richter privat Bankrott erklären. Und doch war er guter Dinge. Denn was er da jeden Tag in seinen Computer eintippte, würde die nötige Wendung in sein Leben bringen. Davon sprach er so sicher, daran glaubte er mit der Überzeugung eines Joe Gould.

Es war eine Software, an der er arbeitete. Mit deren Hilfe würde sich der Anwender ausrechnen können, ob sein Erspartes ausreicht, bis er stirbt. Zwei-, dreimal versuchte Jerry mir zu erklären, wie diese abstruse Idee, von der er glaubte, dass sie ein Welterfolg werden würde, in der Umsetzung funktionieren sollte. Ich sah bunte Tabellen und Zahlen und Pfeile auf seinem Bildschirm, hörte immer wieder das Wort »Bell Curve« und begriff nichts. Ich wunderte mich aber insgeheim darüber, dass Jerry offenbar nicht auf die Idee kam, seine eigene prekäre Finanzsituation könnte Rückschlüsse auf die Funktionstüchtigkeit der Software zulassen.

Er fuhr einen alten Jeep, den er wegen der Straßenreinigung alle zwei Tage umparken musste, was ein zeitaufwändiges Unterfangen war. Als er mich eines Tages mit meinem Fahrrad ins Café kommen sah, fragte er, ob ich mit ihm Fahrrad fahren wollte an den Samstagen in Pennsylvania. Trotz seiner 57 war Jerry gut in Form. Er erachtete die wöchentliche Fahrradtour, die er auf einem alten Stahlrennrad der Marke Schwinn machte und die er nur bei Schnee und Eis nicht unternahm, als wichtigen Bestandteil seiner Gesundheit. Am nächsten Tag brachte er eine Reihe von zerfledderten Landkarten mit, um mir die Route vorher zu zeigen. Ich wusste, mit einem Halbfremden in einer Stadt wie New York ins Unbekannte zu fahren war nicht unriskant. Es gab genug Verbrecher und Irre in der Stadt, sodass mir die meisten meiner engeren Freunde abrieten. Trotz der Skepsis willigte ich ein. Ich erkenne dahinter ein gewisses Muster. Ich hatte innerlich eine frühe Trennung von meinem Vater vollzogen, die vielleicht sogar auf den Spaziergang nach meiner ersten Italienreise zurückzuführen ist. Danach habe ich mich immer wieder umgesehen nach Ersatzvätern, nach Männern, von denen ich glaubte, etwas lernen zu können.

Wir fuhren von nun an jeden Samstagmorgen in seinem alten Jeep erst durch den Lincoln Tunnel nach New Jersey und dann zwei Stunden über die Landstraßen, bis wir zu einem verlassenen Parkplatz kamen, wo wir die Fahrräder vom Dachständer hoben und aufbrachen, um sechs Stunden lang durch die hügelige Landschaft von Pennsylvania zu radeln. Die Gespräche während der Autofahrt wurden Teil der Routine. Langsam gewann ich ein deutlicheres Bild von Jerry und seinem Leben: Sein Vater war weit über achtzig und lebte noch. Er war ein Tyrann, der für den poetischen, schüchternen Jungen wenig übrig gehabt hatte. Wenn Jerry von seinem Vater sprach, verdunkelte sich sein Gesicht. Er machte ihn für alles verantwortlich, was in seinem Leben schiefgelaufen war und von dem, auch das erkannte ich immer klarer, es eine Menge gab. Immerhin war er unverheiratet, arbeitslos und verschuldet. Sein Ärger über seinen Vater ging so weit, dass er sich solidarisierte mit den Schwarzen Amerikas, weil er fand, dass sein Vater ihn immer wie einen »Nigger« behandelt hatte. Hierbei musste ich weniger an meinen eigenen Vater als an meinen Onkel Klaus denken. Immer wenn ich nachfragte, was genau der Vater so Schlimmes getan hatte, wich Jerry aus oder bot Beispiele, die seine Wut nicht wirklich rechtfertigten: Er ließ ihn mit zwölf Jahren einen Traktor steuern, ohne es ihm davor beigebracht zu haben, was in einer halsbrecherischen Talfahrt endete, führte er zum Beispiel an. Er hatte ihn immer angehalten, weniger zu lesen und mehr Sport zu machen, sagte er weiter. Er war dagegen gewesen, dass Jerry in New York studierte. Nervig, ärgerlich vielleicht sogar, aber nichts, was diesen Hass erklären könnte. Ich schloss, dass er die wirklich traumatischen Vorfälle für sich behalten wollte.

Dann, eines Tages, kurz nachdem wir aus dem Lincoln Tunnel rausgefahren waren, war er besonders schweigsam. Er sagte schließlich: »Es gibt eine Sache, die ich bedaure.« Ich fragte, was es war. Kurz zögerte er, sagte es dann aber doch: »Dass ich meinen Vater nicht erschossen habe, als ich acht Jahre alt war. Warum?«, fuhr er fort, »weil er da den Schaden, den er noch anrichten würde, noch nicht angerichtet hatte. Und weil ich jung genug war, davonzukommen mit einem Mord.« Diese Variante des Ödipus-Themas kollidierte plötzlich mit einem anderen Satz, den der Schriftsteller Robert Schneider einmal zu mir gesagt hatte: »New York ist wie eine Hure. Alle kommen und denken, die Stadt bietet Trost. Aber am Ende schert sich die Stadt um nichts und niemanden wirklich. Sie wird weiter da sein und verführen und sich einen feuchten Kehricht scheren.«

Als ich in einen neuen Stadtteil in Queens zog, einem Arbeiterbezirk, sagten mir Freunde, die mich besuchten, hier gehörst du nicht her. Queens ist unhip und uncool, eine Arbeiterecke mit Immigranten aus Griechenland, Italien und Brasilien. Erst störte mich dieser Satz. Dann aber fand ich, dass sie recht hatten. Hier gehörte ich tatsächlich nicht her. Und genau deswegen gehöre ich hierher. Der Satz ruft mir einen Satz aus einem Magazin-Porträt des Modemachers Helmut Lang in Erinnerung, über den die wegen ihrer scharfen Zunge berüchtigte Vogue-Chefin Anna Wintour gesagt hatte: »Er ist ein Ausreißer. Die meisten Leute, die nach New York kommen, sind so, er ist keine Ausnahme. Niemand hier ist eine Ausnahme. Und der Ausreißer gehört eigentlich nirgendwo wirklich hin.«

New York ist so etwas wie eine Trostspenderin. Der Mann, der den Lebenskünstler Joe Gould berühmt gemacht hatte, weil er zwei große Porträts über ihn schrieb, wusste selber genau, was ihn an Gould interessiert hatte. »Man sucht sich jemanden, damit man über sich schreiben kann. Joe Gould musste sein Zuhause verlassen, weil er dort auf dieselbe Art sich nicht einfügte, wie ich das Zuhause verlassen musste, weil ich mich nicht einfügte. Durch meine Unterhaltungen mit Joe Gould in all den Jahren wurde ich gewissermaßen er.«

Am Ende hatte auch Joseph Mitchell aufgehört zu schreiben. Stundenlang strich er stattdessen durch die Straßen, bückte sich nach rostigen Nägeln und alten Flaschen, auch zerbrochenen, die er zu Hause säuberte und mit genauen Angaben ihrer Herkunft in dem bald riesigen Lager ablegte. Es war ein Puzzle, das er zusammensetzen wollte. Er hatte Gould berühmt gemacht und in unheimlicher Selbstprophezeiung nach seinem letzten Artikel über Gould nie wieder ein Wort gedruckt. Und das, obwohl er noch über dreißig Jahre lang jeden Tag in sein Büro am Times Square ging. Man hörte die Schreibmaschine kaum. Er versuchte ein Puzzle zu beenden, das nur in seinem Kopf existierte. Das Puzzle eines alten, vergangenen New York. Das Puzzle der Vergangenheit, das immer so etwas wie Trost bedeutet.

OPPORTUNISMUS
(KARL-OTTO SAUR)

Anfang der 1960er Jahre meldete sich zum ersten Mal ein junger englischer Historiker bei meinem Vater, um ihn über die Zeit des »Dritten Reiches« zu interviewen. Er sprach gut deutsch, hatte erstaunliche historische Kenntnisse, und mein Vater war voll des Lobes über ihn. 1965 meldete sich David Irving wieder bei ihm. Er sitze gerade an einem Buch über die Entwicklung der Atomtechnik und der Arbeit an einer Atombombe in Deutschland während des Zweiten Weltkrieges. In einem langen Interview am 23. und 24. Oktober 1965 – neun Monate vor dem Tod meines Vaters – wollte er von ihm wissen, wie weit diese Arbeiten gediehen waren, und vor allem, ob Hitler darin einen Weg gesehen hätte, doch noch eine Kriegswende herbeizuführen.

1990 schrieb der Autor Wolfgang Menge einen Zweiteiler für das deutsche Fernsehen über die gleichen Fragen und besorgte sich viel Material darüber. Als wir uns kurz darauf trafen, erzählte Menge mir, dass er auf die Abschrift eines Interviews von David Irving mit meinem Vater gestoßen sei. Wenn ich mich dafür interessiere, würde er mir eine Kopie schicken. Was ich also nur durch Erzählungen wusste, hielt ich nun schwarz auf weiß in meinen Händen. Irving hatte das Interview auf Tonband mitgeschnitten und wörtlich abgetippt. So war fast jeder Name, den mein Vater nannte und den Irving nicht kannte, falsch geschrieben. Die Sätze meines Vaters endeten häufig ganz anders, als er sie begonnen hatte, oder verloren sich einfach im Nichts. Meine Interpretation – so viele Jahre später – war, dass mein Vater ganz glücklich gewesen sein musste, dass ein ernsthafter junger Mann sich für all das interessierte, was er erlebt hatte und wie er die Kriegsgeschichte mitbestimmt hatte, die sein Gesprächspartner offensichtlich nicht moralisch beurteilen wollte.

Noch eine Reihe weiterer interessanter Schlüsse konnte ich aus dem Text ziehen. So wollte mein Vater Irving sein schon jahrelang auf Verwertung wartendes Material verkaufen oder gar als Mitautor des zu erwartenden Werkes genannt werden. Irving überlegte auf der Rückfahrt von Pullach nach München, ihm 300 Mark für das Material anzubieten, was von der Mitarbeiterin meines Vater Grete Gringmuth, die bei dem Gespräch anwesend war und mit Irving zurück nach München fuhr, als viel zu gering angesehen wurde.

Aber es war vor allem ein Halbsatz, über den ich stolperte und der meine bisherigen Gedanken auf den Kopf stellte. Es ging in dem Gespräch um die Rivalitäten hinsichtlich der jeweiligen Zuständigkeiten zwischen dem Luftfahrtministerium und dem Rüstungsministerium, die vor allem zu Spannungen zwischen meinem Vater und den im Luftfahrtministerium für Rüstungsfragen zuständigen Generalfeldmarschall Erhard Milch zum Ausdruck kamen. Mitten in diesem Thema sprang mein Vater im Gespräch mit Irving zu einem ganz anderen Bereich und sagte wörtlich: »Ich erinnere mich auch, wie ich den Krach mit Krupp gehabt hatte, was mir praktisch das Leben zerstört hat, nach dem Krieg ...«

Mir ist klar, worauf er damit anspielte. Die Interpretation, dass Krupp an seiner späteren Erfolglosigkeit schuld gewesen sei, hatte ich aber aus seinem eigenen Mund niemals gehört. Aufgrund der verschiedenen Unterlagen und Aussagen hatte ich mir im Laufe der Jahre mein eigenes Bild gemacht.

Als alle seine Träume nach dem Ende des Krieges zerstoben waren, dass die Amerikaner ihn entweder in Deutschland als Fachmann für den Wiederaufbau einsetzen oder ihn gar in die USA holen würden, um dort von seinen Erfahrungen zu profitieren, stand noch immer sein Entnazifizierungsverfahren an. Im Jahr 1948 boten ihm dann die Amerikaner einen Deal an. Wenn er bereit sei, im noch laufenden Krupp-Prozess – den

einige US-Generäle als psychologisch wichtig ansahen, um die
Verwerflichkeit der Rüstungsgeschäfte deutlich zu machen –
seine Einblicke in diese Industrie öffentlich zu machen und als
Zeuge der Anklage aufzutreten, würde sein eigenes Entnazifizierungsverfahren beschleunigt und er auf Dauer als Mitläufer
eingestuft. Das musste ihm so verlockend vorgekommen sein,
dass er sich dazu bereit erklärte.

Sein Auftritt am letzten Verhandlungstag war eine Sensation
im Prozessgeschehen. Mein Vater belastete Krupp derart, dass
statt des für die Amerikaner peinlich drohenden Freispruches
eine Freiheitsstrafe von zwölf Jahren für Alfried Krupp von
Bohlen-Halbach verhängt wurde. Auch die leitenden Mitarbeiter im Konzern wurden – mit einer Ausnahme – zu mehr-
jährigen Gefängnisstrafen verurteilt.

Zweifellos hatte mein Vater in seinen Funktionen im
Rüstungsministerium bei der Weltfirma Krupp viel größere
Schwierigkeiten, seine Forderungen durchzusetzen, als bei
weniger mächtigen und traditionsreichen Firmen. Krupp hatte
schon immer seinen Erfolg darauf aufgebaut, stets beste Beziehungen zur jeweiligen obersten Staatsführung zu haben und
sich selbst als nationale Institution zu etablieren, unabhängig
von der politischen Richtung der amtierenden Regierung. Das
war unter Hitler nicht anders. Sonst wäre auch der Leitspruch
der Hitlerjugend »Hart wie Krupp-Stahl, zäh wie Leder« nicht
entstanden und in die Geschichte eingegangen. Mein Vater
war als alter Thyssen-Mitarbeiter in der Rivalität zwischen
den Stahl-Giganten Thyssen und Krupp parteiisch. Ebenso
zweifellos war klar, dass er als Hauptamtsleiter im Rüstungsministerium ein unangenehmer Partner war, der die Industrie-
führer seine Macht spüren ließ und vieles einfach anordnete.

Aus dem langen Protokoll seiner Aussage im Krupp-Prozess wird deutlich, dass es tatsächlich um einen Machtkampf
zwischen ihm und der Krupp-Führung ging. Krupp wollte im
Februar 1942 in der Nähe der ehemals polnischen Stadt Mark-
staedt eine neue Fabrik für die Herstellung eines bestimmten
Gewehrs bauen. Mein Vater aber plädierte im Namen des Mi-

nisteriums dafür, dass stattdessen die bestehenden Fabriken im Westen ausgebaut werden sollten, um so Zeit und Geld zu sparen. Er glaubte sich dabei auch des Rückhalts des soeben zum Rüstungsminister ernannten Albert Speer sicher. Doch im Sommer 1942 teilte Speer ihm mit, dass es Hitlers Wunsch sei, den Plänen Krupps nachzukommen. Mein Vater hatte den Verdacht, dass dies in einem persönlichen Dreiergespräch zwischen Hitler, Krupp und Speer im Führerhauptquartier Wolfsschanze in Rastenburg entschieden worden war. Diese Zusammenkunft hatte er zwar misstrauisch beäugt, aber nicht selber daran teilnehmen können, da er gleichzeitig eine andere Besprechung in der Wolfsschanze abhalten musste. Als er danach in dem weitläufigen Gelände umherging und beobachtete, dass Krupp und Speer gemeinsam aus Hitlers Bunker kamen, ahnte er schon, dass er in dieser Sache unterlegen war.

Das Interessante ist, dass aus der stundenlangen Zeugenaussage im Krupp-Prozess nicht hervorgeht, warum das amerikanische Gericht sich so lange mit diesem Konflikt auseinandersetzte, der eher nebensächlich erscheinen musste. Tatsächlich ging es darum, dass die neue Fabrik in der Nähe eines KZs gebaut werden sollte, um die dort Inhaftierten als billige Arbeitskräfte einzusetzen. Wenn der Anstoß zum Bau des beim KZ gelegenen neuen Werks bei Krupp gelegen hatte, konnten die Ankläger ihren Vorwurf untermauern, dass Krupp sich »Sklavenarbeit« systematisch zunutze machen wollte.

Umgekehrt war für meinen Vater der Einsatz von KZ-Häftlingen keine moralische Frage und überhaupt kein Kriterium, für oder gegen Krupp auszusagen. Immerhin hatte er schon im März 1942 die erste Sitzung zum Arbeitseinsatz von KZ-Insassen abgehalten. Alle Beteiligten waren sich einig gewesen, dass man den Firmen ermöglichen sollte, diese billigen Arbeitskräfte zu nutzen – auch wenn die SS-Führung dagegen war, weil sie die Alleinherrschaft in den KZs nicht aufgeben wollte. Wäre das Thema »Sklavenarbeit« bereits in diesem Stadium des Krupp-Prozesses angesprochen worden, wäre es für Krupps Verteidiger ein Leichtes gewesen, die Beteiligung meines Vaters an diesem entsetzlichen Kapitel der Judenverfolgung nachzuweisen, sodass sein Wert als Kronzeuge entscheidend geschmälert worden wäre. Doch den Amerikanern war zu diesem Zeitpunkt die Verurteilung Krupps als symbolischer Akt wichtiger, als die Hintergründe im Detail und wahrheitsgemäß auszuleuchten.

Dabei gab es im Krupp-Prozess noch eine andere merkwürdige Konstellation. Der Anwalt Krupps, der meinen Vater ins Kreuzverhör nahm, war Dr. Otto Kranzbühler. Kranzbühler war im Nürnberger Hauptprozess einer der Verteidiger Albert Speers gewesen. Nicht zuletzt seiner geschickten Verhandlungsführung war es zu verdanken, dass Speer das vergleichsweise milde Urteil von zwanzig Jahren Gefängnis erhalten hatte. Mein Vater war zwar der Meinung, dass dies für den von ihm so bewunderten Speer immer noch viel zu lang war, aber er hatte auch die Leistung Kranzbühlers erkannt. Und nun stand er ihm gegenüber in der Rolle des Verräters, der um des eigenen Vorteils willen andere mit Taten belastete, die er eigentlich selber zu verantworten hatte.

Wenige Wochen später endete das Entnazifizierungsverfahren für meinen Vater. Er wurde für ein halbes Jahr als Beschuldigter klassifiziert, der in dieser Zeit auch keine leitende Position in einem Industrieunternehmen annehmen durfte. Danach sollte er in die Kategorie »Mitläufer« eingestuft werden. Mein Vater kam also frei und gründete gemeinsam mit seiner langjährigen Mitarbeiterin und Geliebten Grete Gringmuth in München sein Ingenieurbüro. Doch bereits einer der ersten Aufträge wurde kurz nach Erteilung zurückgezogen. Es war eine der wenigen Episoden, die er mir später erzählte. Sein Auftraggeber hatte bei einer Bank einen Kredit beantragt, den die Bank aber nur unter der Bedingung gewähren wollte, wenn er den Vertrag mit Saur lösen würde. In seiner Erinnerung machte mein Vater daraus ein kleines Heldenstück. Der Geschäftspartner – offensichtlich ein Bekannter aus dem »Dritten Reich« – wollte ihm diese missliche Situation verschweigen und woanders nach Kredit suchen. Ein Dritter habe ihn aber darauf aufmerksam gemacht, sodass er sich von dem Auftrag zurückgezogen habe, um dem Geschäftsaufbau des Bekannten nicht im Wege zu stehen.

Es war tatsächlich so, dass die Vertreter der gesamten deutschen Industrie, mit denen mein Vater zu Kriegszeiten ein ständiges – und häufig unangenehm autoritäres – Verhältnis hatte, sein Verhalten im Krupp-Prozess nicht nur als Verrat, sondern als übelsten Opportunismus empfanden und verurteilten. Dies umso mehr, als diese Eigenschaft ihm schon früher von Eingeweihten vorgehalten wurde. So hatte er schon 1944 zu Lasten von Zulieferfirmen Hitler gegenüber viel zu hohe Produktionsversprechungen gemacht, die nicht einzuhalten waren. Wenn das Thema bei Rüstungskonferenzen aufkam, wälzte er die Schuld auf die Firmen ab, die unfähig gewesen seien, die Vorgaben zu erfüllen.

Ein angeheirateter Verwandter der Familie Krupp, Tilo Freiherr von Wilmowsky, hat 1950 ein Buch über den Krupp-Prozess und die in seinen Augen schreiende Ungerechtigkeit dieses Verfahrens geschrieben. In »Warum wurde Krupp verurteilt? Legende und Justizirrtum« geht er auch auf die in seinen Augen üble Rolle ein, die mein Vater dabei gespielt hat. Ich habe es bereits in den 1960er Jahren gelesen und war empört über den bösen Ton gegenüber meinem Vater und die vermeintliche Einseitigkeit der Darstellung. Das gilt sicher für den Grundtenor des Buches, das Firma und Familie Krupp völlig reinwäscht. Doch die Rolle und das Auftreten meines Vaters wurden nicht nur von ihm so gesehen. So schreibt er: »Zu den schlechthin unbegreiflichen Vorgängen des Krupp-Prozesses gehört, dass das Gericht der Zeugenaussage jenes Mannes folgte, der für das Zwangssystem, dem die deutsche Wirtschaft unterworfen war, wie kaum ein zweiter verantwortlich zu machen ist. Wenn irgendwo in der deutschen Kriegwirtschaft des Zweiten Weltkrieges die ›harte Kommandostimme des Unterdrückers‹ erschollen war, dann eben im Munde des Hauptstellungsleiters Saur, der den Angeklagten des Krupp-

Prozesses am Ende des Zeugenbeweises gegenübertrat, um sich ein Alibi für die eigenen Untaten zu verschaffen. Saur, der einstige Amtschef im Rüstungsministerium, war in allen Industrieprozessen bei der Frage des Produktionszwangs immer wieder als der schärfste und unangenehmste Exponent staatlichen Druckes genannt worden. Ausgerechnet mit diesem Zeugen, der wegen seiner Scharfmacherei noch in Hitlers Testament als Nachfolger Speers ausersehen war, das Bestehen des Produktionszwangs widerlegen und die ›freie Initiative‹ der deutschen Industriellen nachweisen zu wollen, das erschien nicht anders, als wenn man Goebbels zum Kronzeugen für die nationalsozialistische Demokratie hätte ausrufen wollen.«

Und dann stellt Wilmowsky, der gegenüber der Familie Krupp vollkommen unkritisch bleibt, eine Sammlung von Aussagen über Karl-Otto Saur zusammen, die er aus verschiedenen Quellen genommen hat. »Saur, damals als Hauptschuldiger vor einer Spruchkammer angeklagt, kannte genau die Gefahren und Hoffnungen, die sich mit seiner Aussage für ihn verbanden. Er, der sich auf der Höhe seiner Macht durch seine ›Fuhrknechtmanieren‹ eine unerträgliche Atmosphäre in der deutschen Wirtschaft geschaffen hatte, der gedroht hatte, widerstrebende Gesprächspartner ›abholen‹ zu lassen, der ihnen den Genickschuss in Aussicht gestellt und jeden Industriellen Deutschlands durch die Drohung des Terrors zittern gemacht hatte, dieser Mann durfte nach der Kapitulation als ›beurlaubter Internierter‹ für die Besatzungsmacht Betriebsermittlungen anstellen. Dieser Mann, der das ›Sklavenarbeiterprogramm‹ der deutschen Machthaber wirklich verkörperte und der mit den Angeklagten die Rolle hätte tauschen müssen, tat, genau wie unter Hitler, wieder sein Bestes gegen sein Opfer.«

Ich machte mir Gedanken darüber, was meinen Vater zu dieser Handlung bewogen haben mochte. Meine Interpretation war, dass vermutlich die Sorge um seine Familie eine große Rolle gespielt hat. Seine Frau saß mit fünf kleinen Kindern ohne jegliches Einkommen oder Vermögen in Düsseldorf fest, zunächst im Keller der eigenen Eltern, später in einer notdürftig hergerichteten Parterrewohnung in der Nachbarschaft. Er hatte selbst im letzten Kriegsjahr keine finanzielle Vorsorge für die Zeit nach dem Krieg getroffen, ein Punkt, den meine Mutter auch in den 1950er Jahren immer wieder klagend erwähnte. Er hätte es vermutlich als Verrat gegenüber Hitler angesehen, wenn er materielle Vorkehrungen getroffen hätte, war er doch auch nach dem Krieg stolz darauf, bis zum Schluss an den »Endsieg« geglaubt zu haben – nicht zuletzt durch seine Leistungen in der Rüstungsindustrie. Hätte nicht die Schwester meiner Mutter sich der Familie angenommen und sie mit ihrem Gehalt als Sekretärin unterstützt, wäre überhaupt kein Einkommen vorhanden gewesen. Da mein Vater die Situation kannte, vermutete ich, dass er einfach das Gefühl hatte, er müsse für seine Familie als Oberhaupt sorgen. Ich vermutete, dass er einfach zu ignorant und verblendet war, über die Folgen seiner Aussage im Krupp-Prozess nachzudenken.

Doch der Satz in Irvings Interview lässt nicht viel davon übrig. Die Tatsache, dass er nach der Freilassung aus der amerikanischen Gefangenschaft dem Drängen seiner Frau, die Familie so schnell wie möglich nach München zu holen, nur sehr verhalten nachkam, war offensichtlich auch kein Indiz für echte Sorge. Nein, er hatte sich selbst als Opfer eingestuft und um sich eine Legende aufgebaut, die seinen Opportunismus in Wohlgefälligkeit auflösen sollte. Er war sicher ein Mann, der Tugenden wie Tapferkeit und Aufrichtigkeit bei anderen sehr schätzte – obwohl diese Eigenschaften nicht zu seinen eigenen Stärken gehörten. Zweifellos spielte auch die Faszination, die von Hitler auf ihn ausging, bei allen Entscheidungen eine Rolle. Aber man kann nicht verleugnen, dass zu seinen Charaktereigenschaften Ehrgeiz und Feigheit gehörten. Und er war ein Mann, der sich gerne auf Kosten anderer profilierte.

Dazu passt zweifellos der Versuch, seine eigene Haut zu retten, indem er die eigenen Taten einem Untergebenen oder Abhängigen in die Schuhe schob. Ich bin mir sicher, dass seine schlechte materielle Existenz und seine vielen beruflichen Niederlagen nach dem Krieg auf diesen Auftritt in Nürnberg zurückzuführen sind. Aber sich selber als Menschen zu stilisieren, der doch nur die Wahrheit gesagt habe und dafür bestraft wurde, muss bei seiner vorherigen Machtfülle und Befehlsgewalt schon fast als schizophren angesehen werden.

In der fast aussichtslosen Situation nach seiner Freilassung kam ihm nur ein Mann zu Hilfe, der zwar auch zu den Großen unter den Wirtschaftsführern gehörte, aber ein persönliches Problem hatte. Der Generaldirektor der damals stark im Rüstungsgeschäft involvierten Daimler-Benz-Werke, Wilhelm Haspel, war mit einer Jüdin verheiratet. Im Jahr 1944 kam er, so erzählte es mein Vater, zu ihm, um ihm mitzuteilen, dass seine Frau und er die ständigen Pressionen der Gestapo nicht mehr aushielten. Er wolle mit seiner Frau in die Schweiz fliehen und deswegen den Vorstandsposten bei Daimler-Benz aufgeben. Mein Vater beschwor ihn, dies nicht zu tun. Solange er Generaldirektor bei Daimler-Benz bliebe, könne er vom Ministerium aus für die Sicherheit seiner Frau garantieren. Verlasse er diesen Posten, habe er – Haspel – keine Chance, die Schweizer Grenze zu erreichen. Haspel und seine Frau blieben. Wenige Monate nach der Kapitulation wurde er von den Alliierten wieder als Chef von Daimler-Benz eingesetzt, weil die jüdische Ehefrau als Beweis seiner integren Haltung galt. Als mein Vater 1948 aus der amerikanischen Gefangenschaft entlassen wurde, stellte ihm Haspel ein Darlehen von 3000 Mark zur Verfügung, das er nie zurückgefordert hat. Auch einer der ersten größeren Aufträge für das neue Ingenieurbüro kam von Daimler-Benz. Als Haspel 1955 starb, wurde der Auftrag von Daimler-Benz zum nächstmöglichen Zeitpunkt gekündigt. Und wieder stand mein Vater vor dem Aus.

Ein englischer Vernehmungsoffizier, dessen Name aus den Unterlagen nicht hervorgeht, schrieb 1948 ein Psychogramm über meinen Vater, das zwar in einem durchaus freundlichen und auch manchmal sympathisierenden Ton gehalten war, aber genau auf seine Schwächen hinweist. Er bezeichnet ihn zunächst als »Rheinländer mit der typischen frohen Unbekümmertheit«, um ihn dann als erfolgreichen Rüstungsmanager zu charakterisieren, aber auch als ehrgeizigen Aufsteiger, der als Befehlsempfänger nur zu gerne die Verantwortung abschieben wollte.

1960 hörte ich zum ersten Mal den Namen Adolf Eichmann, und zwar, als er in Argentinien vom israelischen Mossad festgenommen und anschließend nach Israel entführt wurde. Heute wundere ich mich, dass ich den Namen des SS-Obersturmbannführers, der die Deportation der Juden organisierte, nie vorher gehört hatte. Zum ersten Mal wurde mir damals klar, was man unter einem sogenannten Schreibtischtäter zu verstehen hat. Doch eine Verbindung zu meinem Vater sah ich nicht. Zu gern glaubte ich als damals 16-Jähriger an die vom Vater gepflegte Legende, dass er als Techniker mit den Verfolgungen und Ermordungen im »Dritten Reich« nichts zu tun hatte. Hannah Arendts Aufsatz über die »Banalität des Bösen«, den sie während des Eichmann-Prozesses in Jerusalem für den *New Yorker* schrieb, las ich nicht, aber die überall zitierte Überschrift erschien mir interessant. Sie erschloss sich mir aber erst, als ich in den späten Siebzigern die amerikanische Serie »Holocaust« sah, wo die Figur Eichmanns in dem SS-Mann Dorf widergespiegelt wird.

Erst in der 2004 erschienenen Biographie »Adolf Eichmann« von David Cesarani sehe ich die wirkliche Parallele zu meinem Vater. Cesarani zitiert Eichmann aus einer Vernehmung im Jahr 1960, wie dieser das Ende des »Dritten Reiches« empfunden hat: »Ich selbst spürte es bereits am 8. Mai 1945, dass ich nunmehr ein führungsloses und schweres Eigenleben zu leben habe, da ich mir an keiner Stelle irgendwelche Richtlinien geben lassen konnte, von keiner Stelle Befehl oder Weisungen kamen, keinerlei einschlägige Verordnungen heranzuziehen waren, kurz, ein bisher unbekanntes Leben sich mir auftat.« Es ist, als ob hier mein Vater gesprochen hätte.

In unserer gemeinsamen Zeit war sein Opportunismus einer Ängstlichkeit und Kraftlosigkeit gewichen. Bei mir löste sein Opportunismus, der verhinderte, dass er irgendwann einmal »Nein« zu den grausamen und folgenreichen Taten, die auf

seinen Befehl hin geschahen, gesagt hatte, eine große Angst
vor dem eigenen Opportunismus aus. Ich war und bin nicht
frei davon, aber ich versuche, die Alarmzeichen rechtzeitig zu
erkennen. Dass es oft auch für mich eine schwierige Gratwan-
derung ist, wird durch die folgende Geschichte deutlich.

In München gab es seit den frühen Nachkriegsjahren einen
Journalisten, den man gemeinhin als »schillernd« bezeichnete.
Er hieß Franz Schönhuber und fing als Sportreporter für den
Rundfunk an. In den 1960er Jahren wurde er Chefredakteur einer neu gegründeten Boulevardzeitung, doch schnell überwarf
er sich mit den Verlegern. Darauf wurde er Kolumnist einer anderen, bekannten Boulevardzeitung, der *Münchner Abendzeitung*.
Damals gab es in der Münchner SPD eine heftige Auseinandersetzung zwischen dem linken, dem Jungsozialistenflügel, und
dem rechten Flügel, der den amtierenden Oberbürgermeister
Hans-Jochen Vogel unterstützte. Schönhuber war der einzige
führende Journalist aller Münchner Tageszeitungen, der den
linken Flügel lautstark unterstützte. Auch seine Frau war zu
dieser Zeit als Stadträtin Sympathisantin dieses Flügels.

Doch irgendwann gab es Differenzen mit den linken Mei-
nungsführern, und Schönhubers Gesinnung wanderte nach
rechts. Er brauchte nicht lange, um bei Franz-Josef Strauß,
dem damaligen bayerischen Ministerpräsidenten, anzulangen
und sein lautester publizistischer Freund zu werden. Man sah
die beiden häufig zusammen, Schönhuber wurde in den legen-
dären Franzens-Club aufgenommen, eine kleine Gruppe von
Strauß-Freunden, die großen Einfluss auf ihn hatten. Gleichzeitig bekam er beim Bayerischen Rundfunk, der personal-
politisch von der Regierungspartei CSU an der kurzen Leine
geführt wurde, eine führende Position als Abteilungsleiter für
Öffentlichkeitsarbeit – gegen den erbitterten Widerstand seiner künftigen Untergebenen und Kollegen.

In dieser Position hatte ich als Medienredakteur der *Süddeutschen Zeitung* öfter mit ihm zu tun. Mitte der 1980er Jahre
entging ich einmal nachts um 2 Uhr seiner entwaffnenden Di-
rektheit nicht, als er mir das »Du« anbot. Es war übrigens der

Abend, an dem er mich erstmals auf meinen Vater ansprach und mir einreden wollte, dass man auf einen solchen Vater stolz sein könne. Am nächsten Morgen rief er bereits um 10 Uhr morgens bei mir im Büro an, um sich zu vergewissern, dass es beim »Du« bleibe. Meine Vorstellung, ihn beim nächsten Treffen einfach wieder mit »Sie« anzusprechen, hatte sich damit in Luft aufgelöst.

Ein Jahr später wurde deutlich, dass Strauß und die CSU genug von ihm hatten – nicht zuletzt, weil er sich inzwischen wegen einer Fernsehsendung mit dem Titel »Jetzt red' i«, mit der er durchs Land zog und der Bevölkerung ein Forum bot, sich gegen die Obrigkeit zu äußern, für populärer als Strauß selbst hielt. Das war eine Anmaßung, die im Strauß-System sofort bestraft wurde. Doch Schönhuber fühlte sich so sicher, dass er auch noch ein Buch mit dem Titel »Ich war dabei« veröffentlichte. Der Titel bezog sich auf die Waffen-SS und seine Mitgliedschaft als 18-Jähriger dort. Er stellte die Waffen-SS als verschworene und tapfere Gruppierung dar, deren Ruf wiederhergestellt werden müsse.

Zunächst bekam er noch eine Reihe von Gratulationsschreiben zu diesem Buch, vor allem aus der CSU, aber auch vom damaligen Intendanten des Bayerischen Rundfunks. Dem folgte bald die fristlose Kündigung durch eben diesen Intendanten. Alle beteiligten Beobachter, auch ich, waren der Meinung, dass dies auf direkte Anweisung aus der Umgebung von Strauß geschehen sei. Schönhuber klagte gegen die Kündigung vor dem Arbeitsgericht, der Bayerische Rundfunk verlor den Prozess und musste ihm eine hohe Abfindung zahlen. Allerdings befand das Gericht das Verhältnis als so zerrüttet, dass es eine Rückkehr Schönhubers auf seinen alten Posten als unzumutbar erklärte. Schönhuber hatte aus den rechten Kreisen aber so viel Lob erhalten, dass er nun beschloss, selber Politiker zu werden. Er gründete die Partei »Die Republikaner«, in der sich ein paar Abtrünnige aus der CSU, die Strauß den Milliardenkredit für die DDR verübelt hatten, und sonstige Versprengte der unorganisierten Rechten wiederfanden.

Genau in diese Phase fiel Schönhubers 60. Geburtstag. Alle, die ihn kannten, waren der Meinung, dass unter den alten Umständen der größte Saal der Stadt nicht ausgereicht hätte, doch nun lud er nur zu einer Feier in seine Münchner Stadtwohnung ein, in der etwa dreißig Gäste Platz fanden. Und ich gehörte zu den wenigen Geladenen. Ein paar Tage später rief mich ein Freund und Kollege von einer anderen Zeitung an und fragte mich, ob ich auch eine Einladung bekommen hätte. Wir waren uns sehr schnell einig, dass uns angesichts der öffentlichen Ächtung, die er von seinen alten Freunden aus der CSU erhalten hatte und die mit dem späten Bekenntnis zur Waffen-SS wenig zu tun hatte, keine andere Wahl bliebe, als der Einladung zu folgen.

Ich wollte keineswegs als Sympathisant seiner neuen politischen Bestrebungen gelten. Aber nicht hinzugehen wäre mir als ein noch größerer Opportunismus gegenüber seinen neuen Gegnern von der CSU erschienen. Also feierten mein Kollege und ich mit einer Gemeinschaft von rechten »Verschwörern«. Allen Gästen war vorher geheimnisvoll mitgeteilt worden, dass man auch einen »Ehrengast« erwarte. Der Ehrengast war kein Geringerer als David Irving, der längst zur Ikone der Rechtsradikalen aufgestiegen war. Als Schönhuber uns einander vorstellte, war Irvings erste Frage: »Saur mit ›e‹ oder ohne?« So holte mich mal wieder die Vergangenheit meines Vaters ein. Und zwar dort, wo ich es eigentlich nicht wollte.

OPPORTUNISMUS

(MICHAEL SAUR)

Die Situation kennen die meisten von uns. Man befindet sich in einem Gespräch, es mag einen sogar nur mehr oder weniger interessieren. Jemand sagt etwas oder fragt etwas, und im Eifer des Gesagten oder Gefragten, geradezu so, als wäre man plötzlich in ein so unerwartetes wie seltsames Rampenlicht katapultiert worden, gezwungen zur Exponiertheit, verrät man sich selber. Aus dem eigenen Mund spricht jemand anderes, tönt eine Stimme, die man nicht auf Anhieb erkennt, und doch ist es die eigene. Oder es ist nur ein Lachen, das man nicht auf Anhieb als sein eigenes erkennt. Es ist dieser Moment, der Bruchteil einer Sekunde, ein Augenblick, der manchmal ein ganzes Leben weiter bestimmen kann.

Zu sagen, es hätte in solchen Momenten der Teufel (oder Gott?) seine Hand im Spiel, wäre zu einfach. Dahinter verbirgt sich vielmehr, was gemeinhin als Opportunismus verstanden und missbilligt wird, und *dahinter* wiederum verbirgt sich der Wunsch zu gefallen. In meiner Familie gehört es zum Allgemeinwissen, dass mein Großvater ein opportunistischer Mann gewesen war. Der Begriff ist übrigens eine Fehlbezeichnung. Opportunismus ist am Ende meistens eben gar nicht opportun, jedenfalls nicht wirklich für einen selber, sondern der Anfang einer Reise ins Innere einer Geisterbahn: Denn plötzlich lauert der Schrecken, der einer opportunistischen Unwahrheit folgt, hinter jeder dunklen Kurve. Mein Großvater ist dafür kein schlechtes Beispiel. Sein Leben wurde nach dem Krieg zu einer Geisterfahrt.

In dieser Behauptung versteckt sich keine Entschuldigung für meinen Großvater. Er log. Er versprach zum Beispiel Adolf Hitler Dinge, die er nicht halten konnte, er versprach das Unmögliche aus dem Wunsch heraus, gefallen zu wollen. Er versprach ja, New York zu bombardieren, um das Ruder für Nazi-Deutschland noch einmal herumzureißen. So gefiel er, so log er sich in Hitlers Testament. Wusste er, dass ihm die Rechnung nicht mehr präsentiert werden konnte, dass er New York nicht noch zerbomben konnte, weil die Zeit davonrannte? Irgendwo in seinem Kopf muss es diese Erkenntnis gegeben haben, denke ich mir, doch im Verdrängen war er wohl schon damals gut. Der Niedergang des »tausendjährigen Reiches« war imminent, als seine Versprechen immer kühner wurden, als er mehr Waffen versprach, größere Treffsicherheit vorgaukelte. Das nimmt der Tatsache nichts, dass er als Mensch jemand war, der nach unten trat und sich nach oben duckte. Die Frage, die mich interessiert, ist die: War er, wenn er trat, authentischer, als wenn er sich duckte?

Es ist allerdings auch müßig, immer für alles Erklärungen zu suchen – manche Dinge sind im Charakter eines Menschen verankert, und damit basta. So, wie er Pykniker war, war er eben auch opportunistisch. Aber in einem hatte der britische Historiker, der ihn Pykniker nannte und mit einem Sancho Pansa im Dienste Hitlers verglich, nicht recht. Mein Großvater besaß nichts von dem, was die Spanier *Sanchismo* nennen, wenn sie über ihren Sancho Pansa sprechen. Nämlich den bodenständigen Humor, Witz oder auch nur die Kenntnis der Redensarten und geflügelten Worte und damit auch die Kenntnis des Volkes, die Sancho Pansa seinem Herrn und dem Leser auftischte und die zu seinem Opportunismus im Gegengewicht standen. Sancho Pansa folgte dem Don Quichote zwar ergeben, aber mit einer nagenden Verwunderung über diesen merkwürdigen Mann. Pansa wurde verführt vom Größenwahn seines Herrn, gleichzeitig wurde er aber geplagt von der eigenen Bodenständigkeit, die dem immer wieder entgegenwirkte. Die Phantasie, die für diese Widersprüchlichkeit vonnöten ist, ging meinem Großvater wahrscheinlich ab. Ich glaube, dass am Ende sein Opportunismus aus einer Art mentaler Bequemlichkeit bestand und dass die Bequemlichkeit die Wiege vieler seiner Lügen war.

Vor einigen Jahren stieß ich auf die faszinierende Geschichte des Franzosen Jean-Claude Romand, die mir im Zusammenhang mit meinem Großvater einfällt. Romand versäumte es eines Tages als Medizinstudent, zu einer Prüfung zu erscheinen. Weil sich die Prüfung nicht nachholen ließ, war damit sein Studium de jure beendet. Er traute sich aber nicht, diese Tatsache seinen Eltern mitzuteilen, also besuchte er weiterhin die Vorlesungen. Als seine Kommilitonen graduierten, tat er so, als würde er mit ihnen abschließen. Er heiratete, gründete eine Familie, und um unliebsamen Fragen aus dem Weg zu gehen, behauptete er, eine Anstellung bei der Weltgesundheitsorganisation in Genf gefunden zu haben. Statt zu arbeiten, verbrachte er seine Tage im Wald und auf den Autobahnraststätten, die zwischen seinem Wohnort und Genf lagen. Seiner französischen Verwandtschaft erzählte er, ihre Ersparnisse zinsgünstig in der Schweiz anlegen zu können. Von diesem Geld lebte er jahrelang. Achtzehn Jahre lang hielt er das Lügenkonstrukt aufrecht, bis auch der letzte Faden seiner betrügerischen Existenz zu reißen im Begriff war. Weil die Lüge so sehr ins Monströse gewachsen war, sah er keinen anderen Ausweg, als seine Eltern, seine Frau und seine Kinder zu ermorden. Dann scheiterte er am eigenen Selbstmord und wurde von einem Gericht zu lebenslanger Haft verurteilt.

Jean-Claude Romands Geschichte ist eine Parabel auf den Opportunismus. Sie zeigt, welche Lügengebilde sich aus feigem Opportunismus ergeben können und in welch ungeheure Dimensionen sie sprießen können. Der französische Philosoph Bernard-Henry Lévy fragte öffentlich während der Gerichtsverhandlung gegen Romand im Sommer 1996, wenngleich etwas provozierend, wie sehr denn die unwissenden Eltern und die unwissende Frau von Jean-Claude Romand Teilschuld an der Tragödie tragen, und auch diese Frage zeigt auf, wie weit sich der Opportunismus eines Einzigen auswirken kann.

Hier ist noch eine Geschichte zum Opportunismus, eine auf den ersten Blick beinahe amüsante Anekdote, die ohne die tragische Note daherkommt, die Jean-Claude Romands Geschichte umgibt, die allerdings auch das Potenzial zu einem schlimmeren Ausgang geboten hätte. Als ich Anfang der neunziger Jahre in New York für die jüdische Immigrantenzeitung *Der Aufbau* arbeitete, freundete ich mich mit dem Chef vom Dienst an. Er war ein geselliger Österreicher, ein ehemaliger Weltenbummler, der seine Frau in einem israelischen Kibbuz kennengelernt hatte und mit ihr und den beiden Kindern in Brooklyn lebte. An den Wochenenden lud er uns deutsche Praktikanten oft zum Grillen ein, denn wir bedeuteten ein Stück Heimat für ihn. Eines Abends rückte er heraus mit seinem Geheimnis, erst zögerlich, dann wie mit einem Ruck. Er war *kein* Jude. Nun, das war kurioserweise nicht das Geheimnis, denn wir alle wussten, dass er kein Jude war. Das Geheimnis bestand darin, dass außer seiner Frau es niemand in seiner amerikanischen Familie wusste. Nun fand er, war es zu spät, den Kindern, die fast volljährig waren, die Wahrheit zu sagen. Diese Lüge hatte sich fortgepflanzt, denn auch der Bruder des Österreichers, wenn er zu Besuch kam, musste folgerichtig zum Juden werden. Als seine Mutter noch lebte, wurde sie während ihres einzigen Besuchs in Amerika von Franziska in Ruth umbenannt und ihr ein passendes Schicksal verpasst: Das »Dritte Reich« habe sie versteckt in einem Bauernhof in den Alpen überlebt.

Die Geschichte dieser Immigrantenzeitung, für die einst Thomas Mann, Albert Einstein und Franz Werfel schrieben, geht noch weiter. Naturgemäß starb die während der Nazizeit in die USA immigrierte Leserschaft dieser Zeitung mit den Jahren aus, und immer mehr Seiten bestanden allein aus Todesanzeigen. Der Österreicher verließ die Zeitung, suchte sich ein anderes Betätigungsfeld, andere jüdische und nichtjüdische Redakteure kamen und gingen, das Ende der Zeitung schien unaufhaltsam. Konstant aber glaubte eine Redakteurin, eine deutsche Nichtjüdin, die seit zwanzig Jahren den Kulturteil der Zeitung leitete, dass die Zeitung weiterleben müsse. Sie hatte ihre Lebensaufgabe in der Redaktionsarbeit gefunden. Just als die Finanzmittel der Zeitung tatsächlich versiegten, ergab es sich, dass sie eine größere Summe Geld erbte. Sie zögerte nicht, anonym ihr gesamtes Vermögen über Jahre in das Unternehmen zu stecken. Am Ende hatte die Zeitung kaum noch jüdische Leser und keine jüdischen Redakteure mehr, war aber ein Zuhause für diese Frau. Bis auch ihr Geld aufgebraucht war. Wer würde ihr das vorwerfen wollen? Opportunismus ist immer unpolitisch, unreligiös und nicht ideologisch festgefahren, sondern ein sehr persönlicher Dämon.

Mein Vater ist äußerst sensibilisiert, wenn es zu Fragen des Opportunismus kommt. Aber auch er tut oder sagt manchmal Dinge, die er später bereut, weil er sie erkennt als diese opportunistischen Fallen. Doch es gab immer wieder Momente, in denen er das, was er selber eine innere Tendenz nennt, besiegte. Als Redakteur beim *Spiegel* legte er sich einmal mit dem Chefredakteur an auf eine Art, dass die anderen Ressortkollegen in Panik die Hände über dem Kopf zusammenschlugen. Der berüchtigte Chefredakteur, der einiges darauf hielt, von Untergebenen »Mr. Jekyll and Dr. Hyde« genannt zu werden, hielt ein bestimmtes Thema, das mein Vater während der wöchentlichen Themenkonferenz vortrug, für Quatsch und fragte ihn, ob er das tatsächlich für ein Thema halte, das ins Blatt gehöre. »Sonst hätte ich es nicht vorgeschlagen«, antwortete er. Seine Kollegen, aus deren Mitte der Themenvorschlag gekommen war, warnten ihn, je wieder mit so einer Frechheit auf seine Frage zu antworten, sonst würde das ganze Ressort darunter leiden. Einem anderen Chefredakteur, Jahre davor bei der *Süddeutschen Zeitung,* hielt er einmal sein Weinglas entgegen, als dieser sich aufmachte, sein Glas neu zu füllen. »Bringen Sie mir eines mit«, sagte er, zum Staunen seiner Kollegen und vermutlich zum Entsetzen des Chefredakteurs, als er ihm sein leeres Glas entgegenhielt. So erwarb er sich den Ruf des Frechen, des von Hierarchien Unbeeindruckten, der sich von Konventionen nicht stören lässt. Doch auch das tat er wahrscheinlich aus einem nicht unverwandten Impuls heraus: nämlich um zu gefallen. Nicht dem Chefredakteur, sondern den Kollegen und vor allem sich selbst.

Leonidas, der »Held« der Novelle »Eine blassblaue Frauenschrift« von Franz Werfel, ist ein politisch arrivierter Sektionschef des Wiener Unterrichtsministeriums. An seinem fünfzigsten Geburtstag sitzt er zufrieden mit seiner adligen Ehefrau am Frühstückstisch im Garten des prächtigen Hauses, als beim Sortieren der Post sein Auge auf einen mit blassblauer Frauenschrift beschriebenen Briefumschlag fällt. Schlagartig und mit Erschrecken erinnert Leonidas sich an eine vergangene Liebesaffäre und flüchtet mit dem Brief auf die Toilette. Die Briefeschreiberin ist die Jüdin Vera Wormser, in die Leonidas fünfzehn Jahre zuvor sehr verliebt war und mit der er sogar »den einzigen echten Liebesrausch seines Lebens« erfahren hat. Er öffnet den Brief mit zitternder Hand. Sie schreibt, sie habe ein Kind, das natürlich auch jüdisch und im soeben an Deutschland angeschlossenen Österreich nicht mehr sicher ist. Die Briefeschreiberin bittet Leonidas nicht um Hilfe für sich selber, sondern einzig für den fünfzehnjährigen Sohn, eine Hilfe, die der politisch mächtige Leonidas leisten könnte. Ihm wird schlagartig klar: Dieses Kind ist *sein* Sohn. Dieser Verdacht nistet sich bei Leonidas ein. Im Verlauf des Tages verdichten sich nun die schicksalhaften Episoden, Entscheidungen und zufälligen Weichenstellungen im Lebenslauf der Hauptfigur. Dabei wirft Werfel einen illusionslosen Blick auf das Innenleben des Protagonisten. Dieser steht vor der Entscheidung, ob er Wahrheit in sein Leben bringen oder ob er in der Lüge verharren will. Die Art, wie er zu seiner Entscheidung kommt, berührt die grundsätzliche Frage, was der Charakter eines Menschen ist und was ihn ausmacht. Werfel entwirft ein zutiefst skeptisches Menschenbild. Was ein Mensch tut und sagt, ist nicht etwa das Resultat seiner gefestigten Überzeugungen, seiner Persönlichkeit oder seines Charakters. Er erweist sich vielmehr als eine reine Echokammer, aus der solche Worte zu vernehmen sind, die in einer bestimmten, sich mehr oder weniger zufällig entwickelnden Situation eben schicklich oder angemessen erscheinen. Werfels Buch, das vom österreichischen Regisseur Axel Corti 1984 kongenial verfilmt wurde, ist eine gelungene und beeindruckende Studie über das Entstehen des Totalitarismus durch den Verrat an sich selbst. Zum Schluss der Geschichte bleibt Leonidas untätig, bleibt der allseits »Gesicherte«. Das Buch endet am gleichen Abend des Briefempfangs, als Leonidas nach unterlassener Hilfeleistung seinen Geburtstag in der Loge der Oper feiert, wo er über dem gespielten Stück einschläft.

Werfels Buch hat mir mein Vater ans Herz gelegt, als ich zwanzig Jahre alt war. Es hat uns beiden gut gefallen. Ich glaube sogar, es war eine Zeitlang unser beider Lieblingsbuch. Warum es uns so berührt hat, wusste ich damals nicht ganz genau. Heute schon: Weil es die Geisterbahn ausleuchtet, die sich vor einem auftun kann.

VORBILDER

(KARL-OTTO SAUR)

Für meinen Vater gab es eine natürliche Rangordnung der Menschen, die er bewunderte und zu denen er mehr oder weniger bedingungslos aufschaute. An erster Stelle stand Adolf Hitler. Auch nach dem Niedergang des »Dritten Reiches« und Hitlers Flucht in den Selbstmord ließ er in seinem ganzen Leben nicht den geringsten Zweifel an der Größe dieses Mannes. Ich weiß nicht, wann mein Vater ihm zum ersten Mal begegnete. Er hatte mit Technikerdelegationen schon früh die Parteitage in Nürnberg besucht. Er erwähnte noch später stolz, dass man »tagelang« nicht aus den Stiefeln herausgekommen sei. Aber ich bin sicher, dass es da zu keiner Begegnung mit Hitler gekommen ist. Ich vermute, dass die ersten persönlichen Kontakte Ende der 1930er Jahre entstanden, als er einer der engsten Mitarbeiter von Fritz Todt wurde, der als oberster Straßenbauer des Landes eine besondere Vertrauensstellung bei Hitler innehatte.

Enger wurde das Verhältnis zu Hitler erst im Laufe des Krieges, nachdem Todt auch Rüstungsminister geworden war. Nach dessen Tod begleitete mein Vater den Nachfolger Speer häufig zu den regelmäßig stattfindenden Rüstungsgesprächen. Bei dieser Gelegenheit fanden Hitler und er sich als verwandte Geister. Hitler hatte ein herausragendes Detailgedächtnis und kannte von vielen Waffen die Einzelheiten. Mein Vater war ihm in dieser Detailversessenheit sehr ähnlich, während Speer stolz darauf war, ein Generalist zu sein. Er zog sich aus den Detaildiskussionen weitgehend zurück. Das waren die Stunden meines Vaters. Bei gemeinsamen Waffendemonstrationen gab er gerne den Ton an, nicht zuletzt, weil Hitler offensichtlich ihm lieber zuhörte als den anderen.

Seine Bewunderung für Hitler war so groß, dass mein Vater auch ohne die sonst innerhalb des Machtapparats üblichen Privilegien auskam. Hitler hatte sein Herrschaftssystem geschickt durch Machtverteilung und Korruption aufgebaut, sodass nach Möglichkeit immer Rivalität zwischen seinen Potentaten herrschte. Doch mein Vater erhielt weder weitere Posten noch materielle Zuwendungen. Es ist eine einzige Schenkung verbürgt in Höhe von 30 000 Reichsmark, die er auf Anordnung von Hitler erhielt. Im Vergleich zu anderen Pfründen, die verteilt wurden, war das eine eher bescheidene Liebesgabe. Eine seiner gern erzählten Geschichten war, wie Hitler ihm angeboten habe, ihn zum Staatssekretär zu ernennen. Das habe er brüsk abgelehnt, weil er die meisten Staatsekretäre für Beamten-Versager gehalten habe. Dabei machte er keinen Hehl daraus, dass er den Staatssekretär Günter Schulze-Fielitz im Rüstungsministerium in diese Reihe überflüssiger Mitarbeiter einzureihen bereit war. Auch Orden schienen ihn weiter nicht zu interessieren. Eher zufällig stieß ich in einem Internetforum darauf, dass mein Vater der einzige Träger aller drei Ritterkreuze war, was er nie erzählt hatte. Das letzte, das »Goldene«, hatte er an Hitlers letztem Geburtstag, am 20. April 1945, erhalten. Goebbels schrieb vor der Verleihung in sein Tagebuch: »Die Produktionszahlen für 1944 stellen sich außerordentlich günstig. Große Verdienste hat sich dabei Speers Mitarbeiter Saur erworben, der vom Führer als erster mit dem ›Goldenen Ritterkreuz des Kriegsverdienstkreuz‹ ausgezeichnet werden soll. Saur hat diese Auszeichnung verdient.«

Das geschah alles zu einer Zeit, als auch die Welt der führenden Nazis längst aus den Fugen geraten war. Wie schnell solche Worte vergessen waren oder Einstellungen opportunistisch geändert wurden, zeigt eine Einschätzung von Goebbels, die er nur zwei Monate vorher aufgeschrieben hatte. »Ich mache Speer etwas misstrauisch seinem Mitarbeiter Saur gegenüber. Saur benimmt sich Speer gegenüber in der unkameradschaftlichsten Weise, fährt ihm bei Besprechungen mit dem Führer über das Maul, als wenn Speer sein Angestellter wäre, und unterbricht auch den Führer mitten in seiner Darlegung. Das ist nicht nur ungehörig, sondern auch für den internen Dienstbetrieb des Rüstungsministeriums völlig unerträglich. Saur ist eine ungeheure motorische Kraft, Speer hat ihm viel zu verdanken. Deshalb aber braucht er sich von ihm nicht auf der Nase herumtanzen zu lassen.«

Ich bin mir nicht sicher, ob mein Vater das genauso empfunden hat. Natürlich war er stolz darauf, von Hitler als immer wichtiger eingestuft zu werden. Aber ich habe nie auch nur im Anflug ein negatives Wort über Speer aus seinem Mund gehört. Im Gegenteil: Seine Erzählungen über Speer kamen mir so vor, als wenn er sich stolz auf eine Stufe mit ihm gestellt hatte. Er hat keineswegs alle Führungskräfte des »Dritten Reiches« verehrt oder anerkannt, aber hielt er jemanden für gut, blieb er auch bei seiner Meinung, wenn sich die Sachlage änderte. Selbst viele von denen, die vorher im oder rund um das Rüstungsministerium mit ihm zusammenarbeiteten, hat er nicht persönlich für seinen Niedergang nach der Aussage im Krupp-Prozess verantwortlich gemacht, auch wenn sie eifrig daran mitgewirkt hatten.

Er hatte auch gegenüber Vertretern der obersten Führungsriege des »Dritten Reiches« Vorlieben und Abneigungen. Heinrich Himmler stand er eher kritisch gegenüber, auch weil dieser als »Reichsführer SS« immer wieder versuchte, Kompetenzen aus dem Rüstungsministerium in seine Organisationen zu holen. Aber auch Hermann Göring versuchte dies immer wieder – sowohl im Rahmen seiner Verantwortung für den Vierjahresplan als auch als Chef des Luftfahrtministeriums. Dennoch schätzte er Göring sehr viel höher. Karl Dönitz, der Oberbefehlshaber der Kriegsmarine und von Hitler testamentarisch bestimmte neue Staatsführer, genoss immer das hohe Ansehen meines Vaters, selbst als er den letzten Willen Hitlers ignorierte und ihn nicht zum Nachfolger Speers ernannte. Und dabei spielte sicher keine Rolle, dass er ihm dadurch eine

Gefängnisstrafe oder gar die Todesstrafe in Nürnberg ersparte. Ich bin sicher, dass mein Vater die ihm von Hitler in den letzten Minuten angetragene Aufgabe als Minister schon aus Stolz übernommen hätte, so wie er auch gerne 1942 Rüstungsminister geworden wäre, selbst wenn er das Ende dieses Krieges und damit sein sicheres Todesurteil vorausgeahnt hätte.

Ich bin mir nicht sicher, was bei seinen Entscheidungen auf Pflichterfüllung, was auf Ehrgeiz zurückging, was ihm die Nähe zu den in seinen Augen Großen der Weltgeschichte bedeutete. Zweifellos ließ er sich beeindrucken. Am stärksten und unverstelltesten war dies vermutlich bei Fritz Todt so. Offensichtlich konnte der mit seinen Fähigkeiten und seiner Art seine Umgebung und seine Mitarbeiter beeindrucken.

Todt war ein Ingenieur, der durch und durch an die Technik, ihre Macht, ihre Möglichkeiten und ihren Segen glaubte. Der Nationalsozialismus war für ihn die ideale Voraussetzung für die Umsetzung dieser Ideen, womit mein Vater absolut übereinstimmte. Große Bauwerke zu gestalten, technischen Fortschritt durchzusetzen, dafür war in ihrer beider Augen die Demokratie nicht geschaffen. Genauigkeit und Pflichterfüllung waren das Credo des Fritz Todt, was auch Grete Gringmuth als seine Sekretärin erlebte. Ich bin sicher, dass mein Vater sie auch deswegen besonders gerne übernahm. Sie erzählte mir einmal, dass Todt auch nicht den kleinsten Schreibfehler akzeptiert hätte. Dann hätte der Brief eben noch einmal geschrieben werden müssen. Dabei leuchteten ihre Augen, als würde sie von einem Sektenführer schwärmen. Die Fotos, die ich von Todt kenne, lassen nichts Sektiererhaftes erkennen. Aber auch mein Vater sah ihn als eine Art Übervater an, eine Vaterfigur, die er offensichtlich in seinem eigenen Vater nicht gefunden hatte.

Als Todt im Februar 1942 bei seinem Flugzeugabsturz starb, war mein Vater kurz vor seinem 40. Geburtstag und an der Seite Todts bereits ein ziemlich mächtiger Mann im Rüstungsministerium geworden. Der Tod Todts scheint ihn stärker getroffen zu haben als der Tod des eigenen Vaters. Es war für ihn ein Schicksalsschlag. Aber er hat nie nach der Ursache dieses Schicksalsschlages gefragt. Ich bin mir sicher, dass er sich keine Sekunde die bis heute ungelöste Frage stellte, ob Hitler den Tod von Fritz Todt wollte oder gar veranlasste. Ich halte das heute für die wahrscheinlichste Erklärung für den Absturz des Flugzeugs, aber das konnte man damals vermutlich nur schwer erkennen, geschweige denn glauben. Und ich bin sicher, dass mein Vater es auf keinen Fall hätte erkennen wollen. Denn dann hätte er sich entscheiden müssen, für wen seine Solidarität größer gewesen wäre: für Hitler oder für Todt – eine Frage, die ihn hoffnungslos überfordert hätte.

War seine Bewunderung für Todt und auch für Speer noch durch deren fachliche Kompetenzen zu begründen, so ist es für mich schwer, seine Bewunderung für Hitler zu verstehen. Ich weiß nicht, wann sie wirklich begann und ob es zunächst nur die allgemeine Euphorie war, die er gerne mit der Masse der Deutschen teilte. Oder ob die spätere Nähe zu ihm dazu beitrug, alles Rationale auszuschalten und mit ihm gemeinsam auf den »Endsieg« zu bauen. Wenn er von Hitler erzählte, dann waren es gerne die Geschichten, die auch das weite Feld der Rüstung betrafen. Eine dieser Episoden kam mir zwar merkwürdig vor, wurde von meinem Vater aber voller Bewunderung erzählt. Als klar war, dass die Militärs die Kälte des Winters im Russlandfeldzug sträflich unterschätzt hatten, ordnete Hitler an, dass jede kleinere Einheit einen Kanonenofen bekommen sollte, um für etwas Wärme auch an den vorderen Fronten zu sorgen. Die Militärs hielten dies für eine gute Idee – eine andere Meinung wäre auch sehr gefährlich gewesen. Sie erklärten aber auch, dass es logistisch kaum möglich sei, die Öfen zu den Einheiten zu transportieren. Hitler habe dann – so die Erzählung meines Vaters – die Idee gehabt, wie das Problem einfach gelöst werden konnte: Kurzum wurde jeder Soldat auf Heimaturlaub verpflichtet, einen der kleinen Öfen persönlich mit an die Front zu nehmen, sodass innerhalb weniger Wochen alle Einheiten versorgt gewesen wären. Ich habe keine Ahnung, wie schwer die Öfen waren und ob die Aktion wirklich durchgeführt wurde, für meinen Vater war dies aber wieder einmal ein Beweis für das »unverdorbene« Genie Hitlers. Dies war eine der typischen Geschichten, die er gerne erzählte. Hitler wurde als Held dargestellt, aber gleichzeitig auf ein menschliches Maß reduziert, das erlaubte, alle Untaten unerwähnt zu lassen.

Seine Lieblingsgeschichte in diesem Bereich war, dass Hitler ihn im Dezember 1943 einen Tag vor Weihnachten angerufen habe, um sich nach irgendwelchen Produktionszahlen zu erkundigen. Das Gespräch habe er dann mit dem Gruß »ein schönes Christkindl« beendet, was mein Vater als eindeutigen Beweis der Zuneigung verbuchte.

Mit großer Freude hätte er sicher gelesen, was Joseph Goebbels am 23. Juli 1944 – drei Tage nach dem Stauffenberg-Attentat – in seinem Tagebuch notiert hatte: »Abends bin ich mit Speer und seinen Mitarbeitern Saur und Dorsch sowie mit Dr. Naumann und Bormann beim Führer zu Tisch. Es wird natürlich auch bei diesem Nachtgespräch immer nur das gleiche Thema behandelt. Es wird von den verschiedensten Seiten aus betrachtet. Ich rekonstruiere dem Führer gegenüber den ganzen Fall noch einmal so wie ich ihn oben dargelegt habe. Es ist fast 4.00 Uhr nachts, als wir uns vom Führer trennen. Der Führer ist glücklich wieder im Kreis alter Kameraden weilen zu können und deshalb dauert es so lange, bis er das Zeichen zum Aufbruch gibt.«

Vom »Führer« als »alter Kamerad« anerkannt zu werden, das war wohl eine der höchsten Stufen, die man im »Dritten Reich« erklimmen konnte. Mein Vater hat aber nicht bemerkt, dass gerade solche Geschichten keine Erklärung sind, warum er so bedingungslos diesem Mann gefolgt ist, ihm vertraut hat und mit ihm in den Untergang ging – und mit dazu beigetragen hat, dass Millionen von Toten zu beklagen waren. In seinem Lebenslauf, den er für die Spruchkammerverhandlung 1948 schrieb, betont er, wie er nur seiner vaterländischen Pflicht nachgekommen sei, sich aber niemals und nirgends schuldig gemacht habe. Im Gegensatz zu vielen anderen machte er aber nicht Hitler für die geschehenen Untaten verantwortlich. Es klingt bei ihm so, als ob es irgendein anonymes Schicksal war, das die Verantwortung zu übernehmen hätte.

Vielleicht hing sein ungebrochener Wille zum »Endsieg« ja damit zusammen, dass er sonst ein zweites Mal vor einer katastrophalen Niederlage gestanden hätte. Nach dem Konkurs der väterlichen Firma hatten ihm Mutter und Schwestern deutlich zu verstehen gegeben, dass er die Schuld daran trage. Nun hatte er eine in seinen Augen viel größere Karriere gemacht und seine Schwestern waren – entgegen ihren früheren Vorwürfen und späteren eigenen Aussagen – nach der Machtübernahme ebenfalls begeisterte Nationalsozialistinnen geworden. Aber das zweite »Versagen« würde sie sicher in ihrer Ansicht bestärken, dass er doch nicht das Talent des Vaters geerbt habe. Wenn aber einer wissen musste, dass der Krieg nicht mehr zu gewinnen ist, dann wäre er es gewesen. Er hätte eigentlich als einer der Ersten darüber Bescheid wissen müssen, dass die angeblichen »Wunderwaffen« nur noch Illusion waren. Weder stand die Atombombe in absehbarer Zeit zur Verfügung noch der vierstrahlige Düsenjet, mit dessen Einsatz man New York in Schutt und Asche hätte legen können. Mehr als die Hälfte der Wohnungen in deutschen Städten lagen in Trümmern, ebenso wie die meisten Fabriken, in denen Waffen und Munition produziert worden waren. Wie wäre unter diesen Umständen ein Sieg möglich gewesen? Und dennoch machte er im Namen des geliebten Führers weiter.

Eine Erklärung für diese Blindheit findet sich in dem Psychogramm des britischen Vernehmungsoffiziers. Er stufte Karl-Otto Saur als einen Menschen ein, der zwar willensstark und durchsetzungskräftig gewesen sei, aber immer auf einen Führer ausgerichtet war. Der Erste, den er vorbehaltlos als Führer anerkannt hatte, war Todt. Dann folgte die Nähe zu Hitler, dem er vom ersten Moment an verfallen war und es bis zu seinem eigenen Tod blieb. Vermutlich klammerte er sich an den Gedanken, es wäre »Verrat«, Hitler nach Ende des »Dritten Reiches« vom Podest zu stoßen. Sicher hielt er aber auch so unverbrüchlich zu ihm, weil er sonst sich selbst und seine Taten hätte in Frage stellen müssen.

Vorbilder waren für ihn also auch und in erster Linie Befehlsgeber. Ich selber hatte in meinem journalistischen Leben nicht sehr viele Chefs. Und doch waren alle sehr unterschiedlich. Manche waren mir sympathisch, manche hielt ich für fachlich gut, andere empfand ich als ausgesprochen charakterschwach (eine Eigenschaft, die beim Karrieremachen offensichtlich hilft). Aber es war keiner dabei, in dem ich irgendeine Art von Vorbild gesehen hätte.

Und doch sind es zwei Publizisten, die mir einfallen, wenn ich selber Vorbilder nennen sollte, die mich persönlich beeinflusst haben. Bei einem Seminar der Fortbildungseinrichtung von ARD und ZDF wurden die Teilnehmer zu Beginn gebeten, einen Fragebogen auszufüllen und an eine Pinnwand zu heften. Eine Rubrik, die abgefragt wurde, hieß: »Was wollen Sie noch werden?« Ich schrieb hin: »Nachfolger von Hans Abich«. Das löste eine Reihe von Nachfragen aus, weil Hans Abich im Laufe seines Lebens Filmproduzent, Programmdirektor und Intendant von Radio Bremen und schließlich Programmdirektor der ARD gewesen war. Ob ich einen dieser Posten und Positionen anstrebe, war die Frage. Nein, entgegnete ich und wies darauf hin, dass Abich seinen letzten Posten als Programmdirektor der ARD mit 59 Jahren aufgegeben und sich offiziell in den Ruhestand verabschiedet habe.

Ich hatte ihn damals einige Monate nach der Verabschiedung getroffen und ihn gefragt, ob er an einer Veranstaltung mitwirken könne. Er schlug seinen Kalender auf und zeigte mir, dass er die kommenden drei Monate »ausgebucht« sei. Er war zu einem der begehrtesten Ratgeber, Lehrer und Berater der Film- und Fernsehbranche geworden, der vor allem immer dann zu Hilfe gerufen wurde, wenn andere gescheitert waren. So rettete er zum Beispiel Anfang der 1980er Jahre das Münchner Filmfest, nachdem ein größenwahnsinniger Münchner Oberbürgermeister, unterstützt von einem intellektuell unbe-

lasteten Klatschkolumnisten, die Pläne der Stadt in den Sand
gesetzt hatte, das Münchner Filmfest als eine Konkurrenz zu
Cannes zu etablieren. Hans Abich hatte seine Stellung durch
eine Mischung aus profundem Wissen, einer großen Portion
psychologischem Einfühlungsvermögen und einer tiefen Zuneigung zu den Menschen erreicht. Es gab kaum jemanden in
Filmkreisen, dessen Augen nicht glänzten, wenn man den Namen Abich erwähnte. Er beherrschte die große Kunst, jeden
Menschen, mit dem er zu tun hatte, ein klein wenig größer zu
machen, als er in Wirklichkeit war. Und viele bemühten sich
anschließend, dieser Größe gerecht zu werden. Ein unabhän-
giger Mensch zu sein, dessen Rat erwünscht wird, weil man
sofort erkennt, dass er nicht eigennützig gegeben wurde, das
schien mir all die Jahre sehr erstrebenswert. Als ich tatsächlich
im Jahr 2000 in einem Amt sein Nachfolger wurde, nämlich
als Leiter des Fernsehfilmfestivals in Baden-Baden, das er 1989
gegründet hatte, war mir sein Glückwunsch der wichtigste.

Als Hans Abich im Juli 2003 mit 85 Jahren starb, fuhr ich
morgens um 5 Uhr in München los, um rechtzeitig zur Beisetzung um 10 Uhr in dem kleinen Ort Bollschweil bei Freiburg
zu sein. Für die Fahrt hatte ich mir eine Kassette mit einer
Radioaufnahme des Bayerischen Rundfunks mitgenommen,
die am Tag vorher zu seinem Gedenken ausgestrahlt worden
war. So hörte ich während der Fahrt noch einmal seine etwas
brüchige Stimme, die so klare Gedanken ausdrücken konnte.
Sein Gesprächpartner – der ehemalige Münchner Kulturrefe-
rent Jürgen Kolbe – wollte während des Gesprächs wissen, wie
er es schaffe, so viel Zuneigung für so viele Leute zeigen zu
können. Die Antwort verblüffte mich: Das sei wohl nur möglich gewesen, weil er zu den meisten doch einen inneren Abstand halte, und auch dadurch, dass er jenen, denen er eigentlich nahe sein wolle – etwa seiner Familie – dadurch ferner sei
als erforderlich. Seine Aussage erschien mir logisch, aber die
Größe zur Selbsterkenntnis und das Bekennen der Schwäche
hätten die wenigsten so offen aussprechen können.

Drei Monate vor seinem Tod waren wir verabredet gewesen.

Ich wollte ihn am Münchner Hauptbahnhof abholen, um mit ihm gemeinsam der Beisetzung von Herbert Riehl-Heyse beizuwohnen. Riehl-Heyse war am 23. April 2003 an den Folgen einer Krebserkrankung und eines Gehirntumors im Alter von nur 62 Jahren gestorben. Das letzte Interview, das Abich gegeben hatte, hatte die beiden noch einmal im vorangegangenen Dezember zusammengeführt. Nun wollte er nach München kommen, trotz seiner erst kurz zuvor gemachten Ankündigung, dass er in Zukunft nur noch zu Taufen und Konfirmationen gehen wolle und nicht mehr zu Beerdigungen. Doch am Abend vor der Trauerfeier rief er mich an, dass er nun doch nicht kommen könne, es gehe ihm einfach zu schlecht. So bat er mich, in seinem Namen eine Rose in das Grab von Riehl-Heyse zu werfen.

Ich kannte Herbert Riehl-Heyse als Autor seit Ende der 1960er Jahre. Regelmäßig las ich seine Landtagskolumne in der Samstagsausgabe des *Münchner Merkur* – einer Zeitung, die uns Jungsozialisten eigentlich nicht salonfähig genug war, aber die ich seinetwegen dann doch einmal die Woche kaufte.

1971 wechselt er dann zur *Süddeutschen Zeitung*, und als ich 1972 in die Redaktion eintrat, war er bereits ein etablierter Seite-Drei-Reporter. Eines Tages sprach er mich auf dem Flur an, dass wir uns doch indirekt kennen würden. Sein Schwiegervater und mein Schwiegervater arbeiteten in der Spielwarenbranche zusammen. Daraus entstand zunächst eine freundliche Kollegenschaft, die im Lauf der Zeit zu einer tiefen Freundschaft wurde. Er hat später zahlreiche Publikationen über die Ethik im Journalismus geschrieben, und mancher Kollege empfand dies manchmal als pharisäerhaft. Aber mir ist selten ein Mensch begegnet, der wie er versuchte, seine eigenen Ideale konsequent zu leben und in seiner Arbeit zu verwirklichen. Bei jeder Recherche – und dies war für ihn das Wichtigste – ging er ohne Vorbehalte an das Sujet und die Personen heran. Bei ihm hatte jeder von vornherein einen Kredit. Erst wenn er diesen verspielt hatte, dann setzte Riehl-Heyse sein meisterhaft beherrschtes Stilmittel, die Ironie, ein.

Ich konnte dies schon relativ früh an einem konkreten Beispiel überprüfen. Ich war noch Mitglied der Lokalredaktion, doch wir sahen uns schon regelmäßig und diskutierten auch viel über die Zeitung. Eines Abends – ich hatte Nachtdienst – brachte der Bote wie üblich die Ausgabe des nächsten Tages. Auf der Seite Drei fand ich eine große Reportage über die Aufstellung des SPD-Kandidaten für die Bundestagswahl 1973 im Wahlkreis Starnberg/Wolfratshausen. Ich war damals Mitglied der SPD, was aber unter den Kollegen kaum jemand wusste, und es war zudem mein Wahlkreis. Von der Arbeit an dieser Reportage hatte mir Riehl-Heyse nichts erzählt, sonst hätte ich ihm gerne Hintergrundinformationen – vor allem über den in meinen Augen zu ehrgeizigen Favoriten – gegeben. Nach der Lektüre war ich beschämt. In wenigen Wochen hatte er so viel und so genau recherchiert, dass mein jahrelang angehäuftes Wissen den Artikel auch nicht in einem Nebensatz hätte besser machen können.

Für die Zeitung war er nicht nur einer der besten Autoren, sondern auch ein menschlicher Katalysator, der bei Konflikten häufig vermittelnd eingriff. So war es auch kein Wunder, dass es innerhalb der Redaktion einen Aufstand gegen den damaligen Chefredakteur Dieter Schröder gab, als der maßgeblich dazu beitrug, dass Riehl-Heyse 1989 das Haus verließ. Riehl-Heyse wurde manchmal als Moralapostel bezeichnet, dabei war er lediglich moralisch. Ich hatte ihm einige Jahre bei der Steuererklärung geholfen und ihn – in sehr bescheidenem Umfang – dazu überredet, bestimmte Vorschriften ein bisschen weiterziger auszulegen. Einige Jahre darauf kündigte sich eine Steuerprüferin bei ihm an. Leicht verängstigt fragte er mich, ob wir nicht zu weit gegangen seien. Ich versuchte ihn zu beruhigen, merkte aber, dass er mir – zu Recht – doch nicht so ganz traute. Nach einigen Monaten fragte ich ihn aber, wie die Steuerprüfung verlaufen sei. Er erzählte, dass er alles in der Wohnung vorbereitet hatte, die Prüferin ihm aber nach einer halben Stunde die Ordner zurückgegeben hätte. So ordentlich und ausführlich dokumentiert hätte sie das noch selten gese-

Karl-Otto Saur 1918 als 16-Jähriger im Wohnzimmer des Freiburger Elternhauses

Porträtaufnahme von
Karl-Otto Saur kurz
vor der Hochzeit 1936

Vor dem Ende der
Glanzzeit: Veronika
Saur in Berlin 1943

Hochzeitsbild von Karl-Otto und Veronika Saur im Juli 1936 vor dem Haus der Brauteltern in Düsseldorf

Karl-Otto Saur als einfacher Soldat im Herbst 1939 beim Polenfeldzug

Verehrtes Vorbild und Förderer der Karriere: Fritz Todt, Autobahnbauer und erster Rüstungsminister nach Beginn des Zweiten Weltkriegs, zusammen mit Karl-Otto Saur und Grete Gringmuth

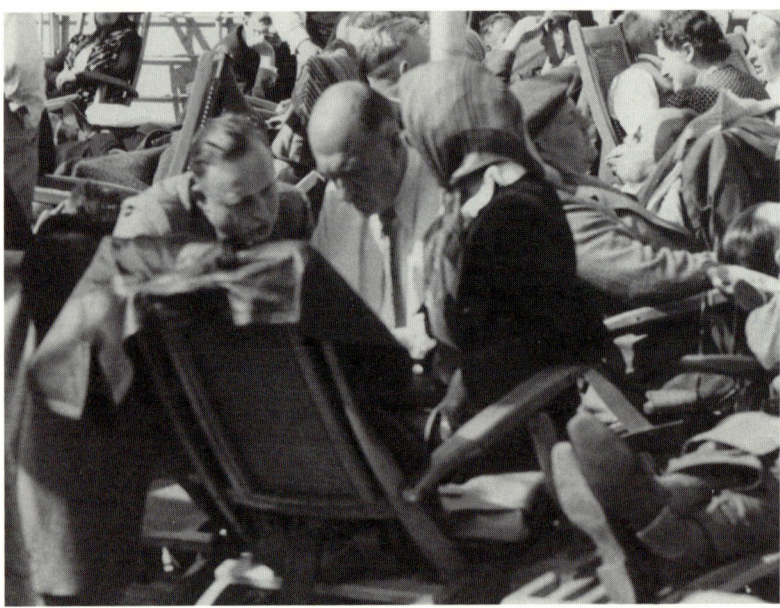

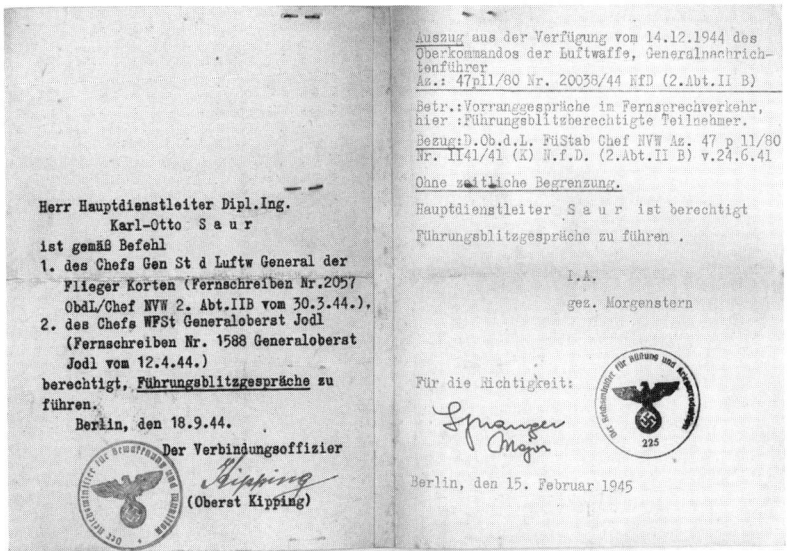

Führungs-Blitzgespräche: Ausweis aus dem Jahr 1944 für Karl-Otto Saur zur jederzeitigen Benutzung von Telefoneinrichtungen

Rechts und links des »Führers«: Albert Speer und Karl-Otto Saur zeigen 1944 Hitler die Produkte ihrer Arbeit

Hitler beim Spaziergang mit Karl-Otto Saur 1944 auf dem Obersalzberg

Inhaber dieses Ausweises ist
berechtigt, die Wehrmachtstreifen
zu passieren.

Der Bevollmächtigte des Führers
für Kriegseinsatz und Einsatz v. Erfassung
e. T.

SS Brigadeführer Generalmajor d. P.

Liste N° 44
26. 9. 44

Berlin, den 1. 2. 1945

DER REICHSMINISTER

FÜR RÜSTUNG

UND KRIEGSPRODUKTION

AUSWEIS NR. 1/006

Hauptdienstleiter
Karl Otto Saur

GEBOREN AM 16. JUNI 1902, WOHNHAFT WÜNSDORF,
KREIS TELTOW, BURGBERG, IST DER
CHEF DES TECHNISCHEN AMTES
UND STELLVERTRETENDER LEITER DES RÜSTUNGSSTABES
IN MEINEM MINISTERIUM.

Er ist berechtigt, einen Kraftwagen zu benutzen und
während des Fliegeralarms öffentliche Straßen und
Plätze zu betreten. In Ausübung seines Dienstes darf
er auf eigene Gefahr sämtliche Sperren passieren.
Alle militärischen, polizeilichen und politischen Or-
gane werden ersucht, ihm ungehindert Durchlaß zu
gewähren und ihm nötigenfalls Schutz und Hilfe an-
gedeihen zu lassen.
Zu Hilfsdiensten irgendwelcher Art ist er nicht heranzuziehen.

BERLIN, 12. Sept. 1944

Reichsminister

165

Eigenhändige Unterschrift, Vor- und Zuname

Nur gültig in Verbindung mit Kennkarte oder Kriegspaß

Dienstausweis des Rüstungsministeriums im Jahr 1944 mit
Ausnahmegenehmigung

Selbstgezeichneter
Weihnachtsgruß
von Albert Speer
an den ehemaligen
Stellvertreter
Karl-Otto Saur

Karl-Otto Saur
im Herbst 1949
beim Ausbau des
Häuschens in
Pullach mit seinen
Söhnen Klaus
und Karl-Otto
(Vordergrund)

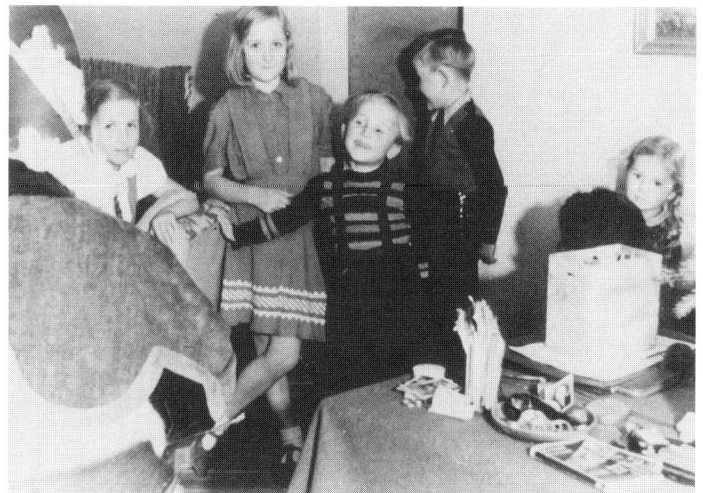

Erste gemeinsame Nikolausfeier der Familie 1949

Berufliche Versuche nach dem Krieg: Karl-Otto Saur auf der
Münchner Erfindermesse 1950

Klaus und
Karl-Otto 1952
am Tag ihrer
Taufe vor dem
»Spielhaus« in
Pullach

Veronika Saur
nach dem Umbau
Anfang der
fünziger Jahre mit
den Kindern Karl-
Otto, Irmgard
und Erika

Bergtour 1952 mit den Söhnen Karl-Otto und Klaus im Vordergrund

Die fünf Saur-Kinder 1956 beim Ausheben eines Schwimmbades im Garten in Pullach

Das Brautpaar mit Hauptportion und den beiden Älternpaaren

Hochzeit von Karl-Otto und Uli im Jahr 1965

Die drei Kinder von Karl-Otto und Uli Saur: Daniela, Christian und Michael auf einer Autobahnraststätte in Österreich 1973

Michael mit seinen Eltern Uli und Karl-Otto 1972 beim Wandern

Michael im Jahr 1974 in Senegal zu Besuch bei einer Freundin der
Eltern

Michael und Ode bei ihrer Hochzeit 2000

hen. Da lohne es sich beim besten Willen nicht, ihre Arbeitszeit länger zu vergeuden. Vielleicht hatte ihr auch imponiert, dass Herbert Riehl-Heyse jedes Jahr ungewöhnlich viel für soziale und karitative Zwecke gespendet hatte.

Herbert Riehl-Heyse nahm den Stoff für viele seiner Geschichten aus seinem Leben. Und ich glaubte, dieses Leben nicht zuletzt dadurch ziemlich gut zu kennen. Doch ich kannte längst nicht alles: Am 28. April 1995 erschien in der Wochenendbeilage der *Süddeutschen* eine Geschichte, in der er über den Tod seines Vaters schrieb. Sein Vater Hans Riehl war Lagerhausverwalter der Raiffeisengenossenschaft in Altötting und Mitglied der Freiwilligen Feuerwehr gewesen, ein unpolitischer Mann, der versucht hatte, seine Familie mit den vier Kindern anständig durch die Nazizeit zu bringen. In den letzten Apriltagen 1945, als überall in Bayern die etwas Besonneneren auf den Einmarsch der Amerikaner und damit das Ende des Krieges warteten, schloss er sich einer lokalen Gruppe der »Freiheitsaktion Bayern« an, die die Bevölkerung von Altötting aufrief, keinen Widerstand mehr zu leisten. Zwei Tage später marschierte ein Trupp versprengter SS-Männer durch das Dorf und verlangte von allen, bis zum letzten Tropfen Blut zu kämpfen. Und mit den sieben Altöttingern, die der Vernunft eine Chance geben wollten, machten sie kurzen Prozess. Am 28. April 1945 wurde der Vater von Herbert Riehl-Heyse von den SS-Männern erschossen. Es war der Tag, an dem mein Vater im »Ministeriumszug« in Österreich unterwegs war, um in der »Alpenfestung« doch noch für den »Endsieg« zu kämpfen.

Bei der Beerdigung von Hans Abich in Bollschweil hatte ich eine Rose dabei, die ich für Herbert Riehl-Heyse in Abichs Grab warf.

VORBILDER

(MICHAEL SAUR)

Ich suchte mir in meinem Leben eine Reihe von Vorbildern, die entweder längst tot waren oder – wenn sie noch lebten – von ihrem Glück nichts wussten. Mit sechzehn fiel meine Wahl auf einen Darsteller in billigen Lederhosen-Sexfilmen, der Rilke mochte und in seinen Liedern von abgeschnittenen Gliedmaßen und Spinnen in der Badewanne sang, Konstantin Wecker. E. T. A. Hoffmann und Heinrich von Kleist gefielen mir, weil sie sich nicht darum scherten, wie wahrscheinlich das war, von dem sie schrieben. Dann kamen Paul Auster und David Lynch, die Verspieltheit mit Doppelsinn verbanden. Ich verknotete einige dieser Fixsterne in meiner Magisterarbeit an der New York University – sehr zum Stirnrunzeln mancher Professoren. Die Arbeit handelte von Kausalitäten zwischen deutschen Romantikern und dem Filmemacher David Lynch.

Ich weiß, mein Vater bewunderte als jüngerer Mann auch Leute wie Willy Brandt oder Rudolf Augstein. Ich glaube aber nicht, dass er so weit ging wie ich und sich Vorbilder suchte. Das war auch kein Wunder, denn da erhob sich bildlich gesprochen ein Zaun vor meinem Vater. Seine Generation litt unter dem Dilemma, die eigenen Väter abzulehnen, aber nicht imstande zu sein, sich einen Ersatzvater zu suchen, weil ein Ersatzvater und Diktator genau der Niedergang *ihrer* Väter gewesen war.

Auf einer Reise vor einigen Jahren von Amerika nach Deutschland lernte ich eine Frau kennen, die etwa im Alter meiner Mutter war. Ich war zu einer Filmpremiere nach München unterwegs. In dem Film spielte der bekannte deutsche Schauspieler Günther-Maria Halmer (als »Anwalt Abel« bekannt) eine der Hauptrollen. Meine Eltern hatten Halmer in ihren Kulturkeller Mariandl eingeladen, wo die Premiere des Films stattfinden würde. Als Jugendlicher war ich begeisterter Zuschauer der Siebziger-Jahre-Kultserie »Münchner Geschichten« des Regisseurs Helmut Dietl gewesen, in der Halmer einen charmanten Taugenichts namens Charlie (oder »Tscharlie«) auf der Suche nach dem großen Auftritt spielte, einen, den man in Bayern einen »Hallodri« nennt, einen gutherzigen, aber nicht immer ganz im Legalen agierenden Träumer. Ich freute mich auf ein Zusammentreffen.

Die Frau im Flugzeug neben mir befand sich auf dem Heimweg von einem mehrwöchigen Malerstipendium in New York. Sie stammte gebürtig aus einem Dorf in der Nähe des kleinen Ortes Tetschen im heutigen Tschechien, der gleiche Ort, wie sich zu unser beider Überraschung herausstellte, in dem auch meine Mutter geboren worden war. So kam sie ins Erzählen, »*Mei Buali*«, wiederholte sie immer wieder auf bayerisch, denn sie wohnte nun schon seit Jahrzehnten am Starnberger See, »Sie wissen ja gar nicht, wie das damals war.« »Wie was war?«, wollte ich wissen. »Na, die Flucht. Haben Sie denn Ihre Mutter noch nie gefragt? Sie musste doch auch fliehen?«

Mir wurde rasch klar, dass die Vertreibung aus der Heimat für diese Frau das prägende Ereignis ihres Lebens gewesen war, obwohl ihre Erinnerungen ein Amalgam aus Erzählungen ihrer Mutter und Großmutter sein mussten. Es war schließlich unmöglich, dass sie sich selbst im Detail an ihre Erlebnisse als Kleinkind erinnern konnte. Meine Mutter hatte bis dahin kaum von ihrer Flucht gesprochen, bei der sie keine zwei Jahre alt gewesen war, was wohl daran lag, dass meine Großmutter mütterlicherseits selbst die Flucht in den Jahren nach dem Krieg und der Übersiedlung nach Bayern nie erwähnt hatte.

Die Frau im Flugzeug erzählte mir also, wie sie mit Mutter und Großmutter zur Stunde Null im Frühjahr 1945 ihre Habseligkeiten zusammenpacken mussten, wozu ihnen die Russen genau zwanzig Minuten Zeit ließen. Wie sie mit Mutter und Großmutter loslief ins Ungewisse, ohne Geld, die Mutter vor der Abreise vielleicht noch vergewaltigt von den einfallenden Soldaten der Roten Armee.

Dann unterbrach die Frau ihren Redefluss, so als fiele ihr plötzlich selber noch etwas überraschend Wichtiges ein, das ihr längst entfallen war. »Wissen Sie, was man auf keinen Fall vergessen darf, wenn man Hals über Kopf aufbrechen muss?«, fragte sie nun. »Geld, Wertpapiere?«, sagte ich. »Ein altes Photoalbum, ein Brief, ein Geschenk?« Sie blickte mich mit einem Kopfschütteln an. »Ach was. Papperlapapp. Unnützer Kram«, sagte sie, »*Socken.* Wer beim Laufen keine Socken hatte, wurde krank und starb.«

»Aber wissen Sie, welche Erkenntnis noch geblieben ist von damals? Die Sache mit den Männern ist mir geblieben.« Ich sah sie fragend an. »Ja. Mein Verhältnis zu denen ist auf immer beschädigt. Du liebe Güte, Sie wissen ja nicht, was da zurückkam von der Front und aus der Gefangenschaft, das waren ja alles zerbrochene Kerle. Männlein, denen alles genommen worden war. Ihr Land, ihre Würde, ihre Frauen. Damit konnte ich mir kein Männerbild errichten«, sagte sie. Ich schielte zu ihrem Ehemann, der neben ihr vertieft in eine Zeitung saß. »Wissen Sie, und das ist keine Beleidigung«, fuhr sie fort, »aber diese Männer, die damals aus dem Krieg zurückkehrten, waren zu gar nichts mehr zu gebrauchen. Ausgehungert und im Kopf kaputt.«

Wir befanden uns zehntausend Meter über dem Atlantik, bei einer Geschwindigkeit von fast eintausend Kilometer in der Stunde, und sie teilte mir im Wesentlichen mit, dass die Großväter meiner Generation alle gebrochene Männer gewesen waren, die nichts mehr zustande gebracht hatten. Ich verstand zum ersten Mal, dass unsere Väter gewissermaßen ohne Väter aufwachsen mussten, und mir kam da auch der etwas merkwürdige Gedanke, dass das Fundament des deutschen Wirtschaftswunders, zu dem irgendwie und wenn auch leicht verspätet die Lufthansa-Maschine zählte, der ich mich in dem Moment anvertraut fühlte, zu großen Teilen von den Frauen gekommen sein musste.

Wolfgang Borchert hat von den Heimkehrern geschrieben, in den Germanistik-Seminaren werden die Texte dieser Zeit unter dem Begriff »Heimkehrer-Literatur« oder »Trümmer-Literatur« diskutiert. Roberto Rossellini hat die deutschen Verlierer in seinem Film »Deutschland im Jahr Null« porträtiert, und Marlene Dietrich besang sie in »Sag mir, wo die Blumen sind«. Gemalt, in Bildern festgehalten, wurden sie nicht nach 1945, wie noch nach dem ersten Weltkrieg, als Otto Dix, Max Beckmann oder Georg Grosz die kaputten Männer des ersten Krieges auf die Leinwände bannten und damit den Expressionismus prägten. Diese Lücke an Bildern nach dem Zweiten Weltkrieg konnte kein Zufall sein und spiegelte den Mangel an Vor*bildern*.

Und diese Haltung pflanzte sich fort in die nächste Generation. Mein eigener Vater war mehr ein Freund für seine Kinder. Doch mit der angeborenen Undankbarkeit eines verwöhnten Kindes wollte ich mehr als einen Freund. Ich wollte jemanden, der stark war, der wusste, wo es langging, und so suchte ich mir Ersatz. Heute weiß ich: Ich muss mich dankbar zeigen dafür, dass er nicht der starke Vater war, nicht durch seine eigene Furcht regierte, oder wie es der türkische Nobelpreisträger Orhan Pamuk in seiner Nobelvorlesung im Jahr 2006 sagte, als er *seinem* Vater dafür dankte, dass er »als Unterdrücker nicht zum Lebensmittelpunkt des Sohnes« geworden war. Und mir fällt ein, wie mein Vater uns zum Einschlafen immer aus der Odyssee vorlas und wie der König von Ithaka immerhin ein großartiges Vorbild war, und auch dafür muss ich dankbar sein.

Ein paar Tage nach unserer Begegnung schickte mir die Frau aus dem Flugzeug ein im Eigenverlag herausgebrachtes Büchlein mit Kurzgeschichten. Es waren knappe, unlarmoyante Erinnerungen an die Nachkriegsjahre. Sie hatte gewissermaßen nicht zu viel versprochen während unserer Reise durch die Luft. Die Lehrer in den Short Storys waren verunstaltet von Kriegsverletzungen und wuchsen in den Kinderköpfen zu Monstern, heimgekehrte Kriegsgefangene tranken schon zum Frühstück, Frauen besorgten das tägliche Leben verlässlich. Und niemand las die Odyssee.

Meine einige Tage später stattfindende Begegnung mit dem Schauspieler Günter-Maria Halmer verlief unspektakulär. Er selber wusste am besten, woran das lag, denn die leichte Enttäuschung, die er in meinen Zügen fand, war ihm sicherlich schon zuvor begegnet. Er war eben nicht der Charlie aus der Fernsehserie, erklärte er mir, sondern ein netter Mensch im Alter meines Vaters, der die Schauspielerei ernsthaft betrieb und für den der Charlie eben nichts weiter gewesen war als eine Rolle, die er vor nunmehr dreißig Jahren gespielt hatte. Und mir kam der Gedanke, dass es vielleicht nun wirklich keine schlechte Idee war, sich Vorbilder stets in der Fiktion zu suchen oder bei denen, die Fiktion machten, und dass das vielleicht eine der Hauptaufgaben von erfundenen Geschichten war.

Ich weiß, dass manche magischen Momente völlig ausradiert werden können, wenn man sie wiederholt. Das gilt für Filme, für Bücher, für Fernsehserien. Nach meiner Begegnung mit Günter-Maria Halmer sah ich mir dennoch die »Münchner Geschichten« erneut an. Ich war froh zu merken, dass das persönliche Treffen mit dem Schauspieler meinem Faible für diese Serie keinen Abbruch bereitet hat. Ich sah mir die sieben einstündigen Episoden in zwei Sitzungen an.

Fast unfreiwillig betrachtete ich sie mir nun unter einem neuen Aspekt: Ich achtete auf die männlichen Figuren. Da gibt es zunächst natürlich Charlie. Dann war da der Untermieter der Großmutter. Er ist ein Mann mit äußerst mysteriöser Vergangenheit, ein vom Leben verängstigter Geiger, der sich den Trott eines verschämten Schnorrers mit guten Manieren und einem ständigen schlechten Gewissen angewöhnt hat. Also beileibe kein Vorbild. Es gibt einen entfernten Nachbarn, der gerne mal Naziparolen loslässt, aber wenn es darauf ankommt, irgendwie doch ein guter Kerl ist. Auch kein Vorbild. Und es gibt den Vater von Charlies Freundin, der gern schimpft, aber insgeheim die Freiheiten, die Charlie sich herausnimmt, bewundert, also selber noch die bisweilen infantilen Impulse des Hallodris verspürt – wieder kein Vorbild.

Den verrücktesten Trick, das verstand ich nun, hatte sich der Regisseur und Drehbuchautor Helmut Dietl fast im Vorbeigehen einfallen lassen, einen Trick, den kaum ein Zuschauer bewusst wahrnimmt, wage ich zu behaupten. Dennoch ist er für die Serie von großer Bedeutung. Der Regisseur hatte dem Charlie keine Eltern verpasst. Ich habe die sieben Folgen nun so oft gesehen, dass ich mit Sicherheit sagen kann, dass an keiner Stelle mit auch nur einem Wort erklärt wird, wo diese Eltern sind, ob es sie gibt, was mit ihnen geschah. Charlie besitzt in dem Sinn keine Vergangenheit, die sich zeitlich direkt mit dem »Dritten Reich« in Verbindung setzen lässt. Er hat nur die gute Oma, die von der Jüdin und Bertolt-Brecht-Gefährtin Therese Giese gespielt wird.

Niemand in der Serie wundert sich je über die nicht vorhandenen Eltern des Charlie. Dieser Charlie war ein Träumer, so behielt er sich die Leichtigkeit, der Sendung gab das etwas Unbeschwertes. Ich verspürte etwas Neid über diese Lage. Denn falsche Vorbilder von ihren Sockeln reißen zu müssen hat etwas Heikles. Als die Revolutionäre die Frontansicht der Notre-Dame-Kirche zerstörten, als die Taliban die großartigen Buddha-Statuen zerstörten, als die Nazis Bücher verbrannten, unternahmen sie alle den gleichen lächerlichen Versuch, etwas aus der Welt zu bannen. Ihr fataler Irrglaube war, dass sie auch die dazugehörenden Ideen auslöschen könnten. Das Totschweigen der Eltern vom Charlie war da sehr viel wirksamer.

SPEER UND HITLER

(KARL-OTTO SAUR)

1992 war ich nach zwei Jahren in der *Spiegel*-Redaktion in Hamburg nach München zurückgekehrt, um mich mit einem Medienbüro selbständig zu machen. Ich hatte in der Nähe der Theresienwiese ein schönes und großes Wohnbüro gefunden, in dem sich gut leben und arbeiten ließ. Doch nach drei Jahren waren wir zehn Mitarbeiter, sodass es zu klein wurde. Meine Frau Uli war es auch leid, wenn sie am Wochenende von Ihrer Arbeit im Allgäu nach Hause kam, in einem Raum zu essen, in dem auch die Kopiermaschine stand. Unsere Tochter Daniela hatte gerade eine eigene Familie gegründet und ihr erstes Kind geboren. Sie wohnten in unserer alten Münchner Wohnung im dritten Stock – ohne Lift –, sodass sie den Vorschlag machte, gemeinsam ein Haus mit Garten zu suchen, in dem die Bedürfnisse aller befriedigt werden könnten. Zufällig las ich eine kleine Anzeige in der *Süddeutschen*, die alles zu versprechen schien. Das Haus stand in Ebenhausen, nur zehn Kilometer entfernt von meinem Jugendort Pullach. Wegen des Vormieters, der gekündigt hatte, interessierte es mich erst recht: Das als Hotel gebaute Haus war vom Bundesnachrichtendienst unter dem Tarnnamen »Institut für Nachrichtentechnik« als Wohnheim genutzt worden.

Bei der ersten Besichtigung kündigte mir am Ende der Makler noch eine Überraschung an: Er öffnete im Keller eine Türe, und ich sah eine volleingerichtete Kneipe mit den für Bayern so typischen hölzernen Wirtshausstühlen und den grünen, mit Resopal belegten Holztischen. Später erfuhr ich, dass die Kellerkneipe Mariandl im Ort eine große Rolle gespielt hatte, vom BND aber sogleich nach Unterschrift des Mietvertrags geschlossen worden war. Den »Kurzzeitspionen«, die offensichtlich dann im Haus wohnten, diente die ehemalige Wirtschaft als Frühstücks- und Aufenthaltsraum.

Wie üblich hatte ich mich nach dem Kauf des Hauses bei der Renovierung gründlich verkalkuliert, sodass die Kneipe zunächst in ihrem deutlich vergammelten Zustand blieb. Nach drei Jahren konnten wir sie etwas renovieren und den übel zugerichteten Teppichboden ersetzen. Unsere Tochter Daniela schlug vor, dass man den Raum auch irgendwie nutzen müsste. Also beschlossen wir, einmal im Monat dort eine Kultur-Veranstaltung durchzuführen, wozu die örtliche Bevölkerung und die der Nachbargemeinden im Isartal eingeladen wurden. Es sollten private Veranstaltungen sein, zu denen jedermann willkommen war, der sich für das jeweilige Thema interessierte. Auf dem Programm standen vor allem Premieren von Fernsehfilmen vor ihrer Ausstrahlung und Buchpräsentationen von Autoren. Wesentlicher Bestandteil jedes Abends sollte die anschließende Diskussion sein.

Den Auftakt machten wir am 28. April 1998 mit der Vorführung eines Films des Regisseurs Oliver Storz, der im Nachbarort lebt und mit dem ich seit vielen Jahren gut bekannt war. Storz, Jahrgang 1929, ist ein preisgekrönter Regisseur, der vor allem dadurch bekannt wurde, dass er immer wieder Geschichten aus seiner im Schwäbischen verbrachten Jugend erzählte. Unser Premierenfilm hieß »Gegen Ende der Nacht« und handelte – nach einem authentischen Fall – von einem Mord auf einem Bauernhof im Jahr 1946, den ein amerikanischer Offizier untersuchen muss. Schon bald hat er den Verdacht, dass der Mord einer jungen Frau gegolten haben muss, die zur Tatzeit gar nicht im Haus gewesen ist. Der Offizier vermutet, dass ehemalige KZ-Insassen an einer ihrer ehemaligen Wärterinnen Blutrache verüben wollten. Doch sie war offensichtlich in dieser Nacht nicht im Haus.

Storz kündigte mir vorher an, dass er nach der Vorführung auch gerne über ästhetische Gesichtspunkte des Films reden wolle. Ich sagte es ihm zu, allerdings in der Gewissheit, dass sich kein Besucher dafür interessieren werde, sondern dass ausschließlich die Schuld-und-Sühne-Frage im Mittelpunkt der Diskussion stehen werde. Und genau so geschah es.

Dieser erste Abend setzte für die folgenden mehr als hundert Abende Maßstäbe. Themen rund um das »Dritte Reich« spielten nicht ausschließlich, aber immer wieder in unserem Keller eine große Rolle. Im Herbst 2000 gab es auch eine Wochenendveranstaltung zum Thema Emigration. Wir zeigten als Vorab-Premiere Heinrich Breloers großartigen Dreiteiler über die Familie Mann. Noch lange sprachen die Besucher von diesem eindrucksvollen Werk, zu dem Breloer selbst auch noch viele Hintergrundinformationen geliefert hatte. Als Dank schenkte ich ihm am Ende der Veranstaltung das Buch, das Stephan Lebert über die Kinder prominenter Nazis geschrieben hatte. Als ich Heinrich Breloer bei der Verleihung des Grimme-Preises vier Monate später wieder traf, erzählte er freudestrahlend, er habe bei der Lektüre des Buches auf der Heimfahrt beschlossen, als nächstes Projekt seinen schon länger schlummernden Plan durchzuführen, einen großen Film über Albert Speer zu machen.

Einige Monate später unterhielten wir uns erstmals ausführlich über seinen Plan. Er überlegte ursprünglich, alles im Spandauer Gefängnis spielen und die Geschichte in Rückblenden aus der Phantasie Speers entstehen zu lassen. Ich war etwas skeptisch, aber mein Vertrauen in die Arbeit Breloers war so groß, dass ich nichts dazu sagte. Ich versprach ihm nur, das Material zu schicken, das ich im Laufe der Jahre über meinen Vater und damit auch über Speer gesammelt hatte. Bei unserem nächsten Gespräch ein Jahr später erzählte Breloer, dass er so viel Material entdeckt habe, dass er sein Konzept geändert hätte. Nach seinem Film werde niemand mehr die von Speer verbreitete Mär des anständigen Nazis glauben können.

Natürlich haben wir im April 2005 – zwei Wochen vor der Ausstrahlung im Fernsehen – auch ein »Speer und er«-Wochenende in unserem Keller veranstaltet. Unsere regelmäßigen »Kultur-im-Keller«-Besucher waren wieder mit großem

Interesse dabei. Der eine oder andere von ihnen hätte es aber sicher gerne gesehen, dass es wenigstens einen einigermaßen anständigen Nazi gegeben hätte.

Genau unter diesem Etikett hatte ich Speer auch indirekt als Kind kennengelernt. Wenn in unserem Haus von ihm gesprochen wurde – und sowohl meine Mutter als auch mein Vater erwähnten ihn gerne –, dann war von einer Art Held die Rede. Für mich war es auch ziemlich selbstverständlich, dass mein Vater die Freilassung Speers aus dem Spandauer Gefängnis herbeisehnte. Doch der für nach der Haftzeit geplante Besuch bei Speer kam nicht mehr zustande: Mein Vater und seine Mitarbeiterin Grete Gringmuth bereiteten sich im Frühsommer 1966 darauf vor, wie und wann sie den von ihnen so verehrten Albert Speer das erste Mal besuchen wollten. Am 30. September 1966 würde Speer seine zwanzig Jahre Haft bis auf den letzten Tag abgesessen haben. Auf diesen Tag war – gemeinsam mit dem ehemaligen Reichsjugendführer und letzten Wiener Statthalter der Nazis Baldur von Schirach – die Freilassung der Spandauer Häftlinge angesetzt. Mein Vater und seine Sekretärin schmiedeten nun schon Reisepläne, um ihrem ehemaligen Vorgesetzten möglichst bald nach der Freilassung im Heidelberger Familiendomizil einen Besuch abzustatten. Doch dann kam ihm der Tod dazwischen. Neun Wochen vor der Freilassung Speers starb mein Vater. Er hatte nicht geahnt, dass es eine sehr schwierige Begegnung geworden wäre, wäre sie denn zustande gekommen. Nach allem, was Speer später in seinen Büchern über seinen Stellvertreter veröffentlicht hat, kann ich mir nicht vorstellen, dass er meinem Vater noch einmal gerne begegnet wäre.

Albert Speer und mein Vater waren eine Art von Zwillingen, wie sie unterschiedlicher kaum hätten sein können. Zumindest äußerlich. Speer war ein schlanker, großer Mann mit jungenhaftem Charme. Mein Vater war klein, gedrungen und von einer blaffenden, schroffen Art, die jedermann in Schrecken versetzte, dem er Befehle erteilen konnte. Speer war Hitler über das gemeinsame Interesse an der Architektur nahegekommen.

Sie konnten stundenlang über Bauwerke sprechen, außerdem einte sie die Liebe zur Kunst, auch wenn sie selber in diesem Bereich eher dilettierten. Mein Vater konnte mit diesen Dingen wenig anfangen, hatte aber wegen seines Wissens in technischen Dingen auch einen guten Draht zu Hitler.

Sie waren also auch geborene Rivalen: Rivalen um die Macht, Rivalen um den Einfluss beim »Führer«, Rivalen um den Erfolg. Und aus dieser Konkurrenz heraus ist nicht weiter erstaunlich, was Albert Speer am 28. Januar 1947 in sein Spandauer Tagebuch schrieb (wobei er sich auf eine Begebenheit bezog, die er im Sommer 1946 erlebt hatte):

»In der Ferne bemerkte ich auch Otto Saur, meinen ehemaligen Amtschef im Rüstungsministerium, der mich am Ende durch dienernde Schönrednerei bei Hitler ausmanövriert hatte. Erheitert sehe ich, wie beflissen er dem Befehl des gutmütigen Sergeanten Berlinger nachkommt, einen Eimer Wasser heranzuschleppen, unter wiederholten Bücklingen beginnt er zu schruppen, dabei ein Mann von großer Energie, der Typus, dem das Regime so viel verdankte. Willfährigkeit und Dynamik, eine schreckenerregende Verbindung. Mir fällt dazu eine bezeichnende Episode ein. Sie ereignete sich im Mai 1943 im ostpreußischen Hauptquartier. Hitler wurde das naturgroße Holzmodell eines Panzers von 180 Tonnen Gewicht vorgeführt, den er selbst gefordert hatte. Niemand von der Panzertruppe zeigte Interesse an der Produktion dieses Monstrums. Wir, das heißt, Professor Porsche, Guderian, Zeitzler haben daher vor Beginn der Besichtigung verabredet, unsere Skepsis zumindest durch äußere Zurückhaltung zum Ausdruck zu bringen. Als Otto Saur die Enttäuschung Hitlers bemerkte, begann er eine enthusiastische Suada über die Chancen und die waffentechnische Bedeutung des Ungetüms. In wenigen Minuten entspann sich zwischen ihm und Hitler eine dieser euphorisch sich steigernden Wechselreden, wie ich sie zuweilen angesichts unserer architektonischen Zukunftsprojekte erlebt hatte.«

Die Charakterisierung, die Speer hier von meinem Vater

liefert, scheint mir im Großen und Ganzen zutreffend zu sein. Doch es lohnt sich, diesen Text ein wenig genauer anzusehen, um über die eigenartige Beziehung dieser beiden Männer mehr zu erfahren. Es fällt auf, dass Speer in diesen Zeilen konsequent nur die eine Hälfte des Vornamens verwendet, obwohl im Ministerium immer die volle Form »Karl-Otto« verwendet worden war. Speer vermittelt dadurch den Eindruck, dass er ihn nicht nur geringschätzte, sondern auch gar nicht so gut gekannt hatte. Dem widerspricht, dass er zu Weihnachten 1946, also einige Monate nach seiner Beobachtung und einen Monat, bevor er in seinem Tagebuch die Begebenheit niederschrieb, aus dem Spandauer Gefängnis einen handgeschriebenen Gruß an meinen Vater sandte. Unter der Überschrift »Weihnacht in Ketten«, garniert mit der selbstgefertigten Zeichnung eines Schwarzwaldhauses, erklärt er ihm seine Verbundenheit. Auf der Rückseite ist noch mit Stempel vermerkt, dass der Gruß von »Ihr Albert Speer« von der Zensurbehörde freigegeben wurde. Es fällt schwer, nachzuvollziehen, warum Speer einen Gruß an einen »machtlosen, den Fußboden scheuernden« ehemaligen Mitarbeiter schickt, den er als »schreckenerregenden« Mann charakterisiert. Die mögliche Vermutung, dass Speer sich zu dem Zeitpunkt noch einen »Persilschein« besorgen wollte, ist so gut wie ausgeschlossen. Speer war sich zu dieser Zeit sehr sicher, dass er die zwanzig Jahre, zu denen er verurteilt worden war, würde voll absitzen müssen. Eine Revisionsmöglichkeit des Verfahrens gab es nicht.

Bleibt also eher die später von Historikern häufiger angestellte Vermutung: Die veröffentlichte Fassung von Speers »Spandauer Tagebuch« stimmt nicht mit der Wirklichkeit überein, sondern wurde in einer ganzen Reihe von Punkten im Nachhinein geändert – redigiert könnte man sagen, wenn man Speer wohlwollend gegenübersteht – gefälscht, wenn man es treffender ausdrücken will. In dem wirklich gravierenden Fall der durch Speer veranlassten Enteignung und Räumung Berliner Wohnungen jüdischer Besitzer sind sich die Historiker inzwischen einig über die Vorwürfe, dass die Passagen in den

»Spandauer Tagebüchern« von Speer im Nachhinein geändert und in weiten Teilen ganz gestrichen wurden. Die Beziehung zu seinem engsten Freund, Mitarbeiter und Vertrauten Rudolf Wolters, der über zwanzig Jahre die herausgeschmuggelten Tagebücher verwaltet hatte und danach von Speer fallengelassen wurde wie eine heiße Kartoffel, ist – wie Breloer besonders überzeugend im vierten Teil seines Film dargelegt hat – genau an dieser Manipulation und Fälschung der Originale gescheitert.

Die Äußerung über meinen Vater ist historisch natürlich belanglos. Aber Speer schreibt in seinem Spandauer Tagebuch, wie er Mitte 1948 von seiner ehemaligen Sekretärin Annemarie Kempff über die Aussage Saurs im Krupp-Prozess unterrichtet wird. Und aus seinen Zeilen klingt die gleiche Empörung durch, die alle anderen ehemaligen Kollegen aus dem Ministerium und aus der Wirtschaft geäußert hatten. Da liegt es nahe, dass er auch früher gemachte Äußerungen ins Negative drehte.

Dieses Verhalten Speers erinnert mich stark an den Opportunismus, den ich auch bei meinem Vater festgestellt habe. Hier waren sich die beiden Männer offensichtlich viel ähnlicher, als ihnen selber bewusst war. Speer war nur offensichtlich der bessere Psychologe, der zumindest den Splitter im Auge des anderen erkannte. Mein Vater besetzte in diesem Spiel den Part des Naiven, der sich selbst und Speer für besonders charakterstark hielt. Entgegen den Aussagen von Speer und vieler Zeugen aus der Umgebung der beiden glaube ich nicht, dass mein Vater Speer bewusst ausbooten wollte. Er hatte die Ernennung Speers zum Nachfolger Todts durch Hitler sofort akzeptiert – vermutlich in dem Glauben, dass Speer ihn besonders brauchen werde, um im komplizierten Rüstungsbetrieb zu überleben. Erstaunt muss er allerdings darüber gewesen sein, mit welcher Kraft Speer vom ersten Tag an seinen Posten ausfüllte und mit welch großer Geschwindigkeit er das Ministerium und die Rüstungswirtschaft umbaute. In wenigen Tagen hatte er die wichtigsten Entscheidungen getroffen, die eindeutig seine Macht stärkten. Er ließ keinen Zweifel daran, dass er der Chef war, gleichzeitig war er aber auch ein Meister im Delegieren. Insbesondere bei den Vertretern der Industriebetriebe erfreute er sich großer Beliebtheit, weil er so gar nichts von den rabiaten Fuhrknechtsmanieren hatte, wie sie mein Vater gerne zeigte. Gleichzeitig erweiterte er schnell die Kompetenzen meines Vaters – vermutlich weil er spürte, dass es für ihn einfacher war, wenn sich ein anderer unbeliebt machte. Meinen Vater erfüllte dies aber mit Stolz, es trieb ihn an.

Eine seiner Geschichten, die er mit Bewunderung erzählte, war eine gemeinsame Eisenbahnfahrt mit Speer und einer Industriellen-Delegation. Die Vertreter aus der Industrie nutzten die Gelegenheit, sich über den Mangel an Stahl zur Verarbeitung von Waffen zu beschweren – ein Problem, das auch das Rüstungsministerium selbst beklagte. Speer ließ nicht lange fackeln und ließ – so erzählte es mein Vater – während der Zugfahrt alle stählernen Aschenbecher im Zug abschrauben. Das gesamte Paket wurde an Reichsverkehrsminister Julius Dorpmüller geschickt, mit der Bemerkung, dass man bei gutem Willen noch viele Stahlquellen auftun könne.

Über die Zeit der Krankheit Speers im Frühjahr 1944 gehen die Berichte weit auseinander. Speer machte keinen Hehl daraus, dass er während der Zeit seines Krankenhaus- und Sanatoriumsaufenthaltes den Verdacht hegte, dass Karl-Otto Saur und der Leiter der Organisation Todt, Xaver Dorsch, alle Hebel in Bewegung gesetzt hatten, um ihn zu entmachten und selber aufzusteigen, was auch Zeitzeugen und Historiker so sehen. Mein Vater, der diesen Vorwurf meiner Meinung nach bis zu seinem Tod nie ernsthaft zur Kenntnis genommen hat, da er erst durch die Veröffentlichung der »Erinnerungen« von Speer öffentlich publik wurde, empfand diese Zeit als besondere Bewährungsprobe, weil er die Stellung Speers verteidigt habe. Am Höhepunkt einer Auseinandersetzung zwischen Speer und dem »Führer« habe Hitler Generalfeldmarschall Milch und ihn beauftragt, zu Speer ins Sanatorium zu fahren, um ihm auszurichten, dass er – Hitler – ihn doch »lieb« habe. Mein Vater hat diese Geschichte häufig und gerne erzählt. Mein Gefühl war und ist dabei, dass er sich als Dritter in diesem Liebesbund sah.

Doch ich bin auch sicher, dass Speer am wenigsten von der Liebeshungrigkeit seines Stellvertreters gespürt hat. Er hatte sicher registriert, dass sein Hauptamtsleiter Saur in seinem Ministerium aus verschiedenen Gründen nahezu unentbehrlich war, aber er fühlte sich ihm überlegen, wenn es um die menschliche und gesellschaftliche Seite der Führungselite im »Dritten Reich« ging. Speer fühlte sich eine Zeit lang als der wichtigste Mann neben Hitler und spekulierte selber auch darüber, eines Tages sein Nachfolger zu werden. Mein Vater dagegen war der typische Vertreter der zweiten Reihe, ein Stellvertreter, ein Ausführender.

Deutlich wird das auch in den »Erinnerungen« Speers, als er über das Geschehen rund um den 20. Juli 1944 schreibt. Hitler, der das Attentat des Grafen Schenk von Stauffenberg nahezu unverletzt überstanden hatte, befahl alle Minister und oberste Funktionäre für den 21. Juli ins Führerhauptquartier nach Rastenburg in Ostpreußen, wo das Attentat stattgefunden hatte. Mit einer gewissen Verbitterung notiert Speer in seinen »Erinnerungen«, dass alle anderen ausdrücklich alleine eingeladen worden waren, nur ihm war aufgetragen worden, seine Mitarbeiter Dorsch und Saur mitzubringen. Und während der Feierstunde habe Hitler ihn sehr kurz gehalten und kühl behandelt, während er Dorsch und Saur eindeutig herzlicher und länger in seine Gespräche einbezogen habe.

Noch nicht bekannt war in diesem Moment, dass die Verschwörer Speer als einzigen der amtierenden Machtelite in ihren Personalplänen für eine neue Rechtsregierung vorgesehen hatten. Er hatte später alle Mühe, klarzumachen, dass dies ohne sein Wissen geschehen war, aber es war auch wieder typisch für ihn. Nach außen erweckte er immer den Eindruck, nicht zu den plumpen und grausamen Machthabern zu gehören, sondern ein Mann von Welt zu sein, der als Technokrat der Macht unentbehrlich sein würde. Und damit behielt er auch recht. Niemand konnte sich nach dem 20. Juli 1944 erlauben, Hitler so häufig zu widersprechen wie Speer. Von dieser Zeit an galt sein Bemühen, ein Überleben Deutschlands zu sichern, ohne dabei zu direkt in Konfrontation mit Hitler zu geraten. Der kam immer mehr zu der Überzeugung, dass bei einer drohenden Niederlage nur noch Nero-Befehle auch auf die Gefahr der eigenen Vernichtung eine Wirkung erzielen konnten.

In seinen Erinnerungen stellt Speer es so hin, als sei sein endgültiger Abfall durch eine bewusste Provokation Hitlers besiegelt worden. Von einer Generalstabsbesprechung im Herbst 1944 zitiert er Hitler: »Wir haben das Glück, in der Rüstung ein Genie zu besitzen. Das ist Saur. Von ihm werden alle Schwierigkeiten überwunden.« General Thomale habe Hitler darauf hingewiesen: »Mein Führer, Minister Speer ist hier.« Speer zitiert Hitlers barsche Antwort: »Ja, ich weiß, aber Saur ist das Genie, das die Lage meistern wird.« Speer selber beschließt diesen Absatz mit seinem Fazit: »Merkwürdigerweise nahm ich diesen bewußten Affront ohne Erregung, fast teilnahmslos hin: ich begann, Abschied zu nehmen.«

Mein Vater war bei dieser Besprechung nicht anwesend. Freudig hätte er das Lob Hitlers aufgenommen und als Ansporn betrachtet. Aber genauso hätte er gegenüber Speer ein schlechtes Gewissen gehabt. Mit ihm wollte er sich nicht anlegen. War er doch bisher einer der Befehlsgeber, die er so dringend brauchte.

Speer war noch nach der Kapitulation der Meinung, dass die Amerikaner auf sein Talent nicht verzichten könnten und ihn als neuen Regierungschef einsetzen würden. Auch mein Vater hatte ähnliche Träume, aber sie waren weit plumper, weil ihm das Intellektuelle und das Elegante Speers so gänzlich abgingen.

SPEER UND HITLER

(MICHAEL SAUR)

Einen Dorfpfarrer hörte ich einmal sagen, Hitler sei ein »Dämon« gewesen. »Ein kleingewachsener Spinner mit nur einem Hoden«, sagte mein Deutschlehrer über Hitler. Meinen Eltern zufolge war Adolf Hitler jemand, der sich bei all seinen Scheußlichkeiten schon deswegen selbst disqualifiziert hatte, weil er den eigenen Geboten nicht entsprach – zum Beispiel vom großen, blonden Deutschen – und sich dadurch nicht gemäß dem freilich frei übersetzten Kant'schen Imperativ verhielt, weil er von anderen verlangte, was er selbst nicht war. Aber was war er? Er war keine Persona non grata – er war weniger: nämlich ein Nichtmensch. Und so erklärten die Mitläufer später sich selber zu Opfern eines Dämonen. Mein Großvater hat nicht zu dieser Art der Mitläufer gezählt. Seine Loyalität für Hitler hielt bis zu seinem Tod, auch wenn es sich um eine stille, verdruckte Loyalität handelte.

Adolf Hitler hasste seine Heimat Österreich und mutierte mit diesem unheimlichen Eifer, der allen Konvertierten anhaftet, zum Superdeutschen oder zumindest zum Supersüddeutschen. Ich hörte seinen Namen nur geflüstert. Lange Zeit war ich überzeugt, es sei gesetzlich verboten, ihn überhaupt in den Mund zu nehmen. Als ich erfuhr, dass der Vater eines Mitschülers Adolf hieß, schien mir das unheimlich. Genauso überrascht war ich, dass Adi, der Freund eines angeheirateten Onkels, in seiner Geburtsurkunde auch Adolf stehen hatte, auch wenn er nie mehr so genannt wurde. Ich staunte über die jubelnden Menschenmassen in alten Fernsehbildern, über die Ohnmachtsanfälle der Frauen, das Leuchten in den Augen der Männer und die erregten Kinder, wenn der Führer mit steinernem Gesicht im offenen Mercedes an ihnen vorbeichauffiert wurde, oder wenn er seine

Rede vom Pult schmetterte, die das Publikum in Ekstase versetzte. Ich wusste noch nicht, dass es genau diese Bilder waren, dass diese Inszenierung Hitler zu dem machte, was er war – und noch wurde. Außerhalb von Hollywood besaß niemand vor ihm dieses Geschick, Bilder einzusetzen. In dem amerikanischen Dokumentarfilm »Hitler speaks« hörte ich dann zum ersten Mal, wie Hitlers Stimme klang, wenn er sie nicht anheizte. Während eines Treffens 1942 mit dem finnischen Präsidenten schnitt der Geheimdienst die Unterhaltung mit. Hitler spricht in weichem Österreichisch, er rollt das R und dehnt die Vokale, und man denkt beinahe an Wien und Kaffeehäuser und Sacher. Von der fanatischen Stimme, der üblichen Komposition seiner Reden, die Joachim Fest mit einem Vorspiel, dem Orgasmus und der darauf folgenden postorgasmischen Niedergeschlagenheit verglichen hat, ist nichts zu spüren. So musste er also mit meinem Großvater gesprochen haben, wenn sie zusammen am Berghof bei Berchtesgaden ihre Spaziergänge unternahmen.

Hitlers Alltagsstimme im Gespräch mit dem Finnen wurde aufgezeichnet und in ein Computerprogramm übertragen. Anschließend rekonstruierten die Filmemacher die Gespräche aus einigen authentischen Filmen aus Berchtesgaden, für die keine Tonspur überliefert war. Mit Hilfe von Gehörlosen versuchten sie Hitlers Worte aus seinen Mundbewegungen abzuleiten und erzeugten seine an das Original angenäherte Stimme mit Hilfe des beschriebenen Computerprogramms. Und plötzlich sprechen die Bilder, hört der Zuseher. Zum Beispiel wie Hitler auf dem Obersalzberg den Hollywoodfilm »Vom Winde verweht« erwähnt, wie er die Damen charmiert und hofiert, wie er sich beinahe schüchtern zeigt, wenn er seiner Geliebten Eva Braun zuruft, sie solle doch nicht ihn filmen, den alten Mann, vielmehr müsste er sie aufnehmen.

Die Bilder schockieren in ihrer alltäglichen Normalität. Der scherzende Krüppel Goebbels, das dicke Kraftpaket Göring, das zwei schmale Männer im Spaß von der Brüstung zu schubsen droht, und alle drei lachen in die Kamera. Im Hintergrund streckt sich das Berchtesgadener Land. Die Männer, alle in Zivil, und die Frauen im Dirndl sind ausgelassen, es ist Sommerfrische, alles sieht aus wie bei Hänsel und Gretel, bevor sie auf das Hexenhaus stoßen und das Grauen beginnt. Von dem Grauenvollen, das im Namen dieses Mannes und seiner Helfer (darunter mein Großvater), eben genau dieser Menschen in den Filmsequenzen in ganz Europa wütet, ist nichts zu sehen und zu ahnen. Am Obersalzberg toben Welpen über die Terrasse, Eva Braun turnt in einem Baum, bis sie lachend in einen Bergsee fällt. Ich sah den Dokumentarfilm mit einer Freundin. Die Nacht danach träumte sie, dass sie durch das riesige Panoramafenster blicke, das Hitler sich in den Berghof hatte bauen lassen. Statt des bergigen Berchtesgadener Landes mit den schneebedeckten Gipfeln breitete sich in ihrem Traum ein flaches Massengrab aus, versehen mit Holzkreuzen bis ans Ende des Horizonts.

Eine erfolgreiche US-Serie aus den 1960er Jahren hat das Deutschlandbild in Amerika wohl stärker geprägt als der Holocaust, als Konrad Adenauer oder Günter Grass. In der Serie »Hogan's Heroes« (»Ein Käfig voller Helden«) wird sich ordentlich über die Deutschen lustig gemacht – und das, obwohl es um US-Soldaten in deutscher Kriegsgefangenschaft geht. Zwischen den Amerikanern und der Wehrmachtseinheit, die über die gefangenen GIs wacht, entwickelt sich eine komische Koexistenz; die Kriegsgefangenen und der wurstliebende deutsche Vorgesetzte Offizier Klink leben in seltsamer Eintracht in dem Gefängnis. Man braucht sich gegenseitig, denn die Deutschen wollen die Amerikaner vor allem deswegen nicht fliehen (oder sterben) lassen, weil ohne sie das Lager geschlossen würde und die Versetzung an die Ostfront drohte. Als ich zum ersten Mal eine Folge der Serie sah, kam mir in den Sinn, wie wir als Studenten in einem Germanistikseminar in Berlin die von Theodor W. Adorno angestoßene Frage diskutierten, ob nach Auschwitz noch Gedichte geschrieben werden dürften. Wir dachten über Gedichte nach, die Amerikaner dagegen rissen Witze, überformten das »Dritte Reich« in Komödien, die mit künstlichem Publikumsgelächter vom Band aufgepeppt wurden.

Ich sah im Hollywood-Film »Internal Affairs« (»Trau' ihm, er ist ein Cop«), wie der Vorgesetzte von Richard Gere, der einen Polizisten spielt, seine Untergebenen mit dem Hitlergruß in den Tagesdienst entlässt. Der mehrmalige Pulitzer-Preisträger Norman Mailer machte Adolf Hitler in seinem jüngsten Roman »The Castle in the Forest« zum Protagonisten. Er taucht in die Kindheit des Diktators, verzichtet dabei aber auf Humor. Er sucht das Böse in Hitlers Genealogie. Als besonderen Streich lässt Mailer den Satan persönlich als Erzähler des Romans auftreten, was die Vermutung nahelegt, der Satan habe seine Hand im Spiel gehabt bei dem jungen Adolf. Das scheint mir weit hergeholt. Im deutschen Kinofilm »Der Untergang« lässt der Regisseur Adolf Hitler sagen, er wisse, wie nah er am Abgrund balanciert, und dass es für ihn immer nur ein leuchtendes oder ein vernichtendes Vermächtnis geben würde.

Sieben Jahre lang lebte Adolf Hitler in Wien, nachdem er aus Linz fortgegangen war. Dann zog er nach München, wo er sich kurz darauf mit einem Brief bei König Ludwig III. empfahl, um als Österreicher während des Ersten Weltkrieges in einem bayerischen Regiment kämpfen zu dürfen. Nach eigenen Angaben war während der Wiener Jahre der Hunger sein ständiger Begleiter. Diese Existenz ruft Knut Hamsuns Roman »Hunger« von 1890 in Erinnerung, in dem der später dem Nationalsozialismus zugewandte Schriftsteller die Jahre eines jungen Mannes in Norwegen in der Stadt Christiania beschreibt, in die der als Fremder gelangt und in der er sich um jeden Preis als Künstler behaupten möchte. Dabei zieht er sich ganz ins Innere zurück. Mitgefühl oder Mitleid spielen in dem Roman »Hunger« keine Rolle. Der Held leidet, er schreibt Artikel, die niemand drucken möchte, so wie Hitler Bilder malte, die niemand haben wollte. Der Protagonist in Hamsuns Roman aber *muss* nicht hungern. Der junge Mann ist in einem besessenen Stolz, einem beinahe suizidalen Stolz gefangen. Er sabotiert sich selber.

»Hunger« von Knut Hamsun ist ein existenzielles Kunstwerk, in dem ein Mensch dem Tod ins Gesicht blickt, mit keiner Hoffnung auf Erlösung und keinem Wunsch nach Erlösung. Hitler, der schon als Junge als exzentrisch galt, Äpfel und die sprichwörtliche Brennsuppe liebte, verstand sich als Pan-Germane. Er kam nach Deutschland, um eine Nation, die für ihre Würste und Braten bekannt ist, wo man Bier und Zigarren schätzte und den Nachwuchs hätschelte, als zölibatärer, vegetarischer, nichtrauchender Nichttrinker als Diktator zu führen. Hitler hat, wie Hamsuns Protagonist, nicht wie andere Männer Wohlstand und Vergnügen gesucht, sondern Schmerz und Widrigkeit. »Er kam aus dem Nichts, und er verschwand im Nichts. Das Nichts, aus dem er kam, war ein Obdachlosenasyl in Wien; das Nichts, in dem er verschwand, heißt heute Deutschland, eine Ruine von Volk und Land, seine letzte, grässlichste und echteste Schöpfung. Er war ein Genie des Hasses. Er hasste alles und alle, beginnend mit sich selbst. Er verachtete alle Menschen, weil er sich selbst kannte, und nur sich. Aus fast blinder Beschränktheit entsprang seine fürchterliche Kraft, die Mit- und Nachwelt ihm nicht abstreiten werden«, schrieb der Antinazi Konrad Heiden in seinem Porträt über Hitler mit dem Titel »Der Führer« im Jahr 1944, und weiter: »Ein Berg von Trümmern und Toten, und inmitten, in einem verschütteten Loch, eine zerfetzte Leiche – das blieb von Adolf Hitler. Ganz Deutschland ist sein verwüstetes Grab.«

Am Ende war von seinem ursprünglichen Ziel nichts übrig: Er war kein Künstler, sondern beinahe eine Kunstfigur. Das Leben, bemerkte Konrad Heiden weiter, das Deutschland nun führen müsse, sei entsetzlich. Aber nicht minder entsetzlich sei die moralische Öde und Ausgestoßenheit, in der das deutsche Volk sich am Kriegsende befinde: abgesondert, gehasst und verachtet von den anderen Nationen. »Der verlorene Tote unter den Trümmern von Berlin war es, der sein Volk in diese Wildnis hinaus stieß«.

Aber es gab auch Hoffnung. Mir fällt dazu eine Geschichte ein, die der italienische Schriftsteller Curzio Malaparte aufschrieb und die einem nach dem Albtraum des »Dritten Reiches« wieder an das Gute im Leben glauben ließ: dass ein Mann heimlich kleine Geschenke in seinem Garten versteckte, damit er nach einem britischen Luftangriff seinen Söhnen erzählen konnte, die englischen Bomber hätten sie abgeworfen.

FAMILIE

(KARL-OTTO SAUR)

Meine Mutter hatte große Angst, dass ich nicht genug zu essen bekommen könnte. Das war aber nicht in den mageren Zeiten nach 1945, sondern genau zwanzig Jahre später. Als sie hörte, dass meine Freundin Uli und ich beschlossen hatten, mit 21 Jahren – damals das Volljährigkeitsalter – zu heiraten, war sie entsetzt. Überhaupt, und dann dieses junge Mädchen, das ihr von Herzen zuwider war. Sie spürte von Anfang an, dass die zukünftige Schwiegertochter nicht bereit war, das Prinzip der Unterwerfung mitzumachen. Ihre Vorbehalte wurden noch durch unseren Wunsch bestärkt, einen großen Polterabend, aber nur eine ganz kleine Hochzeit zu feiern: nur wir, die beiden Elternpaare und die Trauzeugen. Und das Ganze auch nicht in Hochzeitskleidung. Meine Mutter war entsetzt. Unter diesen Umständen würde sie nicht kommen, lautete ihr Erpressungsversuch. Nicht zuletzt, weil meine Schwiegereltern ebenfalls intervenierten, hatte sie damit Erfolg. Wir heirateten schließlich ganz konventionell am 13. Juli 1965, erst im Standesamt Pullach und gleich anschließend in der Klosterkirche zu Schäftlarn – die Braut in Weiß.

Es wurde dann doch ein ganz nettes Fest, aber der Konflikt war programmiert. Vor mir hatten meine beiden ältesten Schwestern geheiratet. Bei beiden setzte vor allem meine Mutter voraus, dass die Männer in die Familie integriert wurden. So wurde für meine Schwester Irmi und ihren Mann (und die nach fünf Monaten geborene Tochter Petra) das ausgebaute Dachgeschoss des kleinen Hauses in Pullach frei gemacht. Meine Schwester Erika heiratete praktischerweise den Sohn der Nachbarn. Nach dem Tod unseres Vaters zog sie mit ihrer

Familie von 1968 in das kleine Haus zurück, in dem sie dann ihr ganzes weiteres Leben verbrachte.

Das war der Trumpf meiner Mutter über all die Jahre gewesen, dass sie die Kinder an sich band und damit ihr eigentlich unglückliches Leben in ein vermeintliches Glück umwandelte. Nur bei meiner Frau Uli stieß sie mit ihren Manipulationsversuchen an eine Grenze, da Uli merkte, dass die Einbeziehung nicht auf Zuneigung beruhte, sondern auf reinem Machtwillen.

Meine Mutter stammte aus einer gutbürgerlichen Düsseldorfer Familie; ihr Vater war, wie ihr späterer Mann, Ingenieur gewesen. Die Ehe ihrer Eltern, aus der vier Kinder hervorgingen und die nach Erzählungen meiner Mutter sehr glücklich gewesen war, endete mit dem Tod der Mutter, als die Kinder noch klein waren. Nach dem Trauerjahr heiratete mein Großvater die Schwester seiner Frau, doch auch sie verstarb früh. Seine dritte Ehefrau hieß Elsa, und meine Mutter wusste über ihre zweite Stiefmutter nur Schlechtes zu berichten. Nicht zuletzt, um ihr zu entkommen, heiratete sie mit 21 Jahren. Vielleicht war es das, was ihr unbewusst solche Probleme machte, als auch ich in diesem jungen Alter heiraten wollte. Dabei wäre die Vermutung, dass auch ich dem Elternhaus entkommen wollte, nicht ganz falsch gewesen. Aber ich bin sicher, dass sie einen solchen Gedanken nicht zuließ.

Dazu war sie zu fixiert auf ihre Familie oder besser gesagt auf ihre Kinder. Sie hielt sich für eine ungewöhnlich tolerante Mutter, die den Freiraum ihrer Kinder respektierte. Doch es war ein Schönwetter-Freiraum, dessen Grenzen in Wirklichkeit eng gesteckt waren. Als meine älteste Schwester mit Anfang zwanzig einmal von einem Verehrer abgeholt wurde, den sie auf einem Fest kennengelernt hatte und der das Haar lang trug, war sie entsetzt. Und zwar so sehr, dass meine Schwester die Bekanntschaft nicht weiter fortsetzte. Genau das erwartete meine Mutter: Angesichts des Leides, das sie für ihre Familie und ihre Kinder auf sich genommen hatte, war es für sie selbstverständlich, dass ihr Wille als allgemeingültige Maxime von

ihren Kindern anerkannt wurde. Sie war eine Praktikerin der
»repressiven Toleranz«, lange bevor die 68er diesen Ausdruck
salonfähig machten. Und sie setzte diese Technik geschickt
ein.

Anfang Mai war jedes Jahr dicke Luft in unserem Haus. Die
Mutter meines Vaters hatte am 10. Mai Geburtstag. Sie und die
beiden unverheirateten Schwestern, die alle in einem Haushalt
in Freiburg wohnten, erwarteten zu diesem Tag immer den
Besuch meines Vaters. Dass meine Mutter nie mitkam, schien
ihnen – aber auch ihr – ganz recht zu sein. Doch mein Vater
hatte schon mindestens eine Woche vor der Reise schlechte
Laune, was unsere Mutter wohlgefällig aufnahm. Und sie
vergaß in keinem Jahr ihren Spruch zu uns Kindern: »Wenn
einer von euch einmal so ungern zu mir kommen würde, dann
bräuchtet ihr gar nicht zu kommen.« Natürlich erwartete sie
von uns eine Bestätigung, um wie viel besser sie sei als ihre
Schwiegermutter. Dass sie sich später ähnlich verhielt, fiel ihr
gar nicht auf. Eines Tages beschwerte sie sich bei mir, dass sich
mein Bruder scheiden lassen wolle. Allen Ernstes fügte sie den
Satz an, dass er sie nicht einmal um Rat und Erlaubnis gefragt
habe.

Ihre Kinder waren der Ersatz für ihren Mann. Das war schon
im Krieg so gewesen, als er ständig in Deutschland unterwegs
war und die Stunden zu Hause sich auf wenige im Monat beschränkten. Sie hatte nur den Trost, dass er ein besonderer
Mensch war und sie eben Verzicht üben musste. Dieser Tatsache verdanke ich auch, dass ich den gleichen Vornamen erhielt
wie mein Vater. Ihre Begründung war, dass sie nie gewusst
hätte, ob ihr Mann lebend zurückkomme: »Dann habe ich mir
gedacht, wenn ich keinen großen Karl-Otto mehr habe, dann
habe ich wenigstens einen kleinen.« Ob der »Kleine« damit
im Leben zurechtkommen würde, das hat sie sich nie gefragt.

Und sie behandelte mich auch als eine Art Ersatz für ihren
großen Karl-Otto, obwohl der aus der amerikanischen Gefangenschaft unversehrt zurückgekommen war. Sie verhätschelte
mich nach Strich und Faden. Ich besitze noch ein Schulzeug-

nis aus der dritten Klasse der Volksschule, in dem für das erste Halbjahr 33 entschuldigte Tage wegen Krankheit vermerkt sind. Dabei war ich keineswegs häufiger krank als andere Kinder, aber schon die kleinste Äußerung über mangelnde Lust zur Schule zu gehen, entlockte ihr ein »dann bleibst du eben heute zu Hause bei mir«. So wurde ich ein ausgeprägter Stubenhocker, der sich gerne verwöhnen ließ. Es kostete mich und meiner Frau viel Kraft, dies später zu überwinden.

Meine Mutter war keine Frau mit ausgeprägtem Selbstbewusstsein. Sie hatte eine Ausbildung zur Säuglingsschwester gemacht, hatte aber nach der Hochzeit nie diesen oder einen anderen Beruf ausgeübt. Zur höheren Gesellschaft dazuzugehören, was sie sich sehr wünschte, dazu fehlten ihr die Voraussetzungen. Ihr Wissen bezog sie vorwiegend aus denselben Lesezirkelheften, aus denen ich mich als Kind auch bediente. Aber ernsthafte Gespräche entwickelten sich daraus nicht. Nur einmal war ich sehr erstaunt darüber, dass sie mich offensichtlich doch als Gesprächpartner ernst nahm. Es war Ende 1951 – ich war sieben Jahre alt –, als sie mich bei der Heimkehr aus der Schule mit den Worten begrüßte: »König Georg VI. ist tot.« Ich wusste aus meiner Lektüre, dass es sich dabei nur um den englischen König handeln konnte, und die Auskunft mache mich im ersten Moment sehr stolz. Ich registrierte glücklich, dass meine Mutter ausgerechnet mir als Jüngstem eine so ernste Mitteilung machte. Im nächsten Moment wurde mir klar, dass die Information nicht mir als Person galt. Ich war nur zufällig der Erste, der heimkam. Sie musste die Neuigkeiten, die sie gegen ihre Gewohnheit am Vormittag im Radio gehört hatte, einfach loswerden. Doch auch mit dieser Erkenntnis war ich im selben Moment ganz zufrieden; zeigte sie mir doch, dass ich eigentlich auf mich allein gestellt war und weiterhin alles, was mich bewegte, mit mir selber ausmachen konnte.

Auch wenn ihr das fundierte Wissen fehlte, so hatte meine Mutter meistens eine Meinung – insbesondere über Personen. Allerdings war ihr Urteil schwankend. Wenn sie jemanden neu kennenlernte, dann schwärmte sie in hohen Tönen von der Person. Doch schon relativ schnell kam der Umschwung, mit vielen kleinen Sticheleien suchte sie Verbündete für ihre Meinung. Das praktizierte sie auch in der Familie, mit Ausnahme gegenüber meiner ältesten Schwester Erika, die sich über all die Jahre intensiv um sie kümmerte.

Als meine Frau Uli einmal mit unseren drei Kindern zum Großmutterbesuch bei ihr gewesen war, wurde sie einen Tag später von meiner Schwester Bärbel darauf angesprochen. Meine Mutter hatte sich unmittelbar nach dem Besuch bei Bärbel darüber beklagt, dass sie eine Stunde hätte aufräumen müssen, um den Saustall, den unsere drei Kinder angerichtet hätten, wieder zu beseitigen. Von dem Tag an fuhr meine Frau nie mehr mit den Kindern zu ihr, um sie zu besuchen.

In den sechzehn Jahren, die ich in Pullach mit meinen Eltern in einem Haus wohnte, kann ich mich an kein einziges ernsthaftes Gespräch über die Verbrechen im »Dritten Reich« oder die Judenverfolgung erinnern – obwohl mein Vater merkte, dass ich als Jugendlicher Interesse am Thema entwickelte. Ich bin sicher, dass er auch begriff, dass ich mich kritischer als von ihm erhofft damit auseinandersetzte. Meine Mutter schien die Vergangenheit tatsächlich komplett ausgeblendet zu haben. Nur ganz selten erzählte sie von ihrem früheren Leben, in dem es ja so sehr viel besser für sie zugegangen sei. Aber sie erwähnte nie die Verstrickungen ihres Mannes in das Herrschaftssystem des »Dritten Reiches«. So weiß ich bis heute nicht, ob sie selbst auch einmal Hitler begegnet ist oder ob sie sich von ihrem Mann in dieser Beziehung ausgegrenzt gefühlt hatte. Ab und zu kam sie beiläufig auf irgendeinen Mitarbeiter ihres Mannes zu sprechen, den auch sie gekannt hatte, aber ich erfuhr selten, wo und wie diese Begegnungen vonstatten gegangen waren.

Die Rolle meines Vaters in der Familie änderte sich im Laufe der 1950er Jahre. Als seine cholerischen Anfälle langsam weniger wurden, wirkte sich das auch auf die allgemeine Atmosphäre in der Familie aus. Aber nach wie vor galten zwei

Grundsätze: Es war angenehm für die ganze Familie, wenn er nicht da war, und alle fürchteten sich ein wenig, seinen Ärger hervorzurufen. Als ich elf Jahre alt war, hatte ich mit einem Freund vereinbart, ihn zur Aufnahmeprüfung ins Gymnasium zu begleiten, wo ich gerade das erste Jahre absolvierte. Wir hatten wegen der Aufnahmeprüfung für die »Neuen« an diesem Tag schulfrei. Morgens kam mein Vater zu mir, um mich zu fragen, ob ich an diesem Tag im Büro ein paar Botengänge und Hilfsarbeiten für ihn erledigen könnte. Zum ersten Mal widersprach ich einem solchen Wunsch, in der Gewissheit, dass er anerkennen würde, dass ich das Versprechen meinem Freund gegenüber an einem so wichtigen Tag einhalten musste. Doch er verstand ganz und gar nicht, sondern brüllte was von Undankbarkeit. Ich aber war sehr stolz, zum ersten Mal meinen Standpunkt durchgesetzt zu haben, auch wenn ich Angst hatte, er werde abends auf das Thema zurückkommen.

Drei Jahre später gab es einen merkwürdigen Konflikt, bei dem ich versuchte, meine Mutter nicht zu »verraten«. Ich hatte – wie schon häufiger – im Halbjahreszeugnis zwei Fünfer. Als es am 1. Februar die Zeugnisse gab, war mein Vater nicht da. Meine Mutter, die einen heftigen Krach befürchtete, meinte, dass wir das Zeugnis meinem Vater vorerst nicht zeigen sollten. Dummerweise fragte mich mein Vater zwei Wochen später beim Mittagessen plötzlich, wann es eigentlich Zeugnisse gebe. Ich wartete auf irgendein Zeichen von meiner Mutter, aber das kam nicht. Um sie nicht bloßzustellen, an der Verheimlichung beteiligt gewesen zu sein, nannte ich den 1. März. Worauf meine Mutter nur lapidar fragte, wieso ich 1. März sage, wo doch das Zeugnis längst da sei. Vereint machten sie mir nun bittere Vorhalte, dass ich lügen würde. Meiner Mutter kam gar nicht in den Sinn, dass ich nur sie hatte schützen wollen. Es war mir unverständlich, dass sie einen solch einfachen psychologischen Gedanken nicht verstand.

Doch Differenzierungen waren generell nicht ihre Sache. Als Jugendlicher besuchte ich einmal mit meiner Mutter gemeinsam das Kino in der Nachbargemeinde Solln. Dort wurden anspruchsvolle Filme gezeigt, und im August gab es immer ein kleines Festival mit täglich wechselnden besonderen Produktionen aus der Filmgeschichte. Ich hatte uns den Film »Jakobowsky und der Oberst« nach dem Roman von Franz Werfel ausgesucht. Er schien mir ideal, weil sie für Curd Jürgens schwärmte und ich für den amerikanischen Schauspieler Danny Kaye. Ich war begeistert von dieser Geschichte des polnischen Offiziers, der gegen seinen Willen gemeinsam mit dem in seinen Augen unterwürfigen kleinen polnischen Juden vor den Nazis aus Paris fliehen muss, auf den er auf Gedeih und Verderb angewiesen ist. Der Film ist bis heute einer meiner Lieblingsfilme geblieben. Meine Mutter stellte beim Rausgehen nur fest, dass sie »diese Filme« nicht möge. Hier wurde mir zum ersten Mal bewusst, dass das »Dritte Reich« von meiner Mutter offensichtlich verdrängt wurde. Dabei bin ich sicher, dass sie zunächst den Einfluss und die Macht ihres zwölf Jahre älteren Mannes geschätzt hatte. Das Leben des Ehepaares war zwar nach dem Krieg sehr viel regelmäßiger und geregelter, aber vielleicht merkte sie dadurch, dass sie eigentlich nichts gemeinsam hatten. Sie waren zwar fast täglich zusammen, aber es gab nichts, was sie verband, und sie unternahmen auch nichts gemeinsam. In den 17 Jahren, die ihnen zusammen in Pullach blieben, haben sie – auch aus finanziellen Gründen – nur zwei gemeinsame Urlaubsreisen gemacht. Die erste war 1952, als eine Bekannte meiner Mutter sie für eine Woche nach Hohenpeissenberg in ihren Landgasthof einlud, und die zweite war 1964 eine Rheinschifffahrt von Amsterdam nach Basel.

Wie die meisten jungen Ehepaare und Eltern waren auch meine Frau Uli und ich der Meinung, dass wir alles besser machen konnten, als unsere Eltern es uns vorgelebt hatten. Ein Jahr nach der Hochzeit kam unser erster Sohn Christian zur Welt, dann folgten jeweils im Abstand eines Jahres Michael und Daniela. Sie wurde im Mai 1968 geboren, zu einem Zeitpunkt also, als andere in unserem Alter studierten – und vor allem demonstrierten. Wir wohnten damals in einem Zweifamilienhaus in der Nähe von Wolfratshausen und beobachteten den Studentenaufstand nur von ferne. Aber ein Hauch von Aufruhr wehte auch durch unser Haus, als es 1967 bei der Hochzeit meines Bruders zu einem kleinen Zwischenfall kam. Zu den Gästen gehörten auch unsere Tante Mieken und ihr Ehemann, den sie Anfang der 1950er Jahre geheiratet hatte. Er war ein ehemaliger Berufsoffizier und einer der Ersten, die sich 1957 für die Bundeswehr reaktivieren ließen. Er fing als Oberstleutnant an, weshalb es in der Familie einiges Gemunkel gab. War da ein dunkles Geheimnis in seiner Vergangenheit, weswegen er nicht gleich wieder in seinem letzten Dienstgrad als Oberst eingestellt worden war? Miekens Mann war Militarist durch und durch. Eigentlich wäre er ein adäquater Gesprächpartner für meinen Vater gewesen, aber es war ganz offensichtlich, dass die beiden kein Interesse aneinander hatten. Ihm war ein Parteikarrierist vermutlich zu profan, während mein Vater das Militär mit seinen strengen Regeln und Hierarchien immer verachtet hatte.

Mein Onkel wurde dann doch noch zum Brigadegeneral befördert und stand bei der Hochzeit meines Bruders kurz vor seiner Pensionierung. Als er auf dem Parkplatz unser Auto sah, in dem im Rückfenster eine große Banderole mit dem Slogan »Ich bin gegen die Notstandsgesetze« klebte, empörte er sich zutiefst. Er verlangte, dass ich diese Provokation entferne, und als ich mich weigerte, fühlte ich mich fast wie ein in Berlin demonstrierender Student.

Als in den 1970er Jahren die Protestbewegung vom politischen Diskurs ins Allgemein-Gesellschaftliche überging, wurden auch wir beeinflusst. Die antiautoritäre Erziehung, die nun propagiert wurde, erschien uns ein wichtiger Weg zu unserem Ziel, die Familienbeziehungen zu verändern. Unser Haus wurde ein beliebter Treffpunkt der Kinder der Gegend, bei denen sich schnell herumgesprochen hatte, dass die Mutter hier mehr erlaubte, als es bei ihnen zu Hause üblich war. Zur Förderung der Kreativität durften die Kinder die Wände unseres Hauses bunt bemalen. Das Ergebnis war noch Jahre nach unserem Auszug Gesprächsthema im Dorf. Zur selben Zeit fing Uli an, per Telekolleg ihr Abitur nachzuholen, um dann ein Studium der Sozialpädagogik anzuschließen.

Das war für sie eine ganz neue Welt, an der sie regen Anteil nahm. Und es war eine ganz andere Welt als die, in der ich mich inzwischen als Journalist bei der *Süddeutschen* bewegte. Es war mein großer Lebenstraum gewesen, einmal von dieser Zeitung engagiert zu werden. Als Jugendlicher war ich bereits ein gläubiger Leser dieser Zeitung gewesen, der für sie das Etikett linksliberal sehr zutreffend fand. Zweifellos war diese Zeitung eine wichtige Institution, um in Deutschland nach dem Zweiten Weltkrieg die Demokratie zu etablieren und zu bewahren. Gleichzeitig war sie aber – bis hinein in die Redaktion – von großer Bürgerlichkeit geprägt, dass ein so Gemäßigter wie ich schon als Linksaußen galt. Das half mir aber wenig bei meiner Frau und ihren Studienfreunden. Ihnen galt ich eher als Exponent der anderen Seite – als eine Art hoffnungslos spießiger Redakteur eines durch und durch bürgerlichen Blattes.

Unsere Kinder empfanden diese offenen Verhältnisse nicht immer als die große Freiheit, die wir ihnen gerne vermitteln wollten. Als meine Frau und ich beschlossen, vorübergehend auseinanderzuziehen, um unsere Beziehung zu überprüfen, entschieden sich Christian und Michael dafür, dass ich mit ihnen in der Wohnung in München bleiben sollte. Und Daniela, die mehr dazu neigte, mit Uli zu leben, wollte aber lieber bei ihren Brüdern bleiben. Es war für mich eine sehr wichtige und prägende Zeit, in der ich versuchte, den Anforderungen der Kinder und des Berufes einigermaßen gleich gerecht zu werden. Das war für einen Mann erheblich einfacher als für eine alleinerziehende Frau. Ich genoss die Bewunderung aller im Büro. Jeder konnte verstehen, wenn der Haushalt noch ein wenig mehr verschlampte, als er es vorher schon war. Ich glaubte, das volle Vertrauen der Kinder zu genießen, und war überzeugt, über mehr oder weniger alles informiert zu sein, was sie tagsüber trieben. Welch eine Täuschung! Doch sie waren so rücksichtsvoll, mich über meinen Irrtum erst aufzuklären, als sie längst erwachsen waren.

Warum ich diesem Irrtum verfiel? Wir hatten uns angewöhnt, das Abendessen zum wichtigsten Termin des Tages zu machen. Es dauerte oft bis zu zwei Stunden, da wir so viel miteinander zu reden hatten. Diese vertrauten und selbstverständlichen Gespräche waren immer mein Wunsch und Ziel gewesen. Ich hatte mich als Kind immer einsam und ausgeschlossen gefühlt; alles was mich innerlich bewegte, behielt ich für mich. So etwas sollte meinen Kindern nicht passieren. Als mir mein Sohn Michael erzählte, dass er jeden Morgen mit Bauchweh in die Schule gehe, krampfte sich in mir alles zusammen. Das war ein Gefühl, das ich noch aus meiner Schulzeit gut kannte und das ich meinen Kindern unbedingt ersparen wollte. Zu diesem Zeitpunkt kannte ich nicht einmal die Hälfte des Drucks, der auf ihm lag. Viel später erst erzählte er mir, dass er eine ganze Zeit lang nach dem Gutenachtsagen wieder aufgestanden sei, sich wieder angezogen und mitsamt Schuhen ins Bett gelegt habe, aus Angst, am Morgen nicht rechtzeitig für die Schule fertig zu sein.

Meine Meinung, durch Reden alle Probleme lösen zu können, wurde auch von meinem anderen Sohn Christian konterkariert. Er war immer der verschlossenere gewesen, aber als er mir eines Tages sagte, dass seiner Meinung nach jeder Mensch seine Probleme alleine klären müsse, erschrak ich. Auch hier stieß er – ohne es zu ahnen – in eine offene Wunde. Ich hatte nie ein Problem mit meinen Eltern besprochen, aber ich hatte mir als Kind und Jugendlicher immer einen Freund gewünscht, dem ich mich hätte anvertrauen können. Irgendwann hatte ich auch einen zwei Jahre älteren Schulkameraden entdeckt, der all das verkörperte, was ich mir wünschte. Er war der Organisator der Pfadfindergruppe, der ich beigetreten war. Doch auch er bemerkte mein Bedürfnis nicht. Erst als Erwachsene wurden wir Freunde und sind es bis heute geblieben.

Und auch unsere Kinder sind sowohl mir als auch meiner

Frau wichtige Freunde geworden. Freunde, die sich auch mit Kritik nicht zurückhalten. Unsere Tochter Daniela, die auf ihren eigenen Wunsch mit ihrer Familie im selben Haus wie wir wohnt, pflegt dieses Verhältnis so gut, dass wir uns inzwischen auch der Kritik unserer Enkelkinder stellen müssen. Sie hatte sich vorgenommen, bei ihren Kindern auch das meiste anders zu machen als ihre Eltern. Das Ergebnis sehe ich mit sehr großem Gefallen.

FAMILIE
(MICHAEL SAUR)

Einmal habe ich meine zwei Großmütter zu einem Kaffeekranz zusammengebracht. Es war wahrscheinlich die einzige Begegnung der beiden Frauen unter vier Augen, obwohl sie Jahrzehnte in der gleichen Ortschaft lebten, und es ist sogar das einzige Zusammentreffen der beiden Frauen überhaupt, an das ich mich erinnern kann. Das Haus der Oma Saur stand halbverborgen in einer Pullacher Seitenstraße. Sie hatte sich im Lauf der Jahre Eigenheiten angewöhnt, die man exzentrisch nennen könnte. Ihre Meryl-Streep-Schönheit war dahin, in ihrer Küche stapelte sich das Geschirr, die Luft stand stickig, das Haus wirkte insgesamt etwas verkommen oder verloren, ihm haftete etwas von einem überpuderten Loire-Schloss im Spielzeugformat an, das vor lauter Nippes fast zerbersten wollte. Zum Beispiel hatte sie bei einer Versteigerung ein paar Tausend Haushaltskerzen erstanden, von denen sie kaum eine anzündete und die Jahre später als Erbe unter den Kindern aufgeteilt werden mussten.

Ein blaues Mofa der Marke Vespa, das in der ebenfalls vor Gerümpel ächzenden Garage stand, hatte mich, als ich 13 Jahre alt war, in seinen Bann gezogen. Gekauft hatte es meine Großmutter, die keinen Führerschein besaß – sie war zum Fahrradfahren zu bequem. Und so kurvte sie, die grauen Haare zum Turm gesprayt, in Pullach zwischen dem Lebensmittelgeschäft Ficker, der ältesten Tochter Erika, mit der sie von allen Kindern am engsten in Kontakt stand, und ihrem Haus hin und her. *Ficker:* der Name klingt mir noch ganz selbstverständlich aus den Mündern *beider* Omas in den Ohren. Nie wäre eine von ihnen je auf die Idee gekommen, dieses Wort anders zu verstehen.

Ich erschien zu meinen Besuchen bei der Mofa-Oma in der

Regel ohne Anmeldung, und ich fuhr einen Sommer sehr oft hin, eine Zeit lang sogar jeden Tag. Ich hielt die obligatorische Sitzung im verschlampten und dennoch steifen Wohnzimmer aus, trug meinen Teil bei zu dem langweiligen Hin und Her, diesem Wörternichts, das sich nie zu einer richtigen Konversation formte. Ich scharrte mit den Füßen, denn draußen wartete die Vespa. Am Ende eines solchen Besuchs, bevor ich wieder zum Zug musste, ließ mich die Oma Saur schließlich in die Garage. Ich schob die Vespa raus, hängte mein ganzes Gewicht in die Pedale, um den Motor anzutreten. Dann fuhr ich die kleine Ortsstraße hinter ihrem Haus auf und ab.

Das Rauf und Runter wurde schnell langweilig. Ich überlegte, wie ich die Fahrzeit auf dem Mofa verlängern konnte, und schlug deswegen vor, gemeinsam mit ihr die *andere* Oma zu besuchen. Ob das denn so ohne Voranmeldung ginge, fragte die Oma Saur. Aber sie stellte die Frage rhetorisch. Sie freute sich selber nicht schlecht über die Abwechslung, begriff aber auch den Handel. Sie überließ mir das Mofa, mit dem ich schon losfuhr, während sie sich noch puderte und schminkte und dann zu Fuß auf den Weg begab.

Es war nicht weit, meine anderen Großeltern lebten nur ein paar Straßen weiter. Die Eltern meiner Mutter hatten das viel schönere Haus, errichtet im Villa-Baustil von Pullach mit seinen steilen Dächern. Sie besaßen einen großen Garten, der von einem richtigen Gärtner gepflegt wurde. Lydia, so hieß die Omi, widerstand mühelos den billigsten Sonderangeboten, hortete auch sonst keinen Kram, und sie verstand sich darin, unnötige Dinge wegzuwerfen. An den Wochenenden fuhr sie nach München, um sich die Fabergé-Ausstellung oder Matisse-Bilder in einem Museum anzusehen. Sie kurte regelmäßig in Bad Gastein, hatte eine Schneiderin für ihre Kostüme, in der Garage stand kein Mofa, sondern immer ein Mercedes, den mein Großvater an Sommersonntagen zum Kaffeetrinken bis nach Meran oder Bozen steuerte. Die Eltern meiner Mutter gehörten zum gehobenen Bürgertum und waren stolz darauf, und obwohl Oma Lydia neun Jahre älter war als die Oma Saur, sah sie gut und gerne zehn Jahre jünger aus.

Die Angewohnheit Lydias, nämlich dass sie jeden Vormittag auf die Minute pünktlich um elf Uhr ihre Hausarbeit unterbrach und eine »Bierpause« einlegte, hatte etwas Liebenswertes, weil es ihr trotz eines gewissen Standesdünkels auch Bodenhaftung verlieh. Sie zündete sich dann eine Zigarette der Marke Stuyvesant an und trank eine Halbe Augustiner Edelstoff, während sie auf ihrem Küchenhocker saß und aus dem Küchenfenster in den Garten hinaus zu den Johannisbeersträuchern träumte, um eine halbe Stunde später mit frisch geputzten Zähnen und einem klitzekleinen Schwips wieder zurück ins Damenhafte zu gleiten, als sei nichts gewesen. Genau in dieser Bewegung lag eine Geschmeidigkeit, die ich bei meiner anderen Oma nicht entdecken konnte. Als meine Geschwister und ich klein waren, spielten wir Verstecken mit ihr, während sie rauchte und Bier trank. Wir krochen in die Küchenschränke, in denen es nach Desinfektionsmittel und Zwiebeln roch, und sie tat wieder und wieder so, als würde sie uns um keinen Preis der Welt finden können, und wir glaubten ihr aufs Wort.

Ich öffnete das Tor in den schönen Garten meiner Großmutter mit den Tannen und der Lichtung dazwischen und gab Gas. Aus ihrem Wohnzimmerfenster sah mich Lydia mit geweiteten Augen auf der Vespa über ihren Rasen pflügen. Ich fuhr auf die Terrasse, kam dort nur um ein Haar zum Bremsen, stellte das Mofa ab und keuchte ihr entgegen, mich dabei fast überschlagend vor kindlichem Eifer, dass die andere Oma zum Kaffee käme und quasi jeden Moment hier eintreffen würde. Das blanke Entsetzen trat ihr ins Gesicht, denn das blaue Mofa, das auf der Terrasse parkte, war ein untrüglicher Beweis für meine Worte. Sie verschwand in ihr stets kaltes Schlafzimmer – und in null Komma nichts war sie hergerichtet. Eine einzige widerborstige Locke hatte sich von der rasch übergezogenen Perücke nicht einfangen lassen und hing wie ein Fragezeichen über ihr Ohr.

Die beiden alten Frauen, zu meiner Überraschung siezten sie sich, begegneten sich mit äußerster Freundlichkeit. Man pries gegenseitig das gute Aussehen, dann wurde der Dallmayr-Kaffee im Sonntagsporzellan serviert, dazu teures Gebäck, das es sonst nie gab. Meine Oma ließ ein paar Entschuldigungen verlauten, dass ihre Reinemachefrau nicht gekommen sei und es deswegen leicht wüst aussehe im Wohnzimmer, was lachhaft war. Ich spürte während der ganzen Kaffee-Sitzung etwas, das störte, wie wenn man bei jedem Schritt einen spitzen Stein im Schuh fühlt. Ich merkte, dass diese zwei Menschen von unterschiedlichen Enden des Universums zu diesem Treffen gereist waren. Das Gespräch setzte sich eine Weile und auf eine Weise fort, dass kein wirkliches Thema aufkam. Ich erinnere mich nicht an ein einziges Wort aus dieser Unterhaltung, außer der Reinemachefrau-Lüge. Ich weiß aber noch, dass ich eine Stunde später beim Wiedersehensagen aus Taktgründen beschloss, besser das Mofa nicht zurückzulenken, sondern die Oma Saur wenigstens selber zurückfahren zu lassen.

Als die Oma Saur dann die Vespa von der Veranda und zurück auf die Straße geschoben hatte, sagte meine Oma, nachdem sie mich kurz, aber nicht unernst gescholten hatte für die Aktion, die sie so unvorbereitet erwischt hatte, einen Satz, der mich vollends zum Wundern brachte: »Denn du weißt doch, die Frau Saur, die ist eine *richtige* Dame.« Ich muss sie mit großen Augen angesehen haben, als sie diesen Satz ausstieß. »Und ihr Mann, der war ein *sehr* wichtiger Herr während des Krieges«, fuhr sie fort. Dazu nickte sie halbvergessen und mit Bewunderung in ihrer Stimme. Ich begriff, dass sie der Mofa-Oma und auch ihrem verstorbenen Mann eine Bedeutung beimaß, die ich beim besten Willen nicht nachvollziehen konnte.

Es war wie in Vincent van Goghs »Die Olivenbäume«. Etwas stimmt nicht in dem berühmten Gemälde, in dem die Sommersonne still herrscht und doch ein Winterwind bläst, und etwas stimmte auf die gleiche Weise nicht an diesem Pullacher Sommernachmittag. Es war, als wären zwei Momente aus unterschiedlicher Zeit aufeinandergelegt und zu einem geworden, ein und derselbe Ort, der verschieden eingestellten Uhren folgt. Im Haus der Oma Saur herrschte keine Gegenwart, nur Vergangenheit. Das Leben meiner Großmutter Lydia war dagegen in die Zukunft gerichtet. Es sind solche unterschiedlich tickenden Uhren, die den chilenischen Schriftsteller Roberto Bolano nach einem Besuch in Deutschland zu bemerken veranlassten, dass Deutschland ein faszinierendes Land sei – aber auch ein unheimliches: Denn viele Deutsche hatten die Uhr nicht auf Null gestellt nach dem Krieg, sondern ließen die alte Zeit einfach weiterlaufen.

Die Eltern meiner Mutter waren sogenannte Rucksackdeutsche, die nach dem Krieg aus dem Sudetenland nach Deutschland gekommen waren und sich in Bayern angesiedelt hatten. Der Vater meiner Mutter, der sich als künstlerischer Mensch verstand, gab nach Ende des Krieges den Traum von einer musikalischen Karriere auf. Vielleicht hatte er ihn auch schon aufgegeben, als er noch in Prag war, wer weiß am Ende solche Dinge über andere Menschen. Er gründete in München und Wien einen Großhandel für Spielwaren, der rasch und viel besser florierte als der Verlag des anderen Opas, der wie aus Versehen aus seinem bankrottierenden Ingenieurbüro hervorgegangen war.

Meine Mutter und ihre Zwillingsschwester, immer gleich gekleidet, mussten fesch gewirkt haben im Ickinger Gymnasium, an dem meine Mutter meinen Vater in der Mathematiknachhilfe kennengelernt hatte. Die Ferien verbrachten meine Mutter und ihre Schwester an der Adria und in England, die zwei Mädchen waren immer wie aus dem Ei gepellt, sie kannten die Münchner Konzertsäle und Theaterbühnen von innen. Eine der ersten Erinnerungen, die meine Mutter an meinen Vater hatte, war, dass er immer zu kurze Hosen anhatte, weil er noch als Jugendlicher die Kleidung seines älteren Bruders auftrug.

Mein Großvater mütterlicherseits hatte sich gewünscht, dass seine Töchter in den diplomatischen Dienst treten würden oder zumindest Diplomaten heiraten sollten. Ich stelle mir vor, dass mein Vater, als er bei seinem zukünftigen Schwiegervater um die Hand seiner Tochter anhielt, keine Ahnung hatte, wie er seine Frau, und sollte es bald eine Familie werden, diese wirklich ernähren sollte, wie er jemals etwas dem Vergleichbares erschaffen sollte, was er vorfand in dem Haus seiner zukünftigen Frau. Er zeigte sich dann auch schon bei seinem Antrag wenig geschickt.

Als er sein Anliegen während eines Fußballspiels vorbrachte, musste er es wiederholen, weil sein künftiger Schwiegervater sein Hörgerät nicht eingeschaltet hatte.

Deutschland ist heute ein Land der Vernunft. Ein Land der Vernunft, in dem über zwölf Jahre die Unvernunft geherrscht hatte, die am Ende alles aus den Fugen hob. Wer die Aufnahmen des Nachkriegsberlin kennt, die Bilder aus Dresden oder Rostock nach den Flächenbränden, bekommt eine Vorstellung, wie das Land ausgesehen haben mag, damals, auch von den Gemütern her. Man erhebt sich nicht von einer solchen Erfahrung, erholt sich nicht von der Demütigung und geht munter der Sonne entgegen.

Ironie des Schicksals: Zum Schluss legte der Vater meiner Mutter mit seinem Spielwarengroßhandel eine Pleite hin, die sich gewaschen hatte. Das schöne Haus mit dem steilen Dach kam unter den Hammer, die Tannen wurden gefällt, und Pullach hatte eines seiner alten Häuser verloren. Lydia, beschämt, dass sie Pullach auf diese Art verlassen musste, erhielt sich ihre Würde zunächst nur unter Mühe. Sie zog allein ins Allgäu, schwörend, nie wieder nach Pullach zurückzukehren. Sie ging viel spazieren über das hügelige Allgäuer Land, bis sie es satt hatte, ihren eigenen Haushalt zu führen, und in ein Altersheim zog. Dort flüchtete sie sich dann die meisten Tage in ihre Vergangenheit, eine Vergangenheit allerdings, die erst nach dem Krieg begonnen hatte.

Lydias Mann hatte sich also unfreiwillig zu den Familienpleitiers gesellt, eine Wendung, der er sich durch einen Selbstmordversuch zu entziehen versuchte. Er überlebte und pendelte zwischen seiner Sekretärin (mit der er schon jahrelang ein Verhältnis hatte und die ihm auch nach dem Bankrott die Stange hielt) und Lydia (deren Vermögen mit in der Pleite versunken war) sowie einer Mietswohnung am Tegernsee hin und her. Dabei legte er alle Energie in die scheinbare Respektierlichkeit seiner Person, die allerdings oft nur noch aus einem gepflegten Anzug aus alten Zeiten und auf Hochglanz gebrachten Schuhen und dem Nachmittagskuchen im besten Café am Platze bestand. Dass er sein ganzes Leben lang Schlager geschrieben hatte mit Titeln wie

»Barbara, du warst mein Ferienglück, ich denk so oft an dich zurück«, und »Ich sehne mich nach der Sonne Spaniens«, erfuhr die Familie erst nach seinem Tod im Jahr 2007, als die Liedtexte in seinem Nachlass auftauchten.

Übrigens: Als die Oma Saur ein Jahr nach dem Besuch bei der anderen Oma an dem Krebs starb, der sich bereits an dem Pullacher Sommertag in ihren Körper gefressen haben musste, erbte ich *nicht* die Kerzen. Ich erbte ihr Mofa.

EHEFRAUEN

(KARL-OTTO SAUR)

Wie schon berichtet, hatte mein Vater um die Jahreswende 1944/45 seinen Stab in den riesigen unterirdischen Anlagen des Lagers »Dora« bei Nordhausen eingerichtet. Die Einzelheiten dazu hatte ich unter anderem dem Buch des amerikanischen Historikers Michael J. Neufeld, »Die Rakete und das Reich«, entnommen. Doch eines überraschte mich in seinem Buch sehr. Er schildert, wie Anfang 1945 im »Stab Saur« die Endzeitstimmung ausgebrochen sei. Am Morgen hätten die leeren Sektflaschen herumgelegen, und die Sekretärinnen hätten am späten Vormittag noch in der Nachtwäsche herumgesessen. Mein Vater inmitten eines Gelages? Ich habe bis heute Schwierigkeiten, mir meinen Vater so vorzustellen. Sein »Gelage«, das ich kannte, war eine »Halbe Bier« zum Essen und ein Schnaps danach. Und wäre ein solches apokalyptisches Verhalten nicht auch ein Verrat an Adolf Hitler gewesen? Dem Adolf Hitler, dem er angeblich noch im April 1945 auf die Frage, warum er noch an den Endsieg glaube, geantwortet hatte: »Mein Führer, wenn wir zwei nicht mehr daran glauben, wer soll denn sonst daran glauben.«

Also doch eine Verwechslung oder eine falsche Einschätzung? Oder wurden einfach die Sitten lockerer bei den zahlreichen Abwesenheiten des Chefs? Lange wäre das für mich eine plausible Erklärung gewesen. Da wusste ich aber noch nicht, dass seine Sekretärin Grete Gringmuth, die ebenfalls in Dora mit dabei war, schon lange seine Geliebte war. Niemand wusste es in unserer Familie, und es wurde erst sehr viel später offenbar. Ich ahnte es einmal wegen der Art der Begrüßung zwischen den beiden, als ich meinen Vater 1963 mit dem Auto zu ihr nach Bad Wörishofen gebracht hatte. Von dort aus arbeitete sie immer noch für ihn, und regelmäßige Besuche gehörten zum Berufsalltag der beiden. Ich vergaß es aber schnell wieder.

Meine kleine Beobachtung verdrängte ich bis zu dem Tag Anfang 1980, als unsere Mutter kurz vor ihrem Tod das Bedürfnis hatte, etwas mitteilen zu wollen, was bis dahin in der Familie ein absolutes Tabuthema gewesen war: ihr nicht gestilltes Bedürfnis nach Sexualität. Sie seien eigentlich sehr glücklich gewesen in ihrer Ehe, eröffnete sie das Gespräch. Das war für mich überraschend, zumal da ich immer den Eindruck hatte, dass sie sehr nebeneinanderher gelebt hatten. Die angenehmsten Tage für Mutter und Kinder waren ja immer gewesen, wenn der Vater abwesend war. Und er war eine Zeit lang oft abwesend. Doch sie fuhr mit einem noch überraschenderen Geständnis fort: Es sei nur bedauerlich gewesen, dass »Vati« in der amerikanischen Gefangenschaft impotent geworden sei und sie nie mehr miteinander Sex gehabt hätten.

Gefangenschaft? Impotent? Das gab mir keine Rätsel auf, sondern brachte mir Klarheit. Sie war Opfer einer gewaltigen Lebenslüge geworden, wie mir dann auch weitere sieben Jahre später – nach dem Tod von Grete Gringmuth – bestätigt wurde. Damals rief mich mein Bruder an, um mitzuteilen, dass er von Gretes Bruder gebeten worden sei, aus ihrem Nachlass die Dinge abzuholen, die unseren Vater betroffen hätten. Das waren zu einem großen Teil noch Dokumente und Akten aus dem »Dritten Reich« und der Nachkriegszeit. »Und stell dir vor, was ich noch gefunden habe«, fragte er in einer Mischung aus Herrschaftswissen und Amüsement. »Liebesbriefe unseres Vaters«, antwortete ich und erzählte zum ersten Mal von dem seltsamen Geständnis unserer Mutter, das mich so hatte stutzen lassen.

Dabei war es damals, als meine Eltern sich kennenlernten, offensichtlich Liebe auf den ersten Blick gewesen, auch wenn man sich erst einmal aneinander gewöhnen musste. Veronika fand es eigentümlich, dass Karl-Otto beim ersten Besuch ihr den kleinen Koffer abnahm, diesen aber bei der ersten Gelegenheit an einen ihm offensichtlich Untergebenen weiterreichte, den er lautstark herbeizitiert hatte. Doch es war für sie die Fluchtmöglichkeit von zu Hause, und so heirateten sie bereits ein halbes Jahr später. Bei seiner Mutter und seinen Schwestern war die junge Frau nicht willkommen. Eine lebenslange gegenseitige Abneigung nahm ihren Lauf. Und der Mann saß zwischen den Stühlen. Nach ihrer Hochzeit 1936 war meine Mutter fast jedes Jahr schwanger. Ich war der Jüngste, wurde in Wünsdorf – vierzig Kilometer südlich von Berlin – geboren, wo unser Vater die Familie aus Angst vor den Bombeangriffen einquartiert hatte. Er selbst war im letzten Kriegsjahr nur noch selten zu Hause. In ganz Deutschland war er mit Flugzeug und Auto unterwegs, um bombardierte Waffenfabriken wieder in Betrieb zu setzen.

Zu dieser Zeit arbeitete mein Vater längst mit Grete Gringmuth zusammen. Sie stammte aus einer alteingesessenen Münchner Familie, war – wie unsere Mutter – Jahrgang 1914 und hatte sich auch schon früh dem Nationalsozialismus verschrieben. Sie war nicht verheiratet und hatte keine Kinder. Wann die Beziehung zwischen den beiden begonnen hat, lässt sich heute nicht mehr rekonstruieren. Aber sie haben sich offensichtlich schnell und gut verstanden. Wie in vielen vergleichbaren Verhältnissen lässt sich dies gut nachvollziehen. Chef und Sekretärin verbrachten weit mehr Zeit miteinander als der Vater mit der Familie. Beide waren glühende Nationalsozialisten, beide wollten Großes vollbringen.

Als die Russen immer näher an Berlin herankamen, beschloss mein Vater, die Familie nach Süden bringen zu lassen. Auf der Plassenburg beim oberfränkischen Kulmbach hatte das Rüstungsministerium eine Fortbildungseinrichtung. Dorthin – der Seminarbetrieb war längst eingestellt – wurden nun in den letzten Kriegsmonaten Familien der leitenden Mitarbeiter aus dem Rüstungsministerium ausgelagert. Meine Mutter war mit den fünf Kindern dort. Es war der Beginn des Abstiegs. Und er wäre beinahe sofort ins Bodenlose gegangen,

als die amerikanischen Truppen die Burg in Beschlag nahmen
und umgehend die »Nazi-Familien« rauswarfen. Der Pfarrer
des nahe gelegenen Dorfes Creussen nahm die nun mittellose
Frau auf, bis sie weiter nach Süden an den Starnberger See
ziehen konnte, wo ihr Bruder als Arzt arbeitete. Von ihrem
Mann hörte sie lange nichts.

Karl-Otto Saur hatte zum Ende des Krieges den Stab des
Rüstungsministeriums im Lager Dora-Mittelbau aufgelöst
und in den sogenannten Ministeriums-Zug verlagert, in dem
Eisenbahnwaggons in Büros umgewandelt worden waren. Mit
ihm war er Richtung Österreich aufgebrochen. Dort wurde er
am 8. Mai 1945 von den Amerikanern gefangen genommen
und mitsamt dem Zug zurück nach München geleitet. An allen
Zerstörungen vorbei brachte man den Zug nach Pullach, wo
ein Gleis von der Isartalbahnstrecke abzweigte und in ein ge-
heimes Gelände führte. Parallel zur Bahntrasse war 1935 die
sogenannte Hess-Siedlung gebaut worden, eine Ansamm-
lung von rund zwanzig Einfamilienhäusern und einem Büro-
gebäude, die der Parteileitung der NSDAP als Wohnstätte
dienten. Auf der anderen Seite am Hochufer der Isar, ganz
im Verborgenen, befand sich seit 1941/42 ein komplett aus-
gebautes unterirdisches Führerhauptquartier, das den Namen
»Siegfried« erhielt. Es war zwar nie genutzt worden, aber mit
seinen Bunkeranlagen, einem Bahnhof und diversen Versor-
gungseinrichtungen für den Tag X perfekt präpariert worden.
Die Amerikaner erkannten schnell den Wert beider Anlagen
und nahmen sie in Beschlag. Und genau dort fand dann die
offizielle Festnahme meines Vaters statt, ausgerechnet an dem
Ort, in den er sieben Jahre vorher als Zivilist gezogen war und
wo er später wieder Wurzeln schlagen würde.

Dann begann seine Odyssee durch verschiedene amerikanische Lager, die zunächst einmal dazu dienen sollte, die Führungsriege des »Dritten Reiches« auszufragen. Ebenso wie
sein Chef Albert Speer war er der Meinung, dass die Amerikaner ihm sicher ein Angebot machen würden, um sein Wissen
zu nutzen. Als er erkennen musste, dass er keine Chance hatte,

in die USA geholt zu werden, weil die Amerikaner vor allem an den Naturwissenschaftlern und innovativen Technikern wie Wernher von Braun interessiert waren, machte er ihnen das Angebot, die Geschichte der deutschen Rüstung während des Zweiten Weltkrieges zu schreiben. Als feststand, dass er nicht zu den in Nürnberg Angeklagten zählen sollte, gingen sie auf das Angebot ein. Und sie erfüllten sogar seine Bedingung: Er bräuchte zu der Arbeit seine Sekretärin, da er selber ja nicht Schreibmaschine schreiben könne und Grete Gringmuth über ein großes Detailwissen verfüge. Und so bekamen die Amerikaner einen Kriegsgefangenen, der seine eigene Sekretärin mitbrachte, die gleichzeitig auch seine Geliebte war. Für die beiden war es in den chaotischen Zeiten ein willkommenes Refugium, in dem man sich weder Sorgen um Wohnen noch um Essen machen musste.

Meine Mutter war inzwischen mit uns Kindern mittellos in ihre alte Heimat Düsseldorf zurückgekehrt. Im Haus ihrer Eltern bekam sie von der Stiefmutter den Keller zugewiesen. Dort wohnte sie mit ihren fünf Kindern und Mieken. Nach einem Jahr bekamen sie die Genehmigung, eine notdürftig ausgebaute Parterre-Wohnung in einem halb zerstörten Nachbarhaus zu beziehen. Es war ein erster Sieg in einer trostlosen Zeit, als sie das Haus der Stiefmutter verlassen konnte.

Der Kontakt zwischen den Eheleuten beschränkte sich in dieser Zeit auf einen sporadischen Briefwechsel und gelegentliche Besuche. Banalitäten des Alltags gingen hin und her. Gegenseitig klagte man sich sein Leid, und mein Vater streute gerne mahnende Worte in seine Briefe ein. Die älteren Mädchen wurden angehalten, regelmäßig Briefe ins »Gefängnis« zu schreiben, doch keiner wusste vom anderen so recht, wie er lebte.

Mein Vater hatte sich immer wieder Hoffnungen auf eine Freilassung gemacht, aber sie war immer wieder verschoben worden. Doch nach Ende des Krupp-Prozesses im Sommer 1948 ging es schnell mit seiner Entlassung. Er ging nach Pullach, dem Schicksalsort, wo er als einziges Überbleibsel ein

Grundstück mit einem Wochenendhäuschen besaß, das er nun wieder bezog. In München fand er zwei Büroräume in einem weitgehend zerstörten Flachbau direkt an der Isar gegenüber dem Deutschen Museum, wo er zusammen mit Grete sein Ingenieur-Beratungsbüro eröffnete. Die Ironie des Schicksals war, dass er ausgerechnet hier schon einmal eine neue berufliche Karriere hatte beginnen wollen. Zehn Jahre zuvor hatte er den Plan ausgearbeitet, genau an dieser Stelle das »Haus der Deutschen Technik« errichten zu lassen, in dem aller Welt die Vormachtstellung Deutschlands demonstriert werden sollte. Nun saß er in einer notdürftig hergerichteten Kriegsruine. Und so ähnlich gestaltete sich auch sein beruflicher Neustart.

Aus Düsseldorf kam Mitte 1949 ein höchst ungeduldiger Brief. Seine Frau fragte klagend, warum das mit dem Umzug nach Pullach nicht vorwärtsginge. Ich kann nicht abschätzen, ob es bei ihm nur die schwierigen Umstände waren, der noch nicht abgeschlossene Umbau des Häuschens oder ob doch der Wunsch siegte, noch eine Zeit lang ungestört mit Grete Gringmuth zu verbringen. Als dann Ende September 1949 endlich die Familie eintraf, schien der Krieg weit zurückzuliegen, das Leben pendelte sich ein. Mein Vater und Grete Gringmuth versuchten, geschäftlich Fuß zu fassen. Doch die Hürden waren zu hoch, die Hürden, die er sich zum Großteil mit seiner Aussage im Krupp-Prozess selbst gelegt hatte. Das hatte die beiden noch stärker zusammengeschweißt.

Sie waren Partner im Erfolg gewesen, nun waren sie Partner in der Erfolglosigkeit. Dabei war Grete eine resolute und durchsetzungsfähige Frau. Sie gehörte schon seit den letzten Kriegsjahren irgendwie zur Familie in Wünsdorf, und wenn sie später von unserem Vater sprach, nannte sie ihn ganz selbstverständlich auch »Vati«. Sie wohnte damals mit ihrer Mutter zunächst in einer kleinen Wohnung in der Stadt, bis sie ihr von den Amerikanern beschlagnahmtes Haus in Harlaching zurückbekamen. Ihre Mutter wurde von uns Oma genannt, die einzige außenstehende Person, zu der wir eigentlich Kontakt hatten. Sie hatte jedem von uns fünf Kindern bereits in der ersten Woche nach unserer Ankunft in Pullach einen kleinen Geldbeutel geschenkt mit jeweils zwei Mark darin – eine unerwartete und immense Starthilfe für das gerade zum ersten Mal nach dem Krieg wieder stattfindende Oktoberfest.

Grete tat alles, was meine Mutter nicht machte und nicht mochte. Sie ging mit meinem Vater in den Wald zum Pilzesammeln, sie fuhren mit einem oder mehreren Kindern am Sonntagvormittag zum Deininger Weiher zum Baden, sie standen um sechs Uhr morgens auf, um im Gebirge zu wandern. Sie liefen gemeinsam Ski zu einer Zeit, als ein Lift noch Seltenheitswert hatte. Unsere Mutter – durch mehrere Schilddrüsen- und Halsoperationen immer etwas kurzatmig – beschwor dagegen ihre Weisheit, dass es zu Hause doch am schönsten sei.

Mit acht Jahren wurde ich von meinem Vater und Grete zum ersten Mal für ein paar Tage auf eine Berghütte mitgenommen. Es war die Bayer Alm über Wildbad Kreuth im Tegernseer Tal, eine einfache kleine Sennerhütte, die von einem alten Paar bewirtschaftet wurde. Sie hüteten ein Dutzend Kühe und machten frische Butter und auch Käse. Wir wanderten auf den Schinder, zur Erzherzog-Johann-Klause oder – etwas weiter – zum Kaiserhaus. Als verweichlichtes Muttersöhnchen war ich hin- und hergerissen zwischen der Angst vor den Strapazen und Unbequemlichkeiten und dem Stolz, dass mein Vater mir die Touren zutraute. Ich hatte aber auch vor unserer Abfahrt den Konflikt zwischen Mutter und Vater gespürt, für den ich mich irgendwie verantwortlich fühlte. Meine Mutter schien Angst zu haben, dass ich ihr durch eine solche Bergwoche entfremdet werden könnte.

Vielleicht um das zu vermeiden, hatte sie mir eine unerwartete und ungewöhnliche Freude gemacht. Kurz vor der Abfahrt hatte sie mir ein Taschenmesser gekauft und geschenkt, mit dem Hinweis, dass man dies im Gebirge gut brauchen könne. Gleich auf der ersten Wanderung verlor ich es, was mir bei der ersten Rast auffiel. Ich suchte alles ab, aber es blieb verschwunden. Ich heulte, weil ich den Verlust als Verrat empfand. Mein Vater und Grete waren hilflos, bis Grete mir tröstend versicherte, dass sie mir ein neues kaufen werde. Da konnte ich mein Heulen erst recht nicht stoppen.

Als Kind hatte ich Grete immer gefürchtet. Sie war streng und konnte ungeduldig sein. Kinder schienen ihr fremd zu sein. Später habe ich allerdings viel von ihr gelernt. Als ich anfing, mich für Literatur zu interessieren, schenkte sie mir Bücher, die sie bei sich aussortierte. Häufig versah sie die Geschenke mit bissigen Kommentaren. Als sie mir eines Tages das »Irische Tagebuch« von Heinrich Böll schenkte, nannte sie mir einen Satz daraus, der ihre Verachtung für den Autor begründen sollte: »Ob es dem Regen Spaß macht, immer nur ins Nasse zu fallen« – das war in ihrer rationalen Welt ein Synonym für Unsinn. Ich fand den Satz poetisch und sehr nachdenkenswert. Als in der Wochenendbeilage der *Süddeutschen Zeitung* das neueste Buch von Uwe Johnson abgedruckt wurde, empörte sie sich über die Redaktion, die einen Autor drucke, der nicht einmal die deutsche Interpunktion beherrsche.

Das harsche Urteil hinderte sie aber nicht daran, mich einige Zeit später zu einer Dichterlesung mit Johnson einzuladen. Und danach bekannte sie selbstkritisch, nun – nachdem sie ihn gehört habe – habe sie verstanden, warum Johnson seine Satzzeichen so setze. Sie, die keinen Zweifel an ihrer Treue zum »Dritten Reich« aufkommen ließ, nahm mich mit zu einer Lesung mit Arthur Miller. Ich war gerade 18 und ungeheuer stolz, dem Dichter zuhören zu dürfen, der mich mit »Tod eines Handlungsreisenden«, dessen erste Verfilmung ich mit 15 eher aus Versehen gesehen hatte, so tief beeindruckt hatte. Es kam mir vor, als habe Miller dieses Stück über Lebenslügen prophetisch über mein Elternhaus geschrieben. Ich lernte eine Menge von Grete, vor allem auch, neugierig und wissbegierig zu bleiben.

So lebte mein Vater seine zwei Leben nebeneinander. Ich glaube, dass auch er vor der Strenge seiner Geliebten Angst hatte. Sie war in der besseren Position, weil sie der Wahrheit näher war als die Ehefrau. Doch die tat unbewusst vielleicht auch das Richtige. Sie ließ keinen Verdacht zu, weil der ihr Leben aus dem Gleichgewicht gebracht hätte. Sie lebte in ihrer Rolle als Mutter, vermittelte den Kindern ein schlechtes Gewissen wegen des traurigen Schicksals, das sie zu erleiden hatte, und fühlte sich in ihrem Selbstmitleid ganz wohl.

Doch auch wenn sie jeden Gedanken eines Untreue-Verhältnisses von sich wies, war sie es, die den Bruch mit der Rivalin so forcierte, dass auch das Verhältnis zwischen meinem Vater und Grete darunter zu leiden hatte. Auslöser war ein geplanter Besuch der »Landshuter Hochzeit« im Jahr 1962, einem Fest, das zur Erinnerung an die im Jahre 1475 in Landshut stattgefundene Heirat des bayerischen Herzogs Georg des Reichen mit Hedwig Jagiellonica, der Tochter des polnischen Königs Kasimir IV. Jagiello, alle vier Jahre stattfindet. Mein Vater, der nach dem Krieg nie wieder ein Auto besessen hatte, hatte mit Grete und einem befreundeten Ehepaar geplant, in deren Auto nach Landshut zu fahren. Da platzte meiner Mutter der Kragen. War doch die »Landshuter Hochzeit« – unerfindlich genug – ein Ereignis, bei dem sie selber gerne dabei gewesen wäre. Es gab einen solchen Familienkrach, dass mein Vater am Sonntagmorgen zum hupenden Auto auf der Straße ging und die Mitfahrt absagte. Den Grund, den er angab, hätte ich gerne gewusst, habe ihn aber nie erfahren. Von diesem Tag an durfte Grete unser Haus nicht mehr betreten, was meinen Vater aber nicht davon abhielt, weiterhin regelmäßig mit dem Wissen seiner Frau zur Kur nach Bad Wörishofen, wo sie lebte, zu fahren.

EHEFRAUEN

(MICHAEL SAUR)

Es gibt in meinem Leben eine Erfahrung, die mich plötzlich eine tiefe Furcht überkommen ließ, ich hätte doch mehr von meinem Großvater geerbt, als mir lieb ist. Nicht das Opportunistische, nicht das Anbiedernde war es, das ich plötzlich in mir entdeckte. Es war, wenn nicht der Hang zum Despotischen und Polternden, so doch zumindest das Potenzial. Dieser Verdacht schälte sich in meiner Ehe heraus.

Wir heirateten im Mai 2000. Meine erst 18-jährige kubanische Braut sprach kaum Deutsch damals. Ich war 14 Jahre älter und sprach radebrechend Spanisch. Obzwar wir gut aussahen, ich in einem eleganten anthrazitfarbenen Anzug mit der silbernen Krawatte, sie wie eine junge Rita Hayworth in einem weißen Kleid mit dunkelroten Rosenblättern darauf, gaben wir ein seltsames Paar ab, sie mit ihren 1,55 Meter, ich mit meinen 1,80. Als die Braut auf die entscheidende Frage mit einem spanischen »Sí« antwortete, entstand Gelächter im Schäftlarner Rathauszimmer mit dem Edmund-Stoiber-Foto. Es folgte ein Glas Champagner, dann brach die Gesellschaft zu gebratener Forelle an den Starnberger See auf.

Im Garten des Ebenhausener Hauses meiner Eltern war für die abendliche Hochzeitsfeier ein weiß-blaues Zelt errichtet worden, unter dem sich die Frühsommerwärme gestaut hatte. Die Gäste steuerten Leberkäse, Salate und kalte Würste bei. Die Sitzbänke füllten sich mit den Geladenen, die meisten darunter meine Verwandten. Die Familie meiner Frau war nicht dabei. Es fehlten dazu Geld und die Reiseerlaubnis aus Kuba. Zur Salsa-Musik wurde getanzt, und ein unfreiwilliges Spiel entstand: Die Älteren drehten die Lautstärke runter, die Jüngeren wieder hinauf. Später, beim Essen, erzählte die Braut unter Zuhilfenahme einer zweifelsfreien Drehbewegung mit der Hand einigen der Gäste davon, wie man einem Huhn den Hals umdreht. Dabei zog sie den Kopf nach rechts und lachte, und ihr Haar flog wie bei einer Zigeunerin im Fahrtwind.

Unsere Hochzeitsreise am nächsten Tag führte nach Elba, dann weiter bis nach Sizilien. In Taormina lehrte sie mich auf dem sonnigen Dach einer Pension Gymnastikübungen, während ich ihr auf einem schattigen Vorplatz deutsche Grammatik beibrachte. Wir schwammen im Mittelmeer und aßen zu Mittag Weißbrot, gegrillte Sardinen und Tomaten, die ihr so gut schmeckten wie die kubanischen. In Palermo verfuhren wir uns in einem gemieteten Alfa Romeo in den Gassen der Innenstadt, und ihr Italienisch, das mir so gekonnt erschien und in Wirklichkeit nur ein auf charmante Art italienisch gefärbtes Spanisch war, half uns wieder hinaus. In Enna befiel sie akutes Heimweh, und wir mussten mitten in der Nacht vom Hotelapparat nach Kuba telefonieren. In Syrakus bestand sie darauf, ein Moped zu steuern, und setzte den Roller und sich in der ersten Kurve schnurstracks in den Graben.

Wir hatten uns kennengelernt, als ich für ein halbes Jahr in Kuba lebte, um dort an einem Buch zu arbeiten. Sie war spielerisch und waghalsig bis hin zur Furchtlosigkeit, und das hat mir gleich gefallen. Wir kannten uns ein Jahr, als sie in Deutschland eintraf. Ihr Drang und ihre unermüdliche Neugierde ließen nach einer Woche Ebenhausen nur noch die hartgesottensten unter den Freunden und Freundinnen meiner Eltern an der Ehe zweifeln. Sie imitierte auf charmante Art und mit Geschick Gang und Gestik der Menschen, wenn sie nicht hinsahen, fand Vergleiche aus der Tierwelt, die sie vorführte (meinen Vater machte sie zur Schildkröte, mich zum Adler – der krummen Nase wegen). Sie ergriff die Hand meines Vaters, um ihm die Zukunft zu lesen, die er mit Ausnahme dessen, dass er ein süßes Alterchen sei und sie ihm Enkelkinder schenken wolle, nicht verstand und damit das Wichtige eben sehr wohl begriff. Sie wusste, wie man aus Nichts das Nötigste formte, womit sie auch den Nachkriegsnerv meines

Vaters traf. Als sie sich Toilettenrollen als Lockenwickler ins Haar
band, Apfelkerne aus dem Gehäuse pulte, damit die Großmutter zu Hause auf Kuba Bodensee-Apfelbäume pflanzen konnte,
oder einen mexikanischen U-Bahn-Musiker anbrachte, um ihm
ein Huhn zu kochen und für eine Nacht ein Zuhause zu bieten,
waren auch die Letzten der Zweifler von ihr eingenommen. Ich
erinnere mich, wie sie mit meiner Mutter zum Kaffeetrinken in
die Innenstadt fuhr und wie mich meine Mutter später zur Seite
nahm und davon sprach, wie bezaubert sie von ihr war.

Sie war niemals langweilig und ertrug auch keine Langeweile.
Es gab nichts, das sie nicht zu können glaubte. Wenn sie auf
Leitern kraxelte und eine Zimmerecke ausstrich, im Garten einem entflohenen Hasen auf allen vieren hinterhersprang oder im
Bikini auf dem Boden der Duschkabine hockte, um sich die Fußnägel zu schneiden, wirkte sie wie ein gutherziger Kobold, der
sich wie aus Versehen in dieses deutsche Mittelklassebild in der
Nähe des Starnberger Sees verirrt hatte, dem diese Verirrung gut
gefiel, dem Wiener Schnitzel und ein Radler genauso schmeckten wie das kubanische Hähnchen mit geschmorten Bananen.
Deutschland war selten so unbelastet gesehen und angenommen
worden wie von ihr, dachte ich, und es lag auch etwas Unschul-
diges darin, wenn sie mich, wenn ich sie manchmal zu väter-
lich-streng anging, im Spaß (einem Spaß, den ein Deutscher sich
kaum erlauben würde) einen »Nazi« nannte, was bei allen für
große Augen sorgte.

Sie war jemand, der die Welt als ein Ganzes nahm, der nicht
gelernt hatte zu diskriminieren und dem partout nicht einleuchten
mochte, warum manche Menschen manches können und dürfen
sollen und andere nicht. Sie war belustigt, dass die Bedienung in
der bayerischen Dorfwirtschaft darauf bestand, sie müsse doch
mit diesen dunklen Augen aus Peking stammen anstatt aus Kuba.
Sie war jemand, den das G'schau der Leute in der Münchner U-
oder S-Bahn anregte und nicht störte. Pfiff ihr ein fremder Mann
hinterher, war das nichts weiter als ein Kompliment. Sie wusste
nicht, was es hieß, sich zu schämen, was nicht das Gleiche wie
Schamlosigkeit ist, und auch darin unterschied sie sich so völlig

von den Deutschen. Mir wurde auch durch sie klar, wie schwer die Vergangenheit noch auf Deutschland und seinen Bewohnern lastete.

Mein Vater hatte während der Feier eine Rede gehalten. Im Dämmerlicht des Zeltes hatte er sich erhoben und zwei Gläser aneinandergestoßen. Er hatte die Braut im Kreis der Familie begrüßt, von ihrem frischen Tatendrang und ihrer Intelligenz gesprochen. Er hatte aber auch zu bedenken gegeben, dass dies nur ein Besuch sein konnte, der länger oder kürzer währt, aber vielleicht eben zu Ende geht. Als er gerade noch hinterherschmiss, dass das allerdings nicht zu den Besonderheiten dieser Ehe zähle, sondern dass dieses Schicksal nun mal alle Ehen teilten, war der Schaden schon angerichtet.

Da war ein verhaltenes Ah und Oh durch die Zuhörer gegangen, sodass auch die Braut nach einer Erklärung fragte. Da hatte mein Vater das Thema bereits gewechselt, das Publikum war wieder ruhig und lauschte gespannt. Als Nächstes nämlich erzählte er, dass die Braut in Kuba im Gefängnis gesessen hatte. Denjenigen unter den Gästen, die davon wussten, wurde warm ums Herz, denn sie wussten ebenfalls vom guten Ausgang der erst wenige Monate zurückliegenden Haft. Denjenigen, die nichts davon wussten, stand kurzzeitig das Herz eher still.

Dass sie trotz ihrer Jugend drei Wochen lang wegen liederlichen Verhaltens in einem kubanischen Frauengefängnis eingesperrt gewesen war, weil sie sich mit Ausländern eingelassen hatte, haftete ihr im Isartal plötzlich an wie ein Orden. Ein modriger Kerker, denn als solchen malte man sich das Gefängnis schließlich aus, verlieh dieser seltsamen Ehe den letzten Segen, war untrügliches Zeichen für die Richtigkeit dieser Vereinigung. Und wenn vorher alle das Kind in der Braut gesehen und sich darüber gewundert hatten, war ihr Kindsein und die Rettung des Kindes jetzt genau der Grund, warum diese Ehe Zustimmung finden konnte.

Mein Vater besaß das gute Recht, diese Gefängnisepisode in seine Hochzeitsrede einzuflechten, denn er hatte sich selbst quasi unfreiwillig eingekauft ins Geschehen. Ich hatte ihn eines Tages angerufen, um ihm zu sagen, dass meine kubanische Freundin in ernste Schwierigkeiten geraten war, Schwierigkeiten von der Art, die in Bananenrepubliken mit Devisen zu beheben waren: Ich benötigte 6000 Dollar Rechtsanwalts- und Bestechungsgeld – und zwar rasch. Mein Vater verkaufte am selben Tag sein bescheidenes Telekom-Aktienpaket und übergab den Ertrag am nächsten Morgen am Münchner Hauptbahnhof einer Frau, die er noch nie gesehen hatte. Das Geld erreichte Havanna und fand seinen Weg in die richtigen Taschen. »Das beste Investment meines Lebens«, sagte mein Vater später, der von Aktien weder etwas verstand noch verstehen wollte. Er hatte seine Telekom-Aktien zum Höchstwert verkauft. Als die Braut frei war, stürzte die Aktie in den Keller.

Als wir von unserer Reise aus Sizilien zurückkehrten, lag unter den Hochzeitsgeschenken auch eine handgefertigte rote Pappendeckelmappe, deren Seiten mit Fotos beklebt waren. Die Mappe stammte von Tante Erika, der Lieblingstochter meines Großvaters. Wie eine Ziehharmonika falteten sich die dicken Blätter auseinander und offenbarten den Familienstammbaum mit Hilfe von alten Hochzeitsanzeigen und Schwarzweißfotos. Der buchstäbliche rote Faden, der sich in Wirklichkeit als dunkelrotes Garn durch die Mappe zog, wies darauf hin, dass Otilia, der Name meiner Urgroßmutter, zu Odelia, dem Namen der Braut, führte.

Die Ehe schien nun endgültig einen Sinn zu ergeben, fast als ob das Geschehene von einer mächtigen Hand gelenkt worden war. Nur dass die Braut in Wirklichkeit gar nicht Odelia hieß, wie sie sich jedem vorstellte. Es fiel niemandem auf, dass ich sie nicht beim Namen rief, sondern ein Repertoire an Kosenamen eingerichtet hatte. Nicht einmal ich wusste genau, warum sie sich den falschen Namen zugelegt hatte. Nachdem ich ihn zu Beginn selbst verwendet hatte, war es mir später immer seltsamer erschienen, ihn zu benutzen.

An einem Abend nach den Flitterwochen fand ich O. (ihr richtiger Name begann ebenfalls mit diesem Buchstaben) an einem der Wirtshaustische im Untergeschoss des Ebenhausener

Hauses neben einem fremden, etwa 50-jährigen Herrn sitzend. Der Mann, er stammte aus Thüringen und war vor kurzem an den Starnberger See umgesiedelt, hatte im lokalen Isarblatt eine Suchanzeige für eine Ehefrau aufgegeben. O. hatte die Anzeige gesehen und ihn einbestellt. Nicht für sich selber, sie war ja schon verheiratet, sondern für ihre Mutter, die sie aus Kuba herholen wollte. Ich dachte einen Augenblick lang: Vielleicht ist es wirklich so einfach. Vielleicht sollte ich mich zurückhalten. Sie lassen. Doch dann entschied ich: Nein. Es war ein Leichtes, den Mann aus Thüringen von seinem Plan abzubringen, denn ihm war nicht klar gewesen, mit was für Verantwortlichkeiten so eine Übereinkunft zustande kommt. Eine ungefähre Preisliste sorgte für seinen schleunigen Aufbruch. O. versprach mir, solche Aktionen in Zukunft mit mir abzusprechen, und lachte den Vorfall ansonsten weg.

Bald darauf ging unsere Zeit in Deutschland zu Ende. Ich war damals noch kein US-Resident, obwohl ich schon seit sechs Jahren in New York lebte, weswegen wir in Deutschland heiraten und die Papiere für ihre Einreise in die Vereinigten Staaten vorbereiten mussten. Als wir erstmals zusammen auf US-amerikanischem Boden waren und im Taxi vom Flughafen nach Manhattan saßen, deutete ich auf die Umrisse der Wolkenkratzer im Dunst des einfallenden Sommerabends. Für mich war es ein Heimkommen. Doch sie sah kaum hin. Darüber war ich enttäuscht. Sie war ebenfalls enttäuscht. Darüber, dass das, was in der kleinen Manhattaner Wohnung zunächst wie ein Balkon aussah, die rostige Feuertreppe war, die zu den nachts von den Stadtratten besuchten Mülltonnen in der Nebengasse führte.

Nach wenigen Tagen überwand O. eine anfängliche Leere, während der ich sie an die Decke starren sah. Als sie in ihrem Inneren endlich den richtigen Schalter fand und ihn umknipste, stürzte sie sich wie gewohnt ins Neue. Sie fand Arbeit als Verkäuferin in einem Bekleidungsgeschäft am Broadway und brachte den Kundinnen, die eine Hose wollten, eine Bluse, weil sie kaum Englisch verstand und lieber handelte als nachfragte. Niemand schien ihr ihren Übereifer übelzunehmen, nicht einmal ihr Boss.

Sie hatte Pläne, wollte am College studieren, und sie begann, intensiven Englisch-Unterricht zu nehmen. Sie organisierte in der kleinen Wohnung in Manhattan Tanzunterricht für chinesische Mitschüler. Am 11. September 2001 machte sie Bilder von den einstürzenden Türmen des World Trade Centers, die nur zwei Kilometer von unserer Wohnung entfernt standen, und verkaufte die Fotos an Mitschüler für zehn Dollar pro Stück.

Eines Abends kam ihr Englischlehrer mit seiner japanischen Frau zum Abendessen. Er erzählte, wie O. sich den zurückhaltenden chinesischen Mitstudenten öffnete, von denen die meisten aus der subtropischen Bauernprovinz Fujan stammten, und wie ihre scheuen Kommilitoninnen neuerdings ihre mitgebrachten Mittagessenspakete mit O. teilten. Er erzählte, dass O.s Lieblingsgeschichte, nämlich die, dass sie wusste, wie man einem Huhn das Genick drehte, bis es knackte, eine Brücke geschlagen hatte zwischen den Asiaten und ihr. »Sie kommen alle vom Lande und schämen sich«, sagte er. »Nur O. schämt sich nicht, und das beeindruckt die anderen.«

Ja, sie kannte keine Scham. Es entstand ein normaler Trott. Ich beherrschte mein organisiertes Leben wie ein Techniker, und am Anfang fügte O. sich wie ein neues Zahnrädchen in dieses Leben ein. Sie kopierte mich in meinen Gewohnheiten, kaufte sich in der Früh spanischsprachige Zeitungen, die sie zum Morgenkaffee las, imitierte meine Rede, meine Gesten, bestellte in Restaurants, was ich bestellte. Sie hatte aber auch zu malen begonnen, große naive Bilder, deren Wirkung in der Farbensensibilität und ihrem unbekümmerten Mut zu ungewohnten Proportionen lag. Sie hatte zu schreiben begonnen, direkte, klare, einfache Geschichten aus ihrer Kindheit. Mir gefiel ihr Einfallsreichtum. Ich zeigte O. dafür die Hintertreppenrestaurants der Stadt, die chinesischen Massagesalons und die zwielichtigen Bars, die ich mochte. Wir gingen ins Kino, verbrachten Sonntage am Strand, über den die Flugzeuge des JFK-Flughafens donnerten. Ich fühlte mich bald sicher genug, sie allein zu lassen, verreiste immer wieder für ein paar Tage oder eine Woche, um Reportagen für Magazine zu schreiben. Abends telefonierten wir (O. hatte ihr erstes Handy, das sie wie einen Augapfel hütete), sie berichtete dann von ihrem Tagesablauf, wusste, was ich lustig finden würde und was mich interessierte, und behielt deswegen auch manches für sich. Die Zeit verrann, ein Jahr, zwei Jahre.

Dann, eines Tages, hatte O. sich eine neue Geste von mir angeeignet. Breitbeinig stellte sie sich vor mir auf. Die Hände an die Hüften gelegt, die Ellbogen nach außen, das Ganze in einer leichten Bücke nach vorn. Sie machte mich auf bedrohliche Art nach. Eine Weile lachte ich meinen Schrecken darüber weg, dass sie einen Tyrannen nachahmte, aber ich wusste, diese Geste vereinte mein Besserwissen, meinen Vorsprung in allem, war aber vielleicht auch mehr, war eine angeborene Ungeduld. Ich hatte mein Feingefühl verloren und eine tyrannische Unsensibilität entwickelt. Eine steigende Ungeduld, eine nagende Unzufriedenheit, gepaart mit Langeweile, hatten sich in mir breitgemacht, die mir immer öfter den Geduldsfaden reißen ließen.

Eine Zeit lang versuchte ich noch, an den alten, bewährten Gewohnheiten festzuhalten. Es hatte sich von früh an eine Art Kindersprache eingeschlichen zwischen uns. Für mich war es ein Leichtes, die Sprache beizubehalten, denn ich bestand ja aus diesen zwei Existenzen, der von draußen, in der ich eloquent und erwachsen war, und der von drinnen, die ich mit O. teilte. Für sie war es schwieriger. Sie war eins. Sie lehnte diese alte Sprache bald ab. Es war, als ob das Zahnrädchen aufgehört hatte, sich zu drehen.

Ich merkte, wie sie plötzlich alles zu stören anfing. Sie wollte gewisse Redensarten von mir nicht mehr nachplappern. Sie wollte nicht mehr beschützt werden, wollte nicht mit Leichtigkeit genommen werden. Ich empfand sie als rebellisch, sie mich als starr. Und weil sie immer wie einer dieser phantastischen Bälle gewesen war, die, wenn man sie auf den Boden wirft, umso höher zurückspringen, hatte sie in dem Prozess mit diesem verspäteten Großwerden ihren Sinn für Proportionen eingebüßt. Sie kaufte plötzlich sündhaft teure Kleidungsstücke. Wenn sie kochte, waren die Portionen entweder viel zu groß oder zu wenig. Sie hatte die Angewohnheit, laut zu sprechen, auch wenn man leise mit ihr sprach. Wenn sie für eine Reise packte, und war es nur für ein Wochenende, hatte der Koffer am Ende massiv Übergewicht. Sie begann Affären, kurz und heftig. Sie war ein Fähnchen, das im Wind umherwehte, unmöglich, eine Richtung beizubehalten. Sie verlor ihr Zartgefühl für andere, wenn es darum ging, ihr Recht zu wahren, das wirkliche oder geglaubte.

Kurz noch gab es ein Aufbäumen ihrerseits gegen diesen Sog des Erwachsenwerdens, der sie ergriffen hatte. Als sie mir ein letztes Geburtstagsbild malte, drei auf drei Meter groß, war es noch einmal, als wollte sie ihre eigene Kindheit auf die Tapete malen. Es war ein Unterwasserbild, in der Schildkröten und Fische in stiller Eintracht sich im Meeresstrom treiben ließen. Am Ende nützte es nichts. Sie hörte mit dem Malen auf. Eine Rückkehr ins Alte war unmöglich. Sie war wie die Meerjungfrau Undine, die nun endgültig dem Ozean entstiegen war.

Es war die Zeit, als auf der anderen Seite der Welt der Irakkrieg begann. Nach den voreilig verkündeten Erfolgen der Amerikaner zeichnete sich bald ab, dass dieser Krieg lange, blutig und schwierig werden würde. Immer häufiger ertappte ich mich dabei, wie mich das Fremde, das die amerikanischen Truppen dort erwartete, an meine eigene Situation erinnerte. Wie sehr mich die naive, halbirre Annahme, irgendetwas von jemand anderem, dessen Leben so vollständig unterschiedlich aussah wie das eigene, wissen zu können, an mich und meine mittlerweile aus der gemeinsamen Wohnung ausgezogenen Frau erinnerte. Und ein Satz von Joseph Conrad fiel mir ein: »Verwende nicht deine alten Augen, um etwas zu begreifen, das woanders ist, sonst wirst du scheitern.«

O. ging mittlerweile aufs College, sprach fließend Englisch, hatte einen eigenen Freundeskreis, nahm Theaterunterricht und inszenierte bald ihr erstes Stück. Nie mehr würde sie von nun an auf die Idee kommen, sich jemandem mit dem Namen Odelia vorzustellen. Sie schämte sich sogar dafür, ihn verwendet zu haben. Sie hatte zu ihrem richtigen Namen gefunden. Fast als hätte jemand dem Zufall nachgeholfen, stieß sie auf ihr erstes Theaterstück. Wochenlang übte sie mit den Schauspielern. Sie fragte mich, ob ich zur Generalprobe kommen wolle. Als ich in den leeren Publikumsreihen saß und ihrer Inszenierung von Henrik Ibsens »Nora und das Puppenhaus« zusah, wurde mir bewusst, dass O. unsere Geschichte auf die Bühne gebracht hatte. Eine junge Frau heiratet einen bewunderten, älteren Mann und stellt fest, dass er nicht das edle Wesen ist, das er zu sein vorgab. Er nennt die Frau mit Kosenamen »Feldlerche« und »Eichhörnchen«, sie hat jedoch nicht einmal einen Schlüssel zum Briefkasten, denn er ist ein Despot. Am Ende muss sie sich von ihm befreien, um zu erfahren, was wirklich ist und was nicht. Der Preis, den sie dafür bezahlt, ist jedoch fast zu hoch, um ihn auf sich nehmen zu können.

JUDEN

(KARL-OTTO SAUR)

Am 25. Januar 2007 lese ich im Lokalteil der *Süddeutschen Zeitung* den Nachruf auf einen ehemaligen Kollegen. Johann Freudenreich ist im Alter von 83 Jahren an den Folgen eines Magendurchbruchs gestorben. Geschrieben hat den Nachruf der langjährige Leiter der Münchner Lokalredaktion, Franz Freisleder, der fünf Jahre jünger ist als Freudenreich.

Ich bin beiden Journalisten das erste Mal im Jahr 1958 begegnet, als ich 14 Jahre alt war. Ich war damals Mitglied einer Pullacher Pfadfindergruppe, die sich an einem regionalen Wettbewerb beteiligte, Unterschriften von besonderen Persönlichkeiten zu sammeln. Je nach Bedeutung der Unterschriftenleistenden gab es Punkte. An der Spitze stand der Kardinal mit 30 Punkten. Den konnte zum Schluss allerdings keiner der Teilnehmer vorweisen. Für einen Minister gab es 20 Punkte, für einen Bürgermeister, einen Präsidenten oder Direktor (egal von welcher Institution) gab es zehn Punkte. Mit drei Punkten wurden – ganz unten auf der Liste – Ärzte, Lehrer, Polizisten, aber auch Journalisten geführt.

Ich war der Meinung, dass es bei der *Süddeutschen Zeitung* genug Journalisten geben müsste, die ich um Unterschriften bitten konnte, und fuhr darum ins Pressehaus in der Sendlinger Straße. Ich fing beim Chefredakteur an, der aber außer Haus war. Die Sekretärin schickte mich in die Lokalredaktion, diese sei für so was zuständig. Aber auch dort traf ich nur zwei Mitarbeiter an. Als ich ihnen mein Anliegen erklärt hatte, unterschrieben sie: Freisleder und Freudenreich. In den folgenden Jahren schaute ich immer nach, ob ihre Namen unter irgendwelchen Artikeln standen. Während Freudenreich seine Leser und auch mich regelmäßig über die Kriminalfälle Münchens aufklärte, fand ich den Namen Freisleder immer seltener. Ich hielt ihn für fauler, weil ich nicht wusste, dass er inzwischen in die Ressortleitung aufgestiegen war und mehr mit der Blattplanung zu tun hatte.

Als ich dann auf der Journalistenschule war, sollten mir die beiden als Dozenten wiederbegegnen. Nach meinem Eintritt 1972 in die Lokalredaktion der *Süddeutschen* wurde Franz Freisleder mein Chef, und mit Johann Freudenreich arbeitete ich für ein halbes Jahr im selben Raum. Er war in fast allem das Gegenteil von mir: Er war ein kleiner Herr, immer korrekt angezogen (er berichtete nebenbei auch über Herrenmode), war pflichtbewusst bis in die Fingerspitzen, diktierte seine Polizeiberichte mit lauter Stimme und nahm von den Kollegen nur immer leicht spöttisch Notiz. Er konnte fast alle Gedichte von Heinrich Heine und vielen anderen auswendig. Wenn er sonntags als Ressortleiter eingeteilt wurde und ich aushilfsweise die Funktion des Polizeireporters übernehmen sollte, bekam er immer einen Schrecken. Meinen Einsatz für den Rechtsstaat fand er mangelhaft. Er war nicht nur konservativ, viele seiner Ansichten empfand ich als reaktionär. Und er war zutiefst ängstlich, ja manchmal feige.

Bei einem Sonntagsdienst im Jahr 1972 übersah er, dass eine Mitarbeiterin absoluten Unsinn geschrieben hatte. Es gab damals ein »Volksbegehren Rundfunkfreiheit« in Bayern, das gegen die Bestrebungen der CSU gerichtet war, den staatlichen Einfluss auf den Bayerischen Rundfunk auszudehnen. Die Zeitung hatte dieses Volksbegehren massiv unterstützt. Die Redakteurin schrieb nun in ihrem Bericht, dass man an den letzten zwei Tagen seine Stimme auch telefonisch abgeben könne. Freudenreich fiel der Fehler nicht auf, und so brach am nächsten Tag ein Sturm über die Zeitung herein. Leser, die versucht hatten, telefonisch abzustimmen, beklagten sich bitter, Juristen zweifelten am Verstand der Redakteure, und die CSU sah sofort ein Komplott. Freudenreich, der nun mal verantwortlich war, rannte zur Chefredaktion und beklagte sich heftig, weil er mit einer Redakteurin zusammenarbeiten müsse, die ein Alkoholproblem habe. Ich war entsetzt, wie man die eigene Verantwortung so abschieben konnte. Zwar hatte die Mitarbeiterin zweifellos Schwierigkeiten mit dem Alkohol, aber sie war auch eine hochverdiente Kollegin im Haus. Sie hatte in ganz jungen Jahren schon Kontakte zu Widerstandsgruppen im »Dritten Reich« gehabt, hatte sich später in ihren Artikeln und im wahren Leben sehr stark sozial engagiert, und ausgerechnet sie wurde von einem Kollegen an den Pranger gestellt. Ich war tief enttäuscht über Johann Freudenreich.

Dann wurden wir Freunde.

Auch als ich längst aus der Lokalredaktion ausgeschieden war, trafen wir uns regelmäßig. Er war immer etwas aufgeregt und hatte immer noch Angst, einen Fehler zu machen. Freudenreich war Jude, lange Zeit der einzige in der Redaktion. Seine Lebensgeschichte spiegelte geradezu fatal die deutsche Geschichte wider. 1934 – da war er elf Jahre alt – flüchtete seine Mutter mit ihm in weiser Voraussicht von München nach Palästina. Vater und Großvater waren geachtete deutsch-national gesinnte Rechtsanwälte und glaubten, dass ihre Vaterlandsliebe und ihre Teilnahme als Soldaten im Ersten Weltkrieg sie schützen würden. Die Großeltern begingen 1938 Selbstmord, der Vater flüchtete nach Palästina, wo er kurz darauf starb. Johanns Jugendtraum, Jura zu studieren wie der Vater und Großvater, scheiterte an den finanziellen Verhältnissen. Da wollte er wenigstens zur Polizei, um einen Beitrag für Recht und Ordnung zu leisten. Dort wurde er jedoch wegen seiner zu geringen Körpergröße abgelehnt, so blieb nur noch der Zoll, bei dem er einige Jahre Dienst tat. Nach Kriegsende wollte er nach Mitteleuropa zurück und ging nach Paris, um Kunst zu studieren. Doch er hatte kaum genug zum Leben. So nahm er 1950 das Angebot Werner Friedmanns, Chefredakteur der *Süddeutschen Zeitung* und ein früherer Freund der Familie, an, als Gerichtszeichner für die Zeitung in München zu arbeiten. Nach kurzer Zeit wurde ihm die Stelle des Kriminalreporters angeboten, und er füllte sie mehr als vierzig Jahre aus. Jeder

Leser kannte seinen Namen, was seiner Eitelkeit schmeichelte. Er wäre tieftraurig gewesen, wenn er erfahren hätte, dass zu seiner Trauerfeier nur zwanzig Gäste erschienen. Die Zeitung hatte einfach vergessen, auf den Termin der Trauerfeier hinzuweisen.

Wir stritten uns zu Beginn unserer Bekanntschaft und Freundschaft oft über seinen Glauben an den Rechtsstaat und seine Überzeugung an die Ordnungsfunktion der Polizei. Ich sympathisierte damals mit den Anhängern der 68er-Bewegung, und es dauerte eine ganze Zeit, bis ich merkte, dass hinter seinem Verhalten die tiefe Angst stand, noch einmal ein faschistisches System erleben zu müssen. Um gleichermaßen gegen Links und Rechts zu kämpfen, bestand er auf seiner konservativen Position, dass es einen starken Staat mit seinen Organen Polizei und Justiz brauche.

Ich vermute, dass ich gegenüber jedem anderen mit solchen Ansichten auf Distanz gegangen wäre. Aber Johann Freudenreich war eben Jude. Er war der erste Jude, den ich mit diesem Wissen kennenlernte. Also konnte ich ja nicht einfach gegen ihn sein, fand ich. Irgendwie mussten sie doch alle gut sein, die solche Verfolgungen erlitten hatten, bei dem Unrecht, wie mit ihnen umgegangen worden war.

Ich kannte damals das Wort Philosemit nicht, aber ich war einer aus tiefstem Herzen. Und ausgerechnet Johann Freudenreich belehrte mich eines Besseren. Es gab zu der Zeit ein Mitglied der Münchner Israelitischen Kultusgemeinde, das ich manchmal im Radio gehört hatte. Was er sagte, gefiel mir im Allgemeinen. In einem Gespräch mit Freudenreich erwähnte ich einmal lobend seinen Namen. Es war, als wenn man ihn mit einer Nadel gepikst hätte. Er ließ kein gutes Haar an ihm, bezeichnete ihn als unmoralisch, raffgierig und eitel. Ich war sehr erschrocken, wie hier ein Verfolgter über einen anderen Verfolgten sprach, und suchte mir ein paar Erklärungen für den in meinen Augen ungerechten und ungerechtfertigten Ausbruch. Ein paar Jahre später hatte ich mit dem so Gescholtenen persönlich zu tun. Ich war fest gewillt, ihm Gerechtigkeit widerfahren zu lassen, bis ich merkte, dass Johann Freudenreich offensichtlich doch nicht so ganz falsch gelegen hatte.

Warum sollte es auch keine Juden mit schlechtem Charakter geben? Ich kannte einfach zu wenige, sodass ich mir mein Bild selber aufbauen musste. Von meiner Mutter hatte ich als Kind zum ersten Mal von der »jüdischen Weltverschwörung« gehört. Schon bald war ich zu der Überzeugung gekommen, dass sie diese »Verschwörung« nicht selbst entdeckt haben konnte, sondern dass sie die Kenntnis von unserem Vater übernommen hatte. Aber nach einigem Nachdenken empfand ich die Theorie schon damals als intellektuelle Beleidigung. Wenn die Juden tatsächlich die Weltherrschaft hätten übernehmen wollen, dann müssten sie ziemlich dumm sein, dass sie es immer noch nicht geschafft hatten. Doch einen Beweis für ihre Dummheit fand ich nie, und Dummheit wurde ihnen auch von meinen Eltern nicht unterstellt.

Das wäre bei mir auch schlecht angekommen. Schon früh faszinierten mich die Autoren Kurt Tucholsky und Carl von Ossietzky, die so klar denken konnten und so leicht und spielerisch und empfindlich mit der deutschen Sprache umgingen. Generell war ich bald von der Exilliteratur angezogen. Unabhängig von dem grässlichen Leid, das die Betroffenen erleiden mussten, schien mir dort ein wunderbares Gegenbild zum geistig so mangelhaften Leben im »Dritten Reich«, aber auch ein Kontrast zum täglich erlebten Muff der 1950er und 1960er Jahre vermittelt zu werden.

Als ich später dem einen oder anderen jüdischen Autor begegnete, war ich glücklich. Ich konnte so persönlich nacherleben, was die Nazis so dumm und leichtsinnig aus der deutschen Geisteswelt verbannt hatten. Zwei Wiener Emigranten haben mich dabei besonders fasziniert: Ich lernte Georg Stefan Troller durch seine in den 1970ern populären Beiträge für das »Pariser Journal« über den Bildschirm kennen. Die sonore Stimme, die Haltung eines weltmännischen Journalisten, die ich mir von Jugend an für mich erträumt hatte, imponierten mir sehr. Troller wuchs mir auch durch die herausragende

Verfilmung seines Flucht- und Emigrantenschicksals durch den Regisseur Axel Corti ans Herz. »Wohin und zurück« hatte der diese Trilogie genannt, die 1938 mit der Judenverfolgung in Wien begann und 1946 wiederum in Wien mit den Problemen der zurückgekehrten Emigranten endete, die hoffnungslos den Opportunisten unterlegen waren und die ersten Opfer des beginnenden Kalten Krieges wurden. Es war die Lebensgeschichte Trollers gewesen, und er hatte auch an den Drehbüchern mitgeschrieben.

Ein Wiener Literat war auch Fritz Thorn, der ebenfalls 1938 emigrierte, zunächst nach Italien ging, sich dort den Partisanen anschloss und später nach England übersiedelte, wo er bis zu seinem Tod 1998 lebte. Er war lange Jahre Kulturkorrespondent für die *Süddeutsche Zeitung* in London, und so lernte ich ihn über einen Kollegen kennen. Er verkörperte all das, was ich bei meinen Eltern vermisst hatte: Er war ein großzügiger Kulturbesessener, dessen wahre Heimat das Theater und die Buchhandlungen waren. Fritz Thorn war ein besonderer Vertreter des Wiener Charmes, Geists und der Ironie und füllte jeden Raum, den er betrat, mit diesen Eigenschaften. Er, der doch von der Wiener Geisteswelt der 1920er und 1930er Jahre erfüllt war, hatte sich geschworen, nie wieder einen Fuß auf österreichischen Boden zu setzen. Doch irgendwann überzeugte ihn seine alte Freundin, die Schriftstellerin Hilde Spiel, doch noch einmal nach Wien zu kommen. Und der damalige Wiener Korrespondent der *Süddeutschen Zeitung*, Michael Frank, hatte die Idee, ihn bei einem Spaziergang durch Wien zu begleiten und seine Eindrücke und Erinnerungen in einem Artikel zusammenzufassen. Für diesen Artikel bekam Frank im Rahmen des Klagenfurter Journalistenwettbewerbs den Joseph-Roth-Preis, eine Anerkennung, die schon durch den Namen auf all die jüdischen Schicksale verweist.

Diese Fügung, die auch mich zumindest an den Rand dieser Szene stellte, war für mich ein kaum zu fassendes Glück. Wesentlich verdankte ich es Ursula von Kardorff, einer ebenso naiven wie polyglotten Kollegin bei der *Süddeutschen*. Durch sie hatte ich auch Troller persönlich kennengelernt, wie manch anderen aus der von mir so bewunderten Welt der Intellektuellen. Sie führte in ihrem kleinen Schwabinger Ein-Zimmer-Appartement einen Salon, der bis auf die Größe all dem sehr gleichkam, was ich von großbürgerlichen Salons gelesen und gehört hatte. Gerade durch Ursula von Kardorff, die die Erlebnisse in ihrer preußischen Adelsfamilie während des »Dritten Reiches« in ihrem weit verbreiteten »Berliner Tagebuch« veröffentlicht hatte, habe ich viel gelernt und erlebt. Sie war eine höchst unkonventionelle Frau, die gleichzeitig auf Etikette großen Wert legte und bis in ihr spätes Alter eine Neugier hatte, die mir imponierte. Und sie hatte das, was man Haltung nennt. Sie war bei der *Süddeutschen Zeitung* nie fest angestellt, sondern wurde – zu einem miserablen Honorar – als freie Mitarbeiterin geführt. So arbeitete sie weit über ihr siebzigstes Lebensjahr hinaus.

Eines Tages bat sie zwei Kolleginnen und mich zu sich nach Hause, um uns dort zu eröffnen, dass sie nur noch drei Monate zu leben habe. Jedem von uns gab sie ein persönliches Abschiedsgeschenk. Bei mir waren es handschriftliche kleine Notizen der Angeklagten aus dem Nürnberger Prozess. Sie war als junge Hilfsredakteurin dort gewesen und hatte beobachtet, dass Anwälte und Angeklagte immer wieder kleine Zettelchen austauschten. Meist waren es nur lapidare Wünsche nach Papier oder Ähnlichem, aber sie ließ sich einige davon schenken. Möglicherweise empfanden Angeklagte und ihre Anwälte es als Zeichen von Bewunderung, dass sich eine junge, gutaussehende Nachwuchsjournalistin dafür interessierte. Auf jeden Fall hob sie die Zettelchen ein Leben lang auf. Und nun hatte sie sie mir vermacht.

Sie wusste von meiner familiären Verstrickung mit dem »Dritten Reich« und empfand die Zeitdokumente daher als die richtige Abschiedsgabe für mich. Außerdem beauftragte sie uns drei, innerhalb von vier Wochen nach ihrem Tod – ihre Asche wollte sie auf einer Friedhofswiese verstreuen lassen – in einer bestimmten Kneipe ein Fest zu veranstalten. Sie habe auch ihren Anwalt beauftragt, der uns bei der Ausführung dieses letzten Wunsches überwachen sollte. Wir schafften es tatsächlich nach genau vier Wochen, und als ich die Kneipe betrat, saß dort zu meiner Überraschung einer meiner ältesten Schulfreunde. Auf meine erstaunte Frage, was er denn hier tue, meinte er nur, er sei der Anwalt. Und tatsächlich hatte ich ihn zwei Jahre zuvor gebeten, Ursula von Kardorff zu vertreten, die einen juristischen Streit mit ihrer Schneiderin hatte und mich um Rat gefragt hatte, da sie keinen Anwalt kenne.

Frieder Roth, der Anwalt, hatte tatsächlich mit dem Nachlass einiges zu tun, weil noch eine Neuausgabe des »Berliner Tagebuches« herauskam. Dadurch lernte er auch Ursula von Kardorffs alten Freund Max Colpet kennen, den Komponisten so vieler Marlene-Dietrich-Lieder. Der machte ihn auch zu seinem Nachlassverwalter, und kurz vor seinem Tod fragte er Frieder Roth, ob er nicht auch Marlene Dietrich betreuen könne, die ebenfalls einen Nachlassverwalter suche. Zu einer persönlichen Begegnung mit der Dietrich kam es nicht mehr, aber noch heute ist mein Schulfreund Frieder der Nachlassverwalter all ihrer Werke und Rechte. Er brachte auch die Vereinbarung zustande, dass das Land Berlin den Nachlass erwarb. So gehe ich heute, wenn immer es möglich ist, durch die Marlene-Dietrich-Dauerausstellung in der Berliner Kinemathek und lese beglückt all die Briefe und Dokumente der Emigrantenszene in Hollywood. Ich bin dem Schicksal dankbar, dass ich durch ein kleines Telefongespräch wegen einer habgierigen Schneiderin einen winzigen Teil dazu beitragen durfte, dass dies alles heute in dieser Form der Öffentlichkeit zugänglich ist.

Nachdem meine älteste Schwester Erika nach einer Lesung der Klemperer-Tagebücher in München bei mir anrief und mich fragte, ob ich wüsste, ob in Pullach – dem Ort, in dem sie mit Ausnahme von wenigen Kriegs- und Nachkriegsjahren ihr ganzes Leben verbracht hat – eigentlich auch Juden gelebt hätten, die vielleicht ein ähnliches Schicksal erlebt hätten, riet ich ihr, im Gemeindearchiv nachzusehen. Da sei sie schon gewesen, aber der eifrige und verdienstvolle Verwalter des Gemeindearchivs, der alles über Pullach aus dem Stegreif wusste, riet ihr nur, an diese Frage nicht zu rühren. Im Jahr 2005 ergriff eine Gruppe Pullacher Bürger die Initiative und veranstaltete eine zeitgeschichtliche Woche. Dabei kam heraus: 1938, nach der Pogromnacht vom 9. November, wurden alle 19 Pullacher Juden verhaftet und nach Dachau abtransportiert. Einige wurden nach einigen Wochen wieder freigelassen, später aber weiter verfolgt. 1945 lebte keiner mehr von ihnen.

Als meine Schwester mich nach den Pullacher Juden gefragt hatte, wusste ich das noch nicht. Ich erzählte ihr aber, was ich in meinem neuen Heimatort Ebenhausen erlebt hatte. 1995, kurz nach unserem Umzug dorthin, erfuhr ich, dass einige Bürger im Selbstverlag einen Roman veröffentlicht hatten, den die Tochter eines berühmten jüdischen Kinderpsychiaters in Anlehnung an ihre Familiengeschichte geschrieben hatte. Der Professor mit dem Namen Erich Benjamin hatte in den 1920er Jahren in Ebenhausen ein Kinder-Sanatorium übernommen und sich schnell großes Ansehen im Dorf erworben. Nach der Machtübernahme der Nazis 1933 änderte sich die Situation im Dorf langsam, bis er mit seiner Familie 1938 im letzten Moment in die USA emigrieren konnte. Dort konnte er aber nie wieder richtig Fuß fassen und nahm sich 1942 das Leben. Ein paar Gemeindebürger engagierten sich, um das Gedenken an den ehemaligen jüdischen Mitbürger hochzuhalten. Doch es dauerte noch bis 1998, bis endlich durchgesetzt wurde, dass eine kurze Straße im Ort nach ihm benannt wurde.

Das Gebäude des von ihm geführten Kindersanatoriums war noch während des »Dritten Reiches« von einem katholischen Frauenorden übernommen worden, der auch nach dem Krieg dort eine Art Sozialstation führte. 2005 beschloss der Orden, die Station aufzulösen, um Haus und Grund in bester – und teuerster – Lage zu verkaufen. Das wunderbare und geschichtsträchtige Haus sollte abgerissen werden, damit auf dem riesigen Grundstück bis zu neun Neubauvillen gesetzt werden könnten. Eine Gruppe von Bürgern beschloss, diesen

Frevel zu verhindern, und engagierte sich dafür, das Gebäude wieder seiner ursprünglichen Nutzung als Kinderheilstätte zuzuführen. Es begann ein langer, zäher Kampf, der mehr als einmal zum Scheitern verurteilt schien. Der Orden wollte das Geld aus dem Grundstücksverkauf, die Gemeinde keine zusätzlichen Lasten und der Bauträger seinen Gewinn. Es wurde viel versucht, Mäzene für das dem Orden entgangene Geld und Träger für die Einrichtung zu finden, doch insgeheim gaben die meisten Mitstreiter bereits auf.

Wenige Tage bevor die Gemeinde das endgültige Plazet zur Neubebauung geben wollte, fand sich ein zu Wohlstand gekommenes Ehepaar, das anonym das notwendige Geld zum Kauf zur Verfügung stellte. Inzwischen sind die Pläne bereit, dort eine Heilstätte für traumatisierte Kinder zu errichten. Noch einige Jahre vorher hatte ein Gemeinderatsmitglied geäußert, dass nun wirklich genug zur Wiedergutmachung an Professor Benjamin geleistet worden sei. Und die Bitte von Benjamins Tochter, die hochbetagt in das Altersheim in ihrem Kindheitsort zurückkehren wollte, beschied er abschlägig mit dem Hinweis, dass sie ja gleich 1945 hätte kommen können, wenn es ihr so wichtig gewesen wäre.

Etwas Ähnliches bekam ich 1990 von einem Menschen zu hören, den ich erst am selben Tag persönlich kennengelernt hatte. Erich Sokol war der Chefgrafiker des Österreichischen Rundfunks gewesen, und zu meiner großen Überraschung stellte sich heraus, dass er identisch mit dem Erich Sokol war, der in den 1960er und 1970er Jahren als Redakteur für die Karikaturen des amerikanischen *Playboy* verantwortlich war und mir als einer der besten Magazinzeichner aufgefallen war. In meinem Büro hing schon lange ein von ihm gezeichnetes Plakat des Männermagazins. Wir trafen uns damals in einer Gruppe von Autoren, Zeichnern und Kabarettisten, um ein Konzept für eine satirische TV-Show zu entwickeln. Im Laufe des Nachmittags kam das Gespräch auf den berühmten Chansonkünstler Georg Kreisler, der mit seinen Wiener Liedern Generationen von Kabarettliebhabern erfreut hatte.

Ein Kollege beklagte sich bitterlich über die österreichische Engstirnigkeit der Behörden, die Kreisler untersagten, ein Haus in Tirol zu erwerben. Kreisler war als Jude in der Nazizeit in die USA emigriert und hatte dort auch die amerikanische Staatsbürgerschaft erhalten, die er auch nach Ende des Zweiten Weltkriegs und der Rückkehr nach Europa behielt. In Österreich galt damals – noch vor der EU-Zeit – ein Gesetz, wonach Ausländer keinen Grund und Boden erwerben durften. Auch für Kreisler wollte man da keine Ausnahme machen. Sokol, der selber so lange in den Vereinigten Staaten gelebt hatte, verteidigte diese Regelung heftig und nannte Kreisler einen »Verräter«, weil er nicht wieder Österreicher geworden sei. Es war einer der heftigsten antisemitischen Ausfälle, die ich je erlebt hatte. Ich war entsetzt, dass ein Intellektueller so primitiv sein konnte. Aber ich wagte es nicht, in dieser Runde meine Meinung offen zu sagen, auch wenn ich merkte, wie betreten alle anderen im Raum waren.

Eine solche Scheu vor Konflikten hatte mir schon früher Schranken gesetzt. Nie wagte ich die offene Auseinandersetzung über diese Frage in der Familie – weder mit meinem Vater noch mit meiner Mutter. Es war mein Bruder gewesen, den ich eigentlich in diesen Fragen für noch vorsichtiger eingeschätzt hatte als mich selbst, der einmal das Tabu in ungewöhnlicher Weise brach.

Es war im Jahr 1963, als ich heimkam und nur mein Bruder und meine Mutter vor dem alten und gebrauchten, aber für die Familie neuen Fernsehgerät saßen und eine Sendung sahen. Ich merkte sehr schnell, dass die Stimmung zwischen meinem Bruder und meiner Mutter ungewöhnlich gestört war, bis meine Mutter fragte, was eigentlich los sei. Mein Bruder antwortete ihr in einer für die Familie ungewohnten Offenheit und hielt ihr vor, was sie vorher gesagt hatte. Sie hatten beide eine Diskussion über jüdisch-deutsche Probleme verfolgt, in der sich eine französische Jüdin kritisch über die deutsche Haltung gegenüber den Juden geäußert hatte. »Die hat man auch vergessen zu vergasen«, war der lapidare Kommentar meiner Mutter gewesen, der meinen Bruder so empört hatte, dass er nicht an sich halten konnte. Ich erlebte zum ersten Mal, dass meine Mutter in einer Frage, die sonst in der Familie wie selbstverständlich nicht gestellt wurde, verunsichert wurde. Zunächst ging sie in die Defensive, um dann aber vorwurfsvoll festzustellen, dass man so etwas Dahingesagtes doch sowieso nicht ernst meinte. Mein Bruder beharrte jedoch auf seinem Vorwurf, und es erschien mir zum ersten Mal, dass die Kräfteverhältnisse sich in unserer Familie verschoben hatten. Die selbstverständliche Routine, alles zu akzeptieren, was von den Eltern kam, und sich in ständiger Rücksicht zu üben, war dahin.

JUDEN

(MICHAEL SAUR)

Obwohl wir jedes Jahr den Christbaum schmückten und Weihnachten feierten, glaubte bei uns zu Hause niemand an Jesus. Meine Großeltern waren keine religiösen Leute, meine Eltern Atheisten. Ein Mitschüler in der Grundschule, der sich darüber wunderte, dass ich als Einziger in der Klasse weder am evangelischen noch am katholischen Unterricht teilnahm und währenddessen in einem leeren Zimmer die Zeit totschlug, fragte eines Tages bei einem Schulausflug: »Bist vielleicht a Jud?« Weil die Frage mich mit dem Gewicht einer Drohung erwischte, war ich verunsichert. Ich kannte einen Augenblick lang die richtige Antwort nicht mehr, setzte aber wie bei einem Spiel alles auf eine Karte. »Nein«, sagte ich. »Bist sicher?«, fragte der Junge. Ich nickte tapfer mit dem Kopf, plötzlich überhaupt nicht mehr sicher.

Richtig war, dass wir weder wie die ganz normalen Katholiken noch die in Bayern etwas weniger normalen Evangelischen waren. Die Drei Heiligen Könige mit ihren Weihrauch- und Myrrhegaben kamen nur sporadisch am 6. Januar zu uns ins Haus, obwohl sie nie einen der Nachbarn ausließen, und die Sonntagmorgen meiner Kindheit erschienen mir gähnend langweilig, weil alle meine Freunde mit ihren Eltern in der Kirche waren, wir aber nie. Als ich eines Tages zum Essen bei einem Freund eingeladen war, dessen Familie vor Beginn ein Dankesgebet sprach, und mir darüber ein Grinsen in die Richtung meines Freundes entrückte, flog ich auf Nimmerwiedersehen aus dem Haus.

Wir waren anders in unserer Familie. Wir lernten, trotz meiner kurzzeitigen Verunsicherung in der Grundschule, dass es etwas Gutes bedeutete, Jude zu sein. Meine Geschwister und ich (und sicher viele andere) zogen dieses Wissen aus einer allgemeinen

Stimmung im Deutschland meiner Kindheit und Jugend, aus Fernsehfolgen wie »Holocaust«, aus der Comic-Geschichte »Maus« von Art Spiegelman, in der eine Maus der Jude und die SS-Männer Ratten waren. Ich las »Das Tagebuch der Anne Frank«, und ich habe noch gut den Besuch im Dachauer Konzentrationslager mit unseren Eltern im Gedächtnis. Tatsächlich erinnere ich mich auch an die israelischen Mädchen in den Reisegruppen, die mir als sehr schön erschienen.

Der einzige Jude, den ich persönlich kannte, war ein immer freundlicher Kollege meines Vaters, der Polizeireporter Johannes Freudenreich. Er trug Fliege und hatte einmal in einem Zugabteil einem Bankräuber gegenübergesessen, den er erkannte und zu dessen Verhaftung er beitrug, was mich unendlich faszinierte. Außerdem gab es an Samstagabenden Hans Rosenthal mit seiner Rateshow »Dalli Dalli« und Ilja Richter mit seinem »Licht aus, Spot an«. Es war wahrscheinlich nicht allgemein bekannt, dass Rosenthal und Richter Juden waren, ich hatte es aus Gesprächen meiner Eltern mitbekommen. Im Fernsehen liefen Filme der israelischen Reihe »Eis am Stiel«, in der drei ausgekochte, halsbrecherische Jungs aus Tel Aviv sich an Mädchen heranmachen, darunter den späteren Pornostar Sibylle Rauch. Ich glaubte, Israel sei unglaublich sexy.

Umso mehr habe ich mich gewundert, als meine Großmutter Saur einmal von einer Ferienreise zurückkam und im Flüsterton bemerkte, dass das Flugzeug wieder voller Juden in Pelzen gewesen war, die, für sie unbegreiflich, offenbar wieder zu Geld gekommen sein mussten. Dieser Kommentar war so verräterisch nazimäßig, denn die Juden waren gut, weil die Nazis böse waren, genauso wie die Indianer gut sind, weil die Weißen böse sind. Ich war fassungslos, dass meine Großmutter dies noch immer nicht begriffen hatte.

Die meisten Deutschen im Alter meines Vaters erinnern sich daran, wo sie waren, als John F. Kennedy erschossen wurde. Ich wage zu behaupten, dass die meisten Deutschen meines Alters (und vielleicht auch diejenigen im Alter meiner Eltern) sich sehr gut an den Moment erinnern, in dem ihnen zum ersten Mal persönlich ein Mensch jüdischen Glaubens begegnet ist, falls je. Meine ein Jahr jüngere Schwester erzählt zum Beispiel die folgende Geschichte: Einer ihrer Schulkameraden in der fünften Klasse war jüdischen Glaubens, und sein Geburtstag fiel auf den 23. Dezember. Als sie an diesem Tag zu seiner Feier eingeladen wurde, bemerkte sie, dass es keinen Christbaum gab. Dafür stand im Fenster eine Menorah, der siebenarmige Kerzenständer, eines der bekanntesten Symbole im Judentum, der den brennenden Busch symbolisiert, den Moses am Berg Sinai gesehen haben soll. Sie wunderte sich über diesen seltsamen Kerzenständer und dachte noch immer, die Feier wäre ein Weihnachtsfest, bis er ihr erklärte, Juden würden nicht Weihnachten feiern. Sie war zu beschämt, zu fragen, was es denn damit auf sich hatte. Sie dachte, es wäre zumindest ihre Pflicht als Deutsche, mit den Gebräuchen des Judentums vertraut zu sein.

Mit Ausnahme von Herrn Freudenreich habe ich erst in den USA weitere Menschen jüdischen Glaubens kennengelernt. In New York sind mir Juden immer großzügig und sehr unaufgeregt begegnet. Immerhin war ich Deutscher und hatte einen Großvater, der als Nazi direkte Mitschuld am Holocaust trug. Ich sah aber weder die Notwendigkeit, daraus ein Geheimnis zu machen, noch habe ich es gerne auf die Schnelle thematisiert. Nie wurden mir die Taten meines Großvaters zum Vorwurf erhoben. Die meisten der jungen Juden, die ich in den USA kennenlernte, schienen Deutschland zu respektieren, fürchteten sich nicht vor einem wieder starken Deutschland, und niemals schlug mir Hass entgegen. Einige rissen sogar Witze, machten komisch gemeinte Anspielungen über mein Deutschsein, manche wurden Freunde, andere nicht. Manche erzählten mir von ihren Großeltern und wie sie aus Deutschland geflohen waren, andere vermieden das Thema.

Ein guter Freund von mir, der israelische Fotograf Shaul Schwarz, hielt die Deutschen nicht mehr für antisemitisch, die Franzosen dagegen für sehr. Und mit der gleichen Freiheit, mit der Shaul die Deutschen nicht hasste, begann ich manche Juden nicht mögen zu müssen. Ich bin weder a priori Philosemit, noch bin ich Antisemit. Ich glaube, dass eine Gesellschaft in Freiheit gedeihen muss und dass jemand, der meiner Generation angehört, auch in dieser Frage diese Freiheit besitzen darf.

Nach einigen Jahren in New York merkte ich, dass ich nicht mehr die gleichen Reflexe wie die Deutschen zu Hause besaß und auch nicht mehr die gleichen Reflexe wie mein Vater. Ich hatte keine Angst mehr davor, das Wort »Jude« in den Mund zu nehmen, weil ja vielleicht schon in der Aussprache etwas Verborgenes, Unheimliches stecken konnte. Als mich ein amerikanischer Freund fragte, ob ich mich persönlich mitverantwortlich fühlte für den Holocaust, antwortete ich mit einem Nein.

Eines Tages winkte mir in Brooklyn ein Mann in einem Talar von der Straße zu. Ich war mit dem Fahrrad unterwegs, und als ich näherradelte, sah ich, dass er ein Rabbi war. Der Mann bat mich um einen Gefallen. Es sei ein hoher jüdischer Feiertag, erklärte er, und er und seine Glaubensbrüder und -schwestern befänden sich in der Synagoge hinter uns. Ich sah dorthin, worauf er zeigte. Da stand eine große chassidische Synagoge. Es sei ein heißer Tag, sie dürften aber nicht die Klimaanlage betätigen, erklärte der Rabbi. Ob ich nicht mit ihm kommen und für ihn und die anderen die Klimaanlage höherdrehen könnte, damit sie an ihrem Feiertag nicht zu schwitzen brauchten, fragte er. Ihnen selber sei es wegen des Feiertags nicht gestattet, technische Geräte zu bedienen.

Ich stieg ab und folgte ihm ins Innere der Synagoge. Die Synagoge war voll mit Frauen und Kindern und Männern, die beteten. Es war tatsächlich warm. Er führte mich durch die vielen Menschen und bat mich dann, das Gerät um ein paar Grad zu justieren. Dann brachte er mich wieder nach draußen. Dort fragte er mich, woher ich käme und ob ich öfter hier sei. Ich sagte ihm, wo ich hinwollte, aber dass ich mich nicht besonders gut auskenne. Der Rabbi erklärte mir daraufhin den Weg. Dabei riet er mir dringend, das Schwarzenviertel, das vor uns lag, aus Sicherheitsgründen zu umradeln.

AMERIKA

(KARL-OTTO SAUR)

Mein Vater war nie in Amerika gewesen. In seinen späteren Jahren zählte er gerne die 17 Länder auf, die er im Laufe seines Lebens besucht hatte. Amerika war nicht dabei, aber Russland, wohin er 1931 auf eine Studienreise gefahren war. In einem Bericht hatte er danach festgehalten, wie ihn die zentrale Lenkung der russischen Wirtschaft beeindruckt hatte und wie der Staat den technischen Fortschritt förderte. Ich vermute, dass ihm auch Amerika imponiert hat. Als Rationalisierungsfachmann muss er damals die Einführung der Fließbandarbeit bei den Ford-Werken bewundert haben. Die Rolle, die der technische Fortschritt bei der Entwicklung der USA gespielt hatte, entsprach seinen Vorstellungen vom Segen der Ingenieurstätigkeit. Als umso größere Herausforderung muss er es betrachtet haben, dieses Land als Kriegsgegner zu besiegen.

Wenn es – mit seiner Hilfe – gelungen wäre, doch noch den »Endsieg« zu erringen, dann hätte er sicher von Hitler eine Belohnung erhalten. Und er hätte auch schon gewusst welche. Er wollte – wie er einmal erzählt hatte – deutscher Botschafter in den USA werden. Er konnte zwar nur wenige Worte Englisch, und Diplomatie wäre eine Eigenschaft gewesen, die ihm niemand zugesprochen hätte, aber das kümmerte ihn wenig. Als Vertreter der Sieger und neuen Weltmacht hätte er ohnehin schalten und walten können, wie er wollte. Als das »Dritte Reich« in Trümmern lag, war auch dieser Traum ausgeträumt.

Nachdem er bei den Amerikanern in Kriegsgefangenschaft geraten war, kam er schon bald in ein Lager nach Versailles bei Paris, in dem sich viele Funktionäre und Führungskräfte des

»Dritten Reiches« wiederfanden, auch und gerade viele der Kollegen aus dem Rüstungsministerium. Noch mehr alte Kollegen traf er dann im hessischen Lager Kransberg, in dem vor allem Rüstungs- und Wirtschaftsmanager wie Porsche oder Messerschmidt in einer Mischung aus Kriegsgefangenenlager, Jugendherberge und Kaderschmiede für Zeugenaussagen festgehalten wurden. Hier sprachen die mächtigen Industriellen ihre ersten Pläne zur Führung diverser Konzerne und Fabriken ab, hier wurden schon wieder die ersten Posten verteilt. Und hier wurden Fachleute von den Amerikanern angeworben, die ihr Wissen doch den Siegern zur Verfügung stellen sollten.

Das nährte auch die Hoffnung meines Vaters, dass er in den USA gefragt sein könnte. War er doch selber der Meinung, dass er organisatorisch etwas ganz Besonderes geleistet habe. Was er nicht erkannte, war, dass die Amerikaner in erster Linie an herausragenden Forschern wie Wernher von Braun interessiert waren. In Wirtschaftsfragen empfanden sie sich selbst als Meister, wie sollte Ihnen ein deutscher Ingenieur da noch etwas beibringen? So platzte auch dieser Traum, seine Arbeit wenigstens als Besiegter in den USA fortsetzen zu können. Und so fehlte bis zu seinem Tod das 18. Land in seiner Reisestatistik.

Für mich war Amerika schon als Kind ein Traum. Allerdings ein Traum, der weit weg war. Durch unsere »Tante« Hertha wusste ich, dass man dorthin auswandern konnte. Aber das Land war so weit entfernt, dass man länger als eine Woche mit dem Schiff fahren musste. Als die ersten Päckchen mit Süßigkeiten kamen, schien mir die vorherrschende Farbe in den USA rosa zu sein – eine Farbe, die dem Geschmack der Candy-Stangen zwar keinen Abbruch tat, aber mir persönlich nicht gefiel. Später wurde mein Amerika-Bild von den Medien geprägt. Natürlich spielte das weite große Land eine Rolle in meinen Lesezirkel-Illustrierten, aber zwei Filmerlebnisse machten mich noch neugieriger. Das eine war »Fox tönende Wochenschau«, in deren Vorspann ein Hubschrauber einen New Yorker Wolkenkratzer umflog. Jedes Mal war ich aufs neue gespannt, ob man die Rückseite des Wolkenkratzers auch zu sehen bekäme, aber der Trailer hörte immer an derselben Stelle auf, nachdem ich Front- und Seitenwand bewundert hatte. Noch prägender war aber ein Schulfilm, den wir mehrmals sahen. Wir hatten im Gymnasium einen Biologielehrer, der gleichzeitig die Filmbibliothek der Schule verwaltete. Und er fand, dass es einfacher sei, uns ruhig zu halten, wenn man einen Film zeigte, anstatt uns Unterricht zu geben. So lernten wir das Innenleben von Ameisenhaufen kennen, wurden perfekt über den Walfang informiert und durften regelmäßig einen Film über den Blumenanbau und -verkauf in Holland sehen. Der Höhepunkt dieses Filmes war für mich immer der Schluss, wo gezeigt wurde, dass die holländischen Blumen so gut haltbar waren, dass man sie sogar in die USA fliegen konnte. In der letzten Szene bringt dann ein Lieferwagen die Blumen zu einem Blumenladen am Broadway. Ich war so beeindruckt, den Alltag in Manhattan miterleben zu dürfen, dass ich mir vorstellte, selber auf dieser Straße zu stehen.

Etwa zur selben Zeit erzählte ein Mädchen aus unserer Klasse, dass sie nach den Sommerferien nicht mehr zurück in die Klasse käme, da sie nach New York umziehen werde. Sie war die Hübscheste in der Klasse und bei weitem die beste Schülerin in Deutsch, sodass ich – aus Angst, mich zu blamieren – nie wagte, sie anzusprechen. In den Sommerferien träumte ich davon, dass sie doch sicher beeindruckt wäre, wenn ich plötzlich in New York bei ihr auftauchen würde. Aber ich hatte keine Ahnung, wie ich das schaffen sollte.

Als ich neun Jahre später tatsächlich zum ersten Mal nach New York flog, um mit äußerst bescheidenen Englischkenntnissen den Versuch zu unternehmen, den kleinen Verlag, den mein Bruder und ich kurz vor dessen Tod von unserem Vater übernommen hatten, durch eine Verlagskooperation besser im amerikanischen Markt zu etablieren, suchte ich im New Yorker Telefonbuch nach dem Namen meiner ehemaligen Mitschülerin. Ich fand ihn auch und rief die Nummer von verschiedenen Telefonzellen aus immer wieder an. Jedes Mal meldete sich eine Automatenstimme, und beim Auflegen bekam ich meinen Quarter zurück. Ein paar Tage später erklärte mir ein Bekannter die Lösung des Rätsels. Die Nummer war eine Geschäftsnummer von AT&T, der damals größten Telefongesellschaft. Ich landete – vermutlich, weil der Anschluss nicht mehr vergeben war – jedes Mal bei einer Serviceline, auf die ich meine technischen Wünsche aufsprechen sollte. Also musste ich auf das erstaunte Gesicht meiner Klassenkameradin verzichten.

Aber das war nicht die einzige Enttäuschung, die ich während meines ersten Amerika-Aufenthaltes erlebte. Ich kam mir einsam und verloren vor, auch weil der erhoffte Verlagskontakt doch nicht die richtige Entwicklung nahm, sodass alle früheren Überlegungen, vielleicht für den eigenen Verlag in den USA zu arbeiten, sich schnell in Luft auflösten.

Es dauerte weitere 15 Jahre, bis ich wieder in die USA flog. Unser ältester Sohn Christian kam 1982 mit dem Wunsch zu uns, ein Schüleraustauschjahr in den USA verbringen zu wollen. Da er eher schüchtern war, hatte ich meine Zweifel. Aber weil er schon drei Jahre vorher ein halbes Jahr mit seiner Schwester in der Familie einer Freundin in Afrika verbacht und dort eine amerikanische Schule besucht hatte, stimmten wir zu. Die einzige Bedingung war, dass er sich selber um alle Formalitäten und Sprachprüfungen zu kümmern habe. Bei der Abreise versprach ich ihm, einmal im Lauf des Jahres vorbeizukommen. Tatsächlich bekam ich die Möglichkeit, an einer Pressereise in den Südosten der USA teilzunehmen, ich konnte also einen Wochenendabstecher zu ihm nach Alabama einrichten. Mein Englisch war inzwischen noch schlechter geworden, weshalb ich ihn an dem Wochenende ununterbrochen als Dolmetscher brauchte, aber er und seine Gasteltern entfachten in mir die Liebe zu dem riesigen Land, sodass ich nach meiner Rückkehr eine amerikanische Zeitschrift abonnierte und einen Sprachkurs machte.

1986 bekam ich dann eine Einladung, an einem Informationsprogramm für Journalisten teilzunehmen. Ich fuhr fünf Wochen alleine nach meinen Wünschen durch das Land und

besuchte Redaktionen, Verlage, TV-Stationen und Universitäten. Das Land hatte mir seine Türen geöffnet. Noch im
selben Jahr machten wir unseren alten Familientraum wahr
und fuhren alle gemeinsam fünf Wochen lang mit dem Campmobil durch den Westen der USA. Inzwischen hatte auch
unsere Tochter ein Schülerjahr in den USA verbracht – ihre
Gasteltern in Wyoming hatten uns das Campmobil vermietet
und uns auf der ersten Etappe begleitet. Die Reise war so ein-
drucksvoll, dass sie für die ganze Familie die Grundlage für
viele weitere Reisen und Studienaufenthalte bildete. Inzwischen lebt mein Sohn Michael seit 13 Jahren in New York,
nachdem er 1994 eigentlich vorhatte, nur für ein Jahr dorthin
zu gehen.

1988 rief mich der New Yorker Autor und Journalist Gerald Posner an, der mir mitteilte, dass er meine Nummer von
meinem Bruder bekommen habe, den er für ein Buchprojekt
über die Kinder prominenter Nazis interviewt habe. Zufällig
ergab es sich, dass ich in der folgenden Woche für ein paar
Tage in New York war, sodass wir uns trafen. Er hatte sein Ma-
nuskript schon fast abgeschlossen, wollte aber noch ein paar
Änderungen in dem Kapitel über unseren Vater vornehmen,
in dem er einige Aspekte unseres Gesprächs verwerten wollte.
Mich interessierte er vor allem auch, weil er der Autor war, der
die Spur des KZ-Arztes Josef Mengele in Südamerika aufgetan
hatte. Er hatte auch herausbekommen, dass Mengele mehrmals unter falschem Namen nach Deutschland gereist war,
um seine Verwandten im Allgäu zu besuchen. Seinem eigenen
Sohn gegenüber wurde Mengele immer als Onkel ausgegeben,
um die Tarnung nicht zu gefährden. So hatte ich großes Vertrauen in die Arbeit Posners und wurde nicht enttäuscht.

Ein halbes Jahr später fragte er mich, ob ich bereit sei, ihn
für ein paar Tage bei der Promotion-Tour für sein Buch zu
begleiten. Da ich zu der Zeit einen Urlaub an der Westküste
geplant hatte, versprach ich ihm, zum Schluss einen Abstecher
nach Washington und New York zu machen. In New York
stieß auch der Sohn von Rudolf Hess zu uns, den ich bis da-

hin nur flüchtig kannte. Es war mir aber aufgefallen, dass er sich unermüdlich für die Freilassung seines Vaters einsetzte. Irgendwann war ich von einem gemeinsamen Bekannten angesprochen worden, ob ich bereit sei, eine Unterschrift für eine der Petitionen für Rudolf Hess zu unterschreiben. Ich hatte damals geantwortet, dass ich verstehen könne, dass sich Wolf Rüdiger Hess für seinen Vater einsetze. Aber ich könne auf keinen Fall unterschreiben, da mir die Unterschrift zu einem solchen Aufruf wie eine Entschuldigung für die Verstrickung meines Vaters in die Taten des »Dritten Reiches« vorkäme.

Nun trafen wir in New York im Hotel aufeinander, aber für uns beide war gleich erkennbar, dass wir keinen Draht zueinander finden würden. Hess trat immer noch als Anwalt seines Vaters auf, der zwei Jahre zuvor der offiziellen Version zufolge in Spandau mit 93 Jahren Selbstmord verübt hatte. Wolf Rüdiger Hess vertrat die Ansicht, dass es sich um einen Mord des englischen Geheimdienstes gehandelt habe. Am Nachmittag traten wir gemeinsam in einer der Nachmittags-Talkshows auf, die damals in Deutschland noch unbekannt waren. Der Talkmaster hieß Geraldo und war in den USA sehr populär. Die Zusammensetzung der Gäste zum Thema »Sünden der Väter« war allerdings sehr eigenartig. Außer uns beiden war ein Enkel des Western-Helden Jesse James vertreten sowie die Tochter eines Großbetrügers, der für seine Taten zwanzig Jahre absitzen musste. Eine der Fragen an Hess lautete, ob er glaube, dass Hitler ein großer Mann gewesen sei. Hess antwortete lapidar, dass er sich nicht persönlich an ihn erinnere, aber da sein Vater der festen Meinung gewesen sei, dass er ein großer Mann gewesen sei, würde auch er glauben, dass das stimme.

Die Frage wurde an mich weitergereicht, und ich fühlte mich in einer prekären Situation. Offensichtlich war dieses amerikanische Publikum anders, als ich es erwartet hatte. Es gab zwar ein paar Buhrufe auf die Antwort von Hess, aber im Großen und Ganzen wirkte das Publikum zufrieden. Sollte ich nun das Bild Hitlers wieder zurechtrücken? Wäre es nicht ein billiger

Effekt, wenn ich mich distanzierte? Trotzdem sah ich es als notwendig an, öffentlich festzustellen, dass man mit der Liebe zum eigenen Vater nicht Millionen von Morden rechtfertigen könne. Der Beifall war lauter, aber doch war ich mir meiner Sache nicht sicher. Zum ersten Mal hatte ich das Gefühl, dass es schwierig sei, wenn ich in den USA mit jemandem über den Nationalsozialismus – und die Verstrickung der eigenen Familie dabei – diskutierte, eine gemeinsame Ebene zu finden.

Diese Angst verlor ich erst wieder, als ich im Herbst 1992 an einem Seminar in Boston teilnahm, das die Kinder von Nazi-Tätern mit den Kindern von Nazi-Opfern zusammenbrachte. Zwei Frauen, die das Seminar organisierten und das Buch von Gerald Posner gelesen hatten, hatten mich eingeladen. Mona war das Kind von jüdischen Eltern, die den Holocaust überlebt hatten und so schnell wie möglich nach ihrer Befreiung in die USA ausgewandert waren; Illona war die Tochter eines deutschen Wehrmachtsoffiziers, die zum Studieren in die USA gegangen war. Die beiden hatten sich angefreundet und nach langen Diskussionen beschlossen, eine solche Zusammenkunft zu organisieren – übrigens fast zur gleichen Zeit, als sich erste Gruppen mit derselben Intention in Israel trafen. Die beiden Frauen hatten sich sorgfältig vorbereitet, ein Psychologe sollte die viertägige gemeinsame Arbeit begleiten. Es war ihnen gelungen, zwölf Täterkinder und zwölf Opferkinder zusammenzubringen. Die Opferkinder waren alle amerikanische Staatsbürger, von den Täternachkommen kamen die meisten aus Deutschland. Von den 24 Teilnehmern waren nur fünf Männer, vier davon Täterkinder.

Vier Tage saßen wir zusammen. Der erste Tag des Seminars war der schwierigste. Wir begannen mit einer Vorstellungsrunde, fast jedem der Teilnehmer war die Anstrengung anzumerken, sich »politisch korrekt« zu benehmen. Die Opferkinder waren bemüht, die Täterkinder nicht zu stigmatisieren, im Gegenteil, sie zeigten ihnen Dankbarkeit, dass sie überhaupt teilnahmen.

Bei der Vorstellungsrunde fiel eine Frau auf, die ihre Tränen nicht zurückhalten konnte. Sie war aus München gekommen und erzählte – immer wieder von Weinkrämpfen geschüttelt –, dass ihr Vater Leiter der Gestapo gewesen sei. Ihr Nachname war Müller, und ich nahm an, dass es sich bei ihrem Vater um Heinrich Müller, den obersten Gestapo-Chef, handelte. Erst am zweiten Tag, als sie immer noch unter Tränen ihre Geschichte erzählte, erkannte ich die Tragik ihres Schicksals. Ihr Vater war Gestapo-Chef in einer Stadt in Polen gewesen und hatte einen ganz anderen Nachnamen. Sie war erst sehr spät auf das streng gehütete Geheimnis der Familie gekommen, war davon aber so betroffen, dass sie in den Archiven nachspürte und dort das ganze Ausmaß der Gestapo-Verbrechen erkannte. Ihre Familie brach daraufhin mit ihr, auch ihre Ehe ging in die Brüche. Nach der Scheidung hatte sie zunächst wieder ihren alten Mädchennamen angenommen. Doch dann befürchtete sie, dass sie dadurch als Tochter eines Gestapo-Verbrechers erkannt werden könnte. Sie entschloss sich, den Namen ihres geschiedenen Mannes wieder zu verwenden, und nannte sich wieder Müller – offenbar ohne zu ahnen, welche Bedeutung gerade dieser Name im Zusammenhang mit der Gestapo hat. Ich wagte nicht, sie über diesen tragischen Irrtum aufzuklären.

Ich bin dieser Frau später noch einige Male begegnet. Sie hat sich öffentlich engagiert, Vorträge gehalten und ist in Schulen aufgetreten. Ich schließe nicht aus, dass das Seminar in Boston ihr die Kraft dazu gegeben hat. Vier Tage lang bemühten sich alle Teilnehmer darum, sie darin zu bestärken, keine persönliche Schuld zu empfinden. Überhaupt war das Seminar eher bemüht, keine Vorwürfe aufkommen zu lassen. Am letzten Tag, als alle mit den Schicksalen und auch unterschiedlichen Charakteren vertraut waren, machte eine Teilnehmerin den Vorschlag, wir sollten darüber diskutieren, wer es schwerer im Leben gehabt habe: die Kinder der Opfer oder die Kinder der Täter. Das Ergebnis war, dass beide Gruppen fast geschlossen der Meinung waren, dass die jeweils andere Gruppe es schwerer gehabt habe. Die Kinder der Opfer sahen den psychologischen Druck, der auf den Täterkindern lastete, als weit größer an. Wenn sie sich dem stellten, mussten sie sich mit den Taten der Eltern auseinandersetzen. Die darauf sicher folgende Suche nach Erklärungen oder gar Entschuldigungen sahen sie als lebenslange Hypothek für die Nachkommen.

Ich als Täterkind konnte das Leid der Opferkinder nach-empfinden und schätzte es existenziell als noch schwieriger ein. Die Erfahrungen zweier Teilnehmerinnen sah ich dafür als exemplarisch an: In beiden Familien war der Vater isoliert, weil er kein anderes Thema mehr hatte als sein Leben im KZ. Fast alle anderen Familienmitglieder wollten oder konnten es nicht mehr hören, fühlten sich aber verpflichtet, sein Leid zu akzeptieren und sich zu opfern und ihm doch weiter zu-zuhören. Beide Opferkinder hatten Angst, eine Liebesbezie-hung einzugehen, weil sie dann ihren Vater hätten verlassen müssen. Eine Reihe von Beziehungen und Ehen waren an der Rücksicht auf die leidgeprüften Eltern gescheitert, wie sich bei dem Seminar gezeigt hatte. Ein Familienleben, wie sie es bei Schulkameraden oder Kommilitonen beobachteten, war meist nicht möglich. Beide berichteten auch, dass sie das Seminar ohne das Wissen ihrer Eltern besuchen würden. Eine meinte gar, dass ihr Vater ihr nie verzeihen würde, dass sie sich mit Täterkindern treffe.

Aber auch die Sprachlosigkeit – die ja sonst vor allem von den Täterkindern beklagt wurde – war bei einigen Familien der Opfer zu erkennen. Eine Teilnehmerin – sie war Lehrerin geworden – wollte eines Tages in der Schule das Thema Kon-zentrationslager behandeln und suchte dafür Zeitzeugen, bis sie endlich ihre eigene Mutter fragte. Die erklärte sich spontan bereit und hielt eine Schulstunde ab, bei der die Tochter zum ersten Mal in ihrem Leben hörte, wie es der Mutter im KZ ergangen war.

Auch wenn das Seminar schon wegen des eigentlichen The-mas eine der interessantesten und wichtigsten Erfahrungen meines Lebens war, so lehrte es mich über das Thema hinaus etwas über die Probleme des menschlichen Zusammenlebens –

selbst wenn man sich im Thema einig fühlt. Am letzten Tag kam ein Fernsehteam des Senders CBS, das für die in den USA sehr bekannte und renommierte Sendung »Sixty Minutes« einen Beitrag über das Seminar machen sollte. Mona und Illona hatten es fertiggebracht, die Redaktion für dieses Thema zu interessieren. Sie wollten aber ihren Anteil an dem Seminar auch entsprechend gewürdigt haben und gaben den Reportern die Dramaturgie vor. Also wählten sie drei oder vier Teilnehmer aus, die für die Sendung interviewt werden sollten. Das gefiel einer Mehrheit nicht. Vor allem bei den amerikanischen Teilnehmern regte sich Unmut, die Kritik brodelte schließlich über. Schon am Tag vorher hatte es eine Auseinandersetzung gegeben, weil klar geworden war, dass der das Seminar begleitende Psychologe der Lebensgefährte von Mona war, mit dem sie auch an der Uni zusammenarbeitete. Die Vorwürfe, sie benutze das Seminar zur eigenen Profilierung, waren nicht mehr zurückzuhalten, sodass das Seminar, das so hoffnungsvoll begonnen hatte, am letzten Tag von Eifersüchteleien dominiert wurde, die die ursprüngliche Absicht fast vergessen ließen.

Und doch war ich zutiefst dankbar, die Reise nach Boston gemacht zu haben. Nicht zuletzt die Atmosphäre an der Harvard-Universität, in deren Räumen das Seminar stattfand, erschien mir, der ich nie studiert hatte, als eine geistige Öffnung. Ich hatte auch schon vorher in Deutschland viel über den Nationalsozialismus und das »Dritte Reich« und die persönliche Verstrickung meiner Familie diskutiert, aber hier in den USA erschienen mir die Debatten größer und wichtiger. Es war das erste Mal, dass ich zugleich von innen und außen einen Blick auf die unselige Vergangenheit und die damit verbundenen persönlichen Implikationen werfen konnte.

AMERIKA
(MICHAEL SAUR)

Das Arbeitszimmer meines Großvaters nach der Umsiedlung von München nach Pullach war vorher ein Schaufenster gewesen. Nun war das Glas lediglich mit Gardinen verhängt worden. Außerdem gab es noch zwei kleine Zimmer, mehr nicht. Der Kleinverlag brachte Kompendien heraus, in denen technische Begriffe erläutert wurden, zum Beispiel Langradzahn oder Kleinstkreiselpumpe. Die Einträge waren aus anderen Nachschlagewerken abgekupfert, die Arbeitsutensilien waren Schere und Klebstoff. Oft blieb von den Auflagen die Hälfte unverkauft liegen, und es wurden weniger als hundert Exemplare verkauft. Termine für Verkaufsgespräche in Buchhandlungen und Bibliotheken zu ergattern erwies sich für meinen Großvater als schwierig. Auf den paar Empfängen, auf die er eingeladen wurde, stand er abseits. Das Wähltelefon auf seinem Schreibtisch klingelte kaum.

Der Sohn Klaus begann mit 16 Jahren im väterlichen Verlag nebenbei mitzuarbeiten, bevor er 1959 eine Lehre als Verlagsbuchhändler in Köln begann. Mein Vater übernahm, ebenfalls mit 16, neben der Schule die Nebentätigkeit seines Bruders. Umgerechnet muss der Stundenlohn für die Fieselei ein paar Pfennige betragen haben, auch abends wurde Arbeit mit nach Hause gebracht. Die Uhrzeiger müssen gekrochen sein in der Stille zwischen den Eltern, einem Husten, einem Paffen an der Zigarre des Vaters, einem Teller, der ins Waschbecken scheppert. Hauptsache, es herrschte der Anschein von Tüchtigkeit. Dass das Verlagsunternehmen krankte und in Wirklichkeit nicht einmal in der Lage war, auch nur eine Familie anständig zu ernähren, ganz zu schweigen von dreien, nämlich die seiner beiden Söhne ebenfalls, schwebte ebenso im Bewusstsein der zwei Brüder wie in dem des Seniors. Sie aber schnitten und klebten weiter, während das deutsche Wirtschaftswunder andernorts blühte.

Was erwartete mein Großvater da noch vom Leben? Erkannte er, dass er wie ein Stück Holz zum Wasserfall hintrieb? Was erhoffte er sich für seine Söhne? *Für das Geschäft war es ein Glück, dass er im Jahr 1966 starb* – dieser Satz ist Bestandteil der Familienlegende. Er war im Alter nur noch imstande, sich selber, aber nicht mehr das andere zu sehen. Der Elan des ältesten Sohnes Klaus, der 1963 aus Köln zurückgekehrt war, wurde vom ideenlosen Vater mit Missgunst betrachtet. Hungrig studierte Klaus anderer Leute Erfolge, um die Misserfolge des Vaters zu konterkarieren. Eine amerikanische Kollegin beobachtete den Nachwuchsverleger 1965 auf der Frankfurter Buchmesse am Stand ihres Verlages: »Er saß gebückt über den Seiten, hielt sie ganz nah an seine Augen und blätterte und blätterte. Das war so intensiv, da wusste ich, aus dem wird eines Tages wer.«

Die ersten Zeichen eines Aufschwungs für den Verlag brachte ein einziger Titel, dessen Idee gewissermaßen das Thema des zukünftigen Verlags wurde, und damit auch das Lebensthema meines Onkels. Es war kein Zufall, dass das Buch genau dann erschien, als mein Großvater starb. Es kostete unerhörte 88 Mark, war ein rund 600 Seiten umfassendes Adressbuch, im billigen Rotationsverfahren hergestellt: ein internationales Verlagsadressbuch. Es erschien in einer Auflage von 800 Exemplaren und funktionierte im Grunde nach dem einfachen Erfolgsrezept: Es war das erste seiner Art. Bisher hatte es nur nationale Adressbücher für jedes Land gegeben. Das Buch wurde zum Erfolg, das bewährte Konzept anschließend weitergesponnen: Ein internationales Bibliotheksadressbuch folgte.

Die Idee einer großen Transatlantik-Reise entstand im späten Herbst 1966, bald nach dem Tod meines Großvaters. Ein amerikanischer Verlag hatte 450 Exemplare des internationalen Verlagsadressbuches gekauft, um den Titel in den USA anzubieten. Die beiden Jungverleger hegten Hoffnung, der Verleger würde auch das Bibliotheksadressbuch in ähnlich hoher Stückzahl ordern. Die Brüder, deren Konkurrenz untereinander sich längst anbahnte, wollten nicht warten auf die nächste Frankfurter Buchmesse im Herbst des Jahres darauf. Stattdessen beschlossen sie, denjenigen zu entsenden, der besser Englisch sprach.

Mein Vater fuhr im Frühjahr 1967 mit dem Zug nach Saarbrücken und von dort weiter mit dem Bus nach Luxemburg. Von dort nahm er eine Propellermaschine der isländischen Fluglinie Lofleidir, die noch eine Zwischenlandung in Reykjavik einlegen musste. Für meinen Vater war es der erste Flug seines Lebens. Er hatte kein Hotel im Voraus gebucht, 1000 Dollar in bar und einen Stadtplan New Yorks in der Aktentasche. Die Stadtkarte hatte er in Pullach ein einziges Mal aufgeklappt und gleich wieder zugeschlagen. So verwirrend hatte sich das Straßensystem vor ihm entfaltet. Vielleicht dachte er, er würde nicht lange genug in der Stadt sein, dass es sich lohnte, das System zu verstehen. Weitere Stationen der Reise waren Chicago, Detroit und Montreal, wo er sich die World Expo ansehen wollte. Für die Rückreise hatte er einen zusätzlichen Tag eingeplant, den er in Reykjavik zubringen wollte.

Am Flughafen buchte er ein Zimmer für das Times Square Motor Motel für zehn Dollar die Nacht. Er tat, was ein Europäer damals tat auf seiner ersten Reise in die USA. Er wunderte sich schon am ersten Tag darüber, dass der Kaffee wässrig war, er hatte noch nie ein besseres Steak gegessen, und er war erst zu sparsam, dann aber doch zu neugierig, um nicht 25 Cents in das Wackelbett auf seinem winzigen Hotelzimmer zu werfen, um sich dann daraufzulegen und über das Geruckel zu staunen.

Gleich am ersten Mittag hatte er den wichtigen Termin, der die Reise rechtfertigte und finanzieren musste. Der Mann, der das internationale Bibliotheksadressbuch kaufen sollte, zeigte aber kein Interesse. Aber er bestellte den jungen Mann für zwei Tage später erneut ein, weil er sich die Zahlen des anderen Buches, des internationalen Verlagsadressbuches, ansehen wollte. Vielleicht ließ sich da nachbestellen, denn dieser Titel habe sich nicht schlecht verkauft.

Nun hatte mein Vater Zeit. Er wanderte durch die Stadt. Zum ersten Mal in seinem Leben war der erst 23-Jährige den klaustrophobischen Verhältnissen zu Hause entkommen, denn er war von der Enge des Elternhauses in die frühe Ehe gewandert. Kurz war ihm auf dem Hinflug der Gedanke gekommen, dass sich ja auf dieser Reise eine Möglichkeit auftun konnte, die ihn in die Lage versetzen würde, sein Leben ganz zu verändern. Und da dachte er nicht an den Badeort Cattolica bei Rimini, den Tegernsee oder die Kampenwand. Zum ersten Mal erfuhr er die wirkliche Luft der Ferne, das ganz und gar Fremde. Der Gedanke an ein neues Leben, womöglich auf einem anderen Kontinent, war allerdings so waghalsig, dass mein Vater sich nicht aufhielt mit Details, sondern sich gewissermaßen nur vornahm, sich bereitzuhalten, ohne selber etwas zu tun. Vielleicht würde ja eine Art Wunder passieren.

Es war Frühling in New York. Er ging einmal ins Kino, sah Audrey Hepburn in »Two for the Road«. Er kaufte keine Zeitungen, ging nicht ins Theater. Er lief viel und im Grunde ziellos durch die Straßen, manchmal den eigenen Weg wiedererkennend, was ihm dann ein Zeichen schien, dass es Zeit war, ins Hotel zurückzukehren. Er sah die hohen Häuser, und sie haben für ihn alle gleich ausgesehen, groß und hoch und ähnlich in Farbe und Höhe, sodass das Auge nicht hängen bleiben wollte. Einmal kaufte er in einem der Elektroläden am Broadway eine Filmkamera, deren Preis er von 135 Dollar auf 35 Dollar herunterhandelte.

Er besaß nicht diesen Impuls, Dingen auf den Grund gehen zu wollen. Er war kein Detektiv, hatte nicht den Drang, Beobachtungen nachzugehen, betrat keine der Kellerbars, bekam aber bei einer Essenseinladung mehr aus Versehen einen Margarita serviert und wunderte sich über den Salzrand. Eines Nachts aber tat sich etwas. Er beobachtete eine Prostituierte in einer der Straßen in der Nähe seines Hotels, als sie in einen Hauseingang huschte. Er bemerkte den Grund ihres Versteckspiels, denn eine Polizeistreife fuhr langsam die Straße entlang. Als die Streife verschwunden war, kam die Frau zurück auf die Straße. Mein Vater ging ihr hinterher, bis sie in einem Haus verschwand. Dann lief er mit klopfendem Herzen zurück ins Times Square Motor Motel.

Er hatte dann den zweiten Termin bei dem Unternehmer. Mein

Vater versuchte es noch einmal mit dem Bibliotheksadressbuch, stieß aber wieder auf Desinteresse. Stattdessen bestellte der Mann 200 Exemplare des Verlagsadressbuches nach. Da reagierte mein Vater geistesgegenwärtig. Er sagte, die Auflage neige sich dem Ende zu. Damit überhaupt nachgedruckt werde, müsse der Mann 350 Exemplare kaufen. Der Gönner willigte ein. Die Reise war bezahlt. Meinem Vater fiel ein großer Stein vom Herzen.

Die Fahrt ging per Bus weiter nach Chicago, Detroit und Montreal. Am Ende war eine Woche Zeit übrig, die er noch einmal in New York verbrachte. Er zog vom Times Square Motor Motel ins YMCA in der 34th Street, das nur drei Dollar die Nacht verlangte. Allerdings gab es im Einzelzimmer dafür weder ein Waschbecken noch einen Schrank und auch kein Wackelbett.

Wieder lief mein Vater viel durch die Straßen, wunderte sich über die Amerikaner, aß in der Cafeteria des YMCA, beobachtete, träumte, schrieb einen einzigen Brief an meine Mutter, wurde von einer Verlagsangestellten nach City Island eingeladen, wo Steaks auf dem offenen Grill gebraten wurden. Hauptsächlich aber wartete er, dass die Zeit verging. Mein Vater war nicht wie der Eroberer Hernán Cortés gewesen, der seine Schiffe verbrannte, als er in der Fremde ankam, das war ihm nun selber klar geworden. Gern hätte er sein Flugticket geändert, seinen Heimflug vorverlegt. Am Ende kam er trotzdem einen Tag früher in Deutschland an, weil er den Tagesstopp in Reykjavik nicht mehr wahrnahm. Er erreichte Luxemburg am Abend, nahm wieder den Bus nach Saarbrücken und von dort den Nachtzug nach München. Als meine Mutter ihm morgens um sieben die Tür öffnete, war ihr Bauch beachtlich gewachsen in den drei Wochen. Sie war mit mir, dem zweiten Kind, im fünften Monat schwanger. Er sagt, er war glücklich, als er ankam. Er fühlte sich zu Hause.

Hier steige ich aus den Erinnerungen meines Vaters aus. Das Gedächtnis ist kein Album, in dem sich die Bilder ordentlich aneinanderreihen. Es baut stets temporäre Konstellationen aus Aktivitäten, eine ungefähre Annäherung unter Zuhilfenahme einer Reihe von Sinnen, die sich dann zu einem Eindruck zusammenfinden. So sind dies imaginierte Bilder, die ich sehe, wenn ich mir meinen Vater auf seiner ersten New-York-Reise vorstelle, und diese stammen von Bildern, die er nun, vierzig Jahre später, sieht. Aber eines kann ich sagen. Diese Reise hat etwas ausgelöst in meinem Vater, hat ihm einen Stachel versetzt, eine Art Virus mit einer langen Inkubationsphase, oder anders gesagt: Diese Transatlantikreise pflanzte eine Liebe, die nicht gleich zündete.

Ich lebe seit dreizehn Jahren in den USA. Als ich zwanzig Jahre alt war, zog ich das erste Mal für ein paar Monate nach Boston. Ich verliebte mich sofort in das Land, vielleicht auch ohne es zu wissen. Ich fühlte mich befreit, ungebunden, plötzlich nackig und in der Lage, mich neu anzukleiden ganz nach meinem Geschmack. Ich habe mir die Geschichte von der ersten Reise meines Vaters nach Amerika oft nacherzählen lassen. Und wie ein Sohn sich immer wieder in die Haut seines Vaters versetzt, habe ich nie verstanden, dass er nicht geblieben ist.

Im Anschluss an eine lange Familienreise durch den Süden und Südwesten der USA im Jahr 1988 kam ich selber zum ersten Mal nach New York, nur drei Jahre jünger als mein Vater während seiner Reise damals. Meine Schwester und ich, mit der ich reiste, erreichten die Port Authority, den New Yorker Busbahnhof, in der Dämmerung, kamen angeflogen aus Los Angeles. Wir dachten, ganz Amerika bestünde aus dem weiten Himmel des Westens, der Freundlichkeit und der Gefälligkeit der Südstaatler und West-küstenamerikaner.

Wir verließen den New Yorker Busbahnhof und traten in eine stickige Luft, über die sich bereits die Dämmerung legte. Ich weiß nicht, ob es wirklich überall aus den zahlreichen Stra-ßenöffnungen dampfte, aber das ist das Bild, das ich heute von diesem Augenblick habe. Es war eine Welt, wie ich sie noch nie gesehen hatte. Ein schwarzer Bettler fuhr eine Weile in seinem Rollstuhl neben uns her. Osteuropäisch aussehende Männer warben für Barbusige hinter Türen, die kurz aufgestoßen wurden und wo steile Treppen in eine Art Himmel zu führen schienen. Männer standen in Trauben in Bars, tranken und lachten. Ich hatte das Gefühl, dass die Stadt in mehr Farben existierte, als ich je gesehen hatte.

Mein Vater war zwei Tage zuvor in New York eingetroffen. Er erwartete uns im Mayfair Hotel, sechs Blocks nördlich vom Busbahnhof gelegen. Ich habe das Bild noch vor Augen, wie er uns in der Hotel-Lobby entgegenkam. Strahlend, schnell, ungeduldig. Er wollte uns etwas zeigen, das er kannte, wir aber nicht. Er war voller Enthusiasmus, als er uns gleich wieder hinausführte in diese brodelnde Stadt. Er wollte uns die gesamte Bandbreite dieser Stadt, dieses Landes, vorführen, als er uns von der unterwelthaften 8th Avenue rüber auf die 6th Avenue führte, wo es Hochhäuser aus Stahl und Glas gab und Amerika teuer und edel war. Er konnte die Eindrücke und Bilder nicht mehr für sich behalten, sondern wollte sie teilen. Und er spürte, dass er mit diesen Eindrücken etwas tun wollte. Es war, als hätte er sich selber geschwängert auf dieser ersten Reise mit etwas, das viel später zur Geburt kam.

Als er sich später noch einmal nebenberuflich selbständig machte, nannte er sein Unternehmen den Times Square Verlag, ein Büro, das hauptsächlich aus einem Telefon und Faxgerät bestand. Aber das Logo – ein Bild vom Times Square – war genau der Ort, wo das Times Square Motor Motel gestanden hatte.

FERNSEHBILDER

(KARL-OTTO SAUR)

Im Jahr 1986 drehte der Regisseur Bernhard Sinkel den Vierteiler »Väter und Söhne«. Der halbdokumentarische Fernsehspielfilm erzählt die Geschichte eines der ersten Global Player der Weltwirtschaft, der von Deutschland aus agierte: IG Farben, des Konzerns, der von 1926 an den größten Teil der chemischen Industrie Deutschlands beherrschte. Und es ist, wie der Titel schon andeutet, die Geschichte eines Familienclans, der maßgeblich die Geschicke des Konzerns bestimmte. Wie so häufig bei solchen Macht- und Kraftspielen hatten die Söhne eigentlich andere Pläne als ihre Väter. Sie wollten sich nicht in den Zwang begeben, eine große Firma zu führen.

Nicht das war es allerdings, was mich bei der Premiere des Vierteilers im traditionsreichen Münchner Gloria-Kino so faszinierte. In der zweiten Folge – die Machtübernahme der Nazis war schon geschehen – erzwangen die neuen politischen Herrscher, dass in einem so wichtigen Konzern wie der IG Farben auch ein Statthalter der Staatsmacht im Vorstand vertreten sein sollte. Dann betrat ein kleiner dicker Mann in brauner Parteiuniform die Szene. Er machte jedermann deutlich, dass jetzt nach seiner Pfeife getanzt werde. Unter seinem kurz geschnittenen Haar wölbten sich einige Halswülste, und ich erschrak zutiefst. Exakt so hatte ich meinen Vater von verschiedenen Fotos in Erinnerung, auf denen er die gleiche braune Uniform trug. Mit einem Mal kam mir der Gedanke, dass auch mein Vater als Abgesandter der Nazis bei Industrietreffen in dieser Form aufgetreten war. Dargestellt wurde der unsympathische Funktionär von dem Schauspieler Christian Doermer, der Ende der 1950er Jahre seine Schauspielerkarriere begonnen hatte, mir bis dahin aber nie besonders aufgefallen war.

Im Anschluss an die Premiere gab der Programmdirektor der ARD einen Empfang im Hotel »Bayerischer Hof«. Ich war früh dort, und einer der wenigen anderen frühen Gäste war Christian Doermer, der sich bereits am Buffet bediente. Ich ging zu ihm und stellte mich als Redakteur der *Süddeutschen Zeitung* vor. Ich lobte ihn wegen seiner Darstellung des Nazis und wie sehr sie mich aufgewühlt hätte wegen der Ähnlichkeit mit meinem Vater. Doermer schaute mich fragend an und vergewisserte sich: »Von der Süddeutschen Zeitung sind Sie«, fragte er und gab dann dem Gespräch eine unerwartete Wendung: »Dann muss ich Ihnen sagen, dass Ihre Berichterstattung über den FC Bayern zurzeit ein Skandal ist.« Ich weiß bis heute nicht, ob die Fußballberichte in seinen Augen zu positiv oder zu negativ waren, so perplex war ich über seine Reaktion. Ich hatte gerade einen der seltenen Versuche gemacht, meine Seele offenzulegen, in der irrigen Ansicht, dass ein Schauspieler mehr tun und vor allem denken müsste, als nur seinen Beruf auszuüben.

Aus dieser Begegnung blieb aber eine Bekanntschaft, die bis heute anhält und viele Gespräche auch über schwierigste Themen einschloss. Nur konnte er bei dem ersten Gespräch nicht ahnen, dass ich davon besessen war, mich mit der Aufarbeitung des »Dritten Reiches« in den Medien, insbesondere im Fernsehen zu beschäftigen – und zwar nicht bloß, weil ich von 1975 an zuständiger Redakteur für Fernsehen und Hörfunk bei der *Süddeutschen Zeitung* war.

Schon 1962 hatte ich als 18-Jähriger die erste Dokumentation der ARD über das »Dritte Reich« angeschaut. Meine Eltern besaßen zu diesem Zeitpunkt noch kein Fernsehgerät. Mein Glück war, dass der Freund meiner Schwester aus dem Nachbarhaus fast jeden Abend bei uns zu Besuch war. Er wohnte im Dachgeschoss seines Elternhauses und hatte einen eigenen Fernseher. So konnte ich alleine in seinem Zimmer die Reihe verfolgen, die – wie für viele Zuschauer – die Grundlage meines Wissens über das »Dritte Reich« bildete. Sie wurde sehr viel später noch einmal überarbeitet gesendet und war tatsächlich der erste ernsthafte Versuch, mithilfe einer Fernsehdokumentation alle Aspekte der Naziherrschaft zu zeigen.

Ich weiß nicht, wie mein Vater reagiert hätte, wenn er sie gesehen hätte. Meine Eltern bekamen erst ein Jahr später einen Fernseher, und mein Vater nutzte von da an täglich das von ihm bislang so verachtete Medium. Ich vermute, er hätte die Serie angeschaut, wie man alte Klassenfotos anschaut. Er hätte auf diejenigen aufmerksam gemacht, die er gekannt hatte, hätte sich gefreut, wenn Bilder von Hitler bei Waffenvorführungen zu sehen gewesen wären, und alles andere hätte er nicht wahrgenommen.

Ich bin mir nicht sicher, ob ich damals das Bedürfnis hatte, mit jemandem über die Serie zu reden. Ganz sicher bin ich mir allerdings, dass ich nicht mit meinem Vater und auch nicht mit meiner Mutter darüber sprechen wollte. Bei meinem Vater wusste ich, dass es für ihn ein Anlass gewesen wäre, über Erfolge in seiner Arbeit zu monologisieren. Das war schon früher so gewesen, wenn sich eine Gelegenheit dazu ergab, wenn etwa ab und zu ein Journalist oder Buchautor sich bei ihm meldete, um Details aus dem Dritten Reich zu hören.

Bei meiner Mutter war es so, dass sie das Kapitel der Nazizeit für sich abgeschlossen zu haben schien. Sicher sprach sie ab und zu von dem damals angenehmen Leben, und ich konnte heraushören, dass ihr die Bedeutung, die sie durch ihren Mann dabei innehatte, sehr wichtig war. Aber die beengten und ärmlichen Verhältnisse, in denen wir in den 1950er Jahren lebten, führten bei ihr zu einer Verdrängung der Vergangenheit. Von meiner Mutter hörte man häufiger noch als von meinem Vater die beiden Standardsprüche: Wo viel Licht sei, da sei auch viel Schatten, war die allgemeine Formulierung. »Wo gehobelt wird, fallen Späne«, war die Fassung, wenn es konkret um die Opfer der Nazi-Untaten ging.

Doch mein Interesse an der jüngsten Geschichte blieb. Und so färbte es auch auf meine Arbeit ab. Bereits Ende der 1970er

Jahre erschien in der *Nationalzeitung*, die damals noch *Deutsche National- und Soldaten-Zeitung* hieß, ein Artikel, in dem meine journalistische Arbeit für die *Süddeutsche Zeitung* angeprangert wurde. Jeder kleinste Beitrag, der sich mit den Sünden des »Dritten Reiches« befasse, würde von mir angepriesen und so zu einer Art Pflichtprogramm erklärt. Der Autor hatte auch eine Diagnose dafür: Er attestierte mir einen tiefen Schuldkomplex, den ich nun auf Kosten der Leser abarbeite. Dann machte er eine interessante Wendung. Während sonst jeder alte Nazi in seiner Zeitung verteidigt wurde, insbesondere wenn konkrete Vorwürfe erhoben wurden, stellte er meinen Vater so dar, wie er vermutlich auch gewesen war: als selbstherrlichen und herrischen Despoten der deutschen Rüstungswirtschaft. Mit dieser für ihn unüblichen Variante schien er meinen allzu »bußfertigen« Charakter besser erklären zu können. Einige Jahre später erschien im gleichen Verlag das Buch »Prominente ohne Maske«. Auch in diesem Buch fand sich ein Beitrag über den »Umerziehungsjournalisten« Karl-Otto Saur: »Kaum eine Woche vergeht, in der der linke Redakteur nicht die braunen Zeitgeschichtsschatten beschwört und die Bundesbürger auffordert, ›Sühne‹ zu leisten. Offensichtlich betreibt er familiäre Vergangenheitsbewältigung zu Lasten des deutschen Volkes.«

Tatsächlich bekamen wir in der Redaktion aber auch immer wieder Leserbriefe, dass wir uns auf der Fernsehseite der *Süddeutschen* zu viel mit dem »Dritten Reich« beschäftigen würden. Erschrocken bin ich allerdings im Oktober 1976, als ich vor Ärger spontan eine Kritik zu einer Sendung schrieb, die mich sehr erregt hatte. Es war die Zeit, als gerade die ersten Talkshows gesendet wurden, und ich sah eine der frühen Sendungen, die von Hans Jürgen Rosenbauer moderiert wurde. Zu Gast waren Leni Riefenstahl, die gerade als Fotografin für ihre Nuba- und Tauchbilder gefeiert wurde, und eine Gewerkschaftsfunktionärin, die auf Grund ihres politischen Engagements im KZ gelandet war. In meinem Kommentar warf ich der Talkshow-Redaktion vor, eine falsche »Ausgewogenheit«

praktiziert zu haben und dass man doch Leni Riefenstahl, die wie immer die Unschuldige spielte, nie mehr in solche Sendungen einladen solle.

In der Redaktion wurde dieser kurze Beitrag ohne irgendeine Reaktion hingenommen, auch wenn ich wusste, dass der eine oder andere ältere Redakteur eine gewisse Bewunderung für Leni Riefenstahl hegte. Doch was wir an Post bekamen, übertraf alle bisherigen Erfahrungen. Da wir nur ganz selten Briefe zu Fernsehsendungen in der Zeitung abdruckten, bekamen wir normalerweise auch sehr wenige Zuschriften. Im Schnitt waren es vielleicht drei bis vier Leser pro Woche, die sich die Mühe machten, etwas zu schreiben. Nach der Talkshow-Kritik bekam ich dreißig Briefe und Postkarten. Alle regten sich über meine wenigen Zeilen auf. Ein Brief kam von einem bekannten Münchner Rechtsanwalt, der seine Arbeit ganz der linken Szene gewidmet hatte. Er hielt mich für einen Dummkopf, denn Leni Riefenstahl habe sich in der Sendung so sehr selbst entblößt, dass jedes weitere Wort überflüssig sei. Die anderen 29 Briefautoren und -autorinnen beschimpften mich dagegen als einen gefühl- und respektlosen Menschen, der vor dem Lebenswerk einer großen Frau keine Achtung hätte. Eine anonyme Karte kam zu mir nach Hause in Wolfratshausen – mit dem Vermerk, dass ich dankbar sein könne, dass der Schreiber meine Adresse nicht weitergegeben habe, denn er kenne viele, die im Münchner Telefonbuch gesucht hätten, weil sie mich liebend gerne unter dem Gras sehen würden. Unsere Kinder – damals acht, neun und zehn Jahre alt – hatten die Postkarte gesehen, als sie von der Schule heimkamen. Sie fanden sie interessant, und die Anrede »Sie blödes Arschloch« fanden sie sehr lustig, weil sie glaubten, das nun auch zu mir sagen zu dürfen.

Die anderen Karten und Briefe, die in die Redaktion kamen, waren alle unterschrieben und daher im Ton etwas förmlicher, aber der Inhalt blieb immer gleich. Ich hatte mich in den Augen dieser Leser an einer Ikone vergriffen und eine große Frau zutiefst beleidigt. Meine Kollegin Cornelia Bolesch, mit der ich gemeinsam die Fernsehseite redigierte, und ich waren zutiefst erschrocken. Wir waren der Meinung gewesen, dass wir bei einer Zeitung arbeiteten, die auf ihre Liberalität stolz war, einer Zeitung, die sich selbst zum Ziel gesetzt hatte, alle alten und neuen rechten Töne zu bekämpfen. Und dann bekamen wir auf eine kleine – und uns nach wie vor notwendig erscheinende – Kritik eine solche Flut von Polemiken, wie sie in die *Nationalzeitung* gepasst hätten.

Diese Leserreaktion löste bei uns in der Redaktion zwei Jahre später, 1978, eine lange Diskussion aus, wie wir aus aktuellem Anlass mit dem Thema Nationalsozialismus und Holocaust umgehen sollten: Nach langen Auseinandersetzungen innerhalb der ARD stand die Ausstrahlung der amerikanischen Serie »Holocaust« an. Der als »rot« verschriene Westdeutsche Rundfunk hatte die Lizenz in den USA erworben und saß an der Synchronisation. Doch einige andere Sender der ARD wollten auf keinen Fall diese »US-Seifenoper« im Ersten Programm ausgestrahlt sehen. Nach zähen Diskussionen einigte man sich darauf, zum ersten Mal eine Sendung zur selben Zeit in allen fünf damals existierenden Dritten Programmen auszustrahlen. Die Fertigstellung stand unter großem Zeitdruck, sodass erst eine Woche vor der Ausstrahlung die Presse zu einer Vorführung nach Köln eingeladen wurde. Rund 100 Journalisten kamen und waren fast alle der Meinung, nun amerikanisches Kommerzfernsehen serviert zu bekommen. Als Gerücht sprach sich auch herum, dass bei der Ausstrahlung in den USA in den Werbepausen ein Spot über Gasherde gelaufen sei.

Ich habe in meinem Leben nicht vorher und nicht nachher an einer Veranstaltung teilgenommen, bei der ein Umschwung der Meinungen und Gefühle so deutlich zu spüren gewesen war wie im Kölner Funkhaus. Von der ersten Minute der Vorführung an spürte man im Saal die Konzentration, mit der der Film verfolgt wurde. Die Stimmung war schon nach wenigen Minuten körperlich spürbar. Von der Reduzierung der Geschichte des »Dritten Reiches« auf die Geschehnisse in einem kleinen Dorf, die Fokussierung auf zwei Familien und wenige weitere Hauptfiguren ging eine Wirkung aus, die alle anwesenden Journalisten erreichte. Für diesen Berufsstand sehr ungewöhnlich, gab es sogar kritische Stimmen dafür, dass nach der ersten Folge ein Buffet aufgebaut worden war (was aber dann doch kaum jemanden am Essen hinderte). Am selben Abend folgten noch die Teile zwei und drei, der vierte Teil wurde am nächsten Morgen gezeigt. Fast alle Journalisten blieben bis zum Schluss. Alle Anwesenden wussten, dass dieser Film sein Publikum finden und auch erschüttern würde.

Vor der Kölner Vorführung waren wir uns in der Redaktion einig gewesen, dass wir diese Serie – genau wie andere wichtige Filme – mit ein oder zwei größeren Beiträgen begleiten würden. Wir hatten vorher schon von unserem Korrespondenten in den USA einen Bericht über die Ausstrahlung des Films in Amerika veröffentlicht, der Kollege in Tel Aviv hatte über die Resonanz in Israel geschrieben, wo der Film etwa drei Wochen vor der Ausstrahlung in Deutschland gesendet worden war.

Doch noch auf der Rückfahrt nach München machte ich einen Plan, wie wir die deutsche Ausstrahlung in den Dritten Programmen über die ganze Woche begleiten könnten. Und in der Redaktion diskutierten wir dann, ob auch wir – so wie der WDR die Zuschauer – unsere Leser auffordern sollten, ihre Eindrücke zur Serie zu schreiben. Ich hatte allerdings auch große Bedenken wegen der Reaktionen, die wir auf meine Riefenstahl-Kritik bekommen hatten. Aber meine Kollegin überzeugte mich, dass wir auch dazu stehen müssten, wenn tatsächlich die Mehrheit der *SZ*-Leser sich gegen die Serie aussprechen sollte.

Die dann über uns hereinbrechende Reaktion war jedoch ganz anders – und viel größer. Wir bekamen etwa 250 Briefe. Etwa fünfzig waren in dem von mir erwarteten Tenor und bezichtigten uns der Nestbeschmutzung, handelten von der immer noch anhaltenden »Zwangserziehung« durch die Amerikaner, von Lügen und Propaganda. 200 Briefe zeugten aber von einer ernsthaften Auseinandersetzung mit dem Film und dem Thema, wie wir sie vorher und nachher nicht erlebt haben. Es waren handgeschriebene Briefe dabei, die manchmal mehr als zehn Seiten umfassten. Es schien bei vielen so, als ob sie sich zum ersten Mal in der Lage sahen, ihre Erlebnisse aufzuschreiben. Und noch etwas Verblüffendes war den Briefen zu entnehmen. Rund die Hälfte legte sehr glaubwürdig dar, wie wenig sie über die Deportationen und die systematische Judenvernichtung gewusst hätten und wie erschüttert sie gewesen seien, es erst danach erfahren zu haben. Die andere Hälfte berichtete nicht weniger glaubhaft, dass sie alles mitbekommen hätte. Der WDR selbst bekam Tausende von Briefen ähnlicher Art.

Ausgerechnet die amerikanische Serie, von der man reine Unterhaltungsware befürchtet hatte, riss die Dämme in Deutschland ein, die verhindert hatten, dass die Bevölkerung sich flächendeckend und ernsthaft mit den Verbrechen im »Dritten Reich« auseinandergesetzt hatte. So erfreulich das Ergebnis war, führte es bei einigen Fernsehverantwortlichen doch zu einer Verbitterung. Der damalige Fernsehdirektor des WDR, Heinz-Werner Hübner, der seine Fernsehspielabteilung sehr unterstützt hatte, die Serie einzukaufen, wies darauf hin, dass etwa der Regisseur Egon Monk schon 1965 ein dramatisches Stück über das Leben und Sterben in einem KZ unter dem Titel »Ein Tag« für das Fernsehen inszeniert hatte. Ein anderes Beispiel lieferte einige Jahre später der Dokumentarfilmer Eberhard Fechner, der durch seine Filme ein Jahrhundertporträt der Deutschen geschaffen hat. Er hatte regelmäßig den von 1975 bis 1981 in Düsseldorf stattfindenden Majdanek-Prozess verfolgt, wo gegen 17 ehemalige Wachleute des gleichnamigen KZs in Polen verhandelt wurde. Aus den mit allen Beteiligten geführten Interviews hat er einen beeindruckenden Dreiteiler gemacht, der durch seine dokumentarische Strenge überzeugte. Die Verantwortlichen der ARD entschieden sich auch hier dafür, den Dreiteiler nicht im Ersten zu zeigen, sondern strahlten ihn zeitgleich in den Dritten Programmen aus. Es war diesmal aber nicht die Angst vor dem »Seifenoper«-Import, sondern es war die beginnende Angst vor den Quotenmessungen.

Viele andere Zeitungen und Zeitschriften reagierten bei der Ausstrahlung von »Holocaust« wie wir bei der *Süddeutschen*. Egon Kogon, ein ehemaliger KZ-Insasse, der schon 1946 ein erstes Standardwerk unter dem Titel »Der SS-Staat« veröffentlicht hatte, kam in vielen Medien als Experte für die Verfolgungen und Ermordungen zu Wort. Günther Rühle, der damalige Feuilleton-Chef der *FAZ*, die damals weit konservativer war als heute, schrieb voller Begeisterung eine ganze Seite in seiner Zeitung über die Serie.

Begleitend zur Serie hatten wir auch einen Aufsatz des Fernsehautors Heiner Michel drucken wollen. Er hatte als Theologe in der evangelischen Publizistik gearbeitet, bevor er sich ganz auf das Schreiben von Drehbüchern verlegt hatte. In seinem Aufsatz »Warum haben wir ›Holocaust‹ nicht geschrieben?« beschrieb er, wie schwer es für deutsche Autoren gewesen sei, die Zeitgeschichte für das Fernsehen aufzubereiten. Als Beispiel für die immer noch vorhandene Furcht in den Sendern nannte er die Tatsache, dass in der amerikanischen Film- und Buchfassung mitgeteilt werde, dass auch Siemens Zweigwerke neben KZs betrieben habe, um dort Häftlinge arbeiten zu lassen. Dieser Hinweis fehle in den deutschen Fassungen von Buch und Film.

Am Tag der Veröffentlichung dieses Beitrags in der *Süddeutschen* war ich unterwegs. Als ich abends in die Redaktion kam, lag ein Zettel auf meinem Schreibtisch, ich solle noch auf jeden Fall zum Chefredakteur Heigert kommen. Hans Heigert war ein in der katholischen Kirche verankerter Konservativer von großer Liberalität. An diesem Abend war er jedoch nur erregt. Ob wir diesen Aufsatz wirklich hätten drucken müssen, fragte er rhetorisch. Auf seinem Schreibtisch lag ein Brief des Kommunikationschefs der Firma Siemens – im Vor-Fax-Zeitalter per Boten zugestellt. Unmissverständlich wurde dem Chefredakteur klargemacht, dass man die »Verleumdung« nicht auf sich sitzen lassen werde. Die Behauptung, dass dies im amerikanischen Original des Buches stehe, sei einfach aus der Luft gegriffen. Und dann folgte ein wenig diskreter Hinweis auf den Klageweg und die Möglichkeit der Stornierung der umfangreichen Anzeigenaufträge in der Zeitung. Natürlich hatte ich in diesem Moment die amerikanische Fassung des Originaldrehbuchs nicht zur Hand. Der von mir alarmierte Autor schwor aber Stein und Bein, dass alles so stimme, wie er es geschrieben habe.

Am nächsten Morgen besorgte ich mir das Buch in einer englischen Buchhandlung. Meine Erleichterung war groß, als ich auf Seite 172 die Passage so fand, wie Michel sie zitiert hatte. Auch Heigert war beruhigt und – auch ein Zeichen der Liberalität der Zeitung – überließ es mir, dem Kommunikationschef von Siemens zu antworten. Die Antwort fiel denn auch so aus, wie man gerne als jüngerer Mensch einem Weltkonzern entgegentritt. Einige Wochen später erhielt ich einen Anruf des Pressesprechers, der sich zwar nicht entschuldigte, mir aber mitteilte, dass der Aufsichtsratchef von Siemens bereit sei, mich zu einem Mittagessen zu empfangen, um mich über die Haltung des Konzerns im »Dritten Reich« aufzuklären. Ich kannte Gerd Tacke bis dahin nicht persönlich, aber er war der Vater einer Schulfreundin meiner Schwester, die häufig im Hause Tacke zu Besuch war. Ich nahm an, dass er mich bei unserem Zusammentreffen auf diese indirekte Verbindung ansprechen werde, doch es kam anders. Er erklärte mir vielmehr, wie viel die Firma Siemens im »Dritten Reich« getan habe, um die jüdischen Mitarbeiter zu schützen. So seien zahlreiche Direktoren mit ihren Familien ins Ausland versetzt worden und so vor den Verfolgungen sicher gewesen. Mein Hinweis, dass dies wohl mit Arbeitern und einfachen Angestellten nicht möglich gewesen sei, wurde vom ebenfalls anwesenden Kommunikationschef als äußerst undankbar abqualifiziert. Ich sei schließlich nicht nur zum Essen eingeladen, sondern würde auch aus erster Hand unterrichtet, weshalb solche Fragen wohl höchst unangebracht seien.

Diese Geschichte hatte 25 Jahre später ein kleines Nachspiel, das mich sehr nachdenklich stimmte. Der Autor des damaligen Beitrags, Heiner Michel, war später als Redakteur zum ZDF gewechselt. Wir waren uns seitdem persönlich nicht mehr begegnet. Als ich 2003 in München zu einer Sommerfeier bei der Beauftragten für die evangelische Kirche beim ZDF eingeladen war, traf ich Heiner Michel wieder. Er erkannte mich zunächst nicht, aber als ich ihn auf unsere gemeinsame Geschichte ansprach, entgegnete er dann: »Ach natürlich, Sie waren das doch, der mich bei Heigert damals im Stich gelassen hat!«

Ich war verblüfft: Wie konnte es sein, dass ich 25 Jahre das Gefühl hatte, Tapferkeit vor einem Weltkonzern bewiesen zu haben, und der, der in meinen Augen von dieser Tapferkeit profitiert hatte, mich als Feigling in Erinnerung behalten hatte? Es zeigt nichts anderes, als dass Erinnerung etwas höchst Subjektives ist und wir uns hüten müssen, unseren eigenen Erinnerungen bedingungslos zu trauen.

Eine Freundin schrieb mir nach einer Geburtstagsfeier, auf der der Jubilar von allen wegen seines phänomenal guten Gedächtnisses gepriesen wurde, ob es nicht möglich sei, dass alle anderen zwar ein schlechteres Gedächtnis hatten, dass es aber deshalb auch keinen Beweis gebe, dass der vermeintliche Gedächtniskünstler immer recht habe. Es gebe nur keinen, der ihm das Gegenteil beweisen könne. Dazu passt auch das unter Zeitgeschichtlern geflügelte Wort: »Der Feind des Historikers ist der Zeitzeuge.« Nicht erst seit den zeitgeschichtlichen Filmen von Guido Knopp im ZDF weiß man, wie schwierig der adäquate Umgang gerade mit Zeitzeugen aus dem »Dritten Reich« im Fernsehen ist. Aber auch das vermeintlich sicherere Studium der Akten bringt einen oft nicht viel weiter: Gerade die Akten aus dem »Dritten Reich«, die ich im Zusammenhang mit diesem Buch studiert habe, zeigen alle Facetten der Manipulation. In den Protokollen der »Rüstungsgespräche« von Speer und meinem Vater findet sich zum Beispiel ständig die Formulierung »Der Führer wünscht«. Doch es ist unschwer zu erkennen, dass mindestens ebenso häufig Speer und mein Vater ihre eigenen Vorstellungen mit dieser Formulierung zu bekräftigen versuchten, um sie leichter durchzusetzen.

FERNSEHBILDER
(MICHAEL SAUR)

Als das Fernsehen noch längst nicht das war, was es heute ist, leitete mein Vater die Fernsehseite der *Süddeutschen Zeitung*. Ich las die Zeitung damals nicht, vergewisserte mich aber von Zeit zu Zeit, dass unten auf der Seite sein Name gedruckt stand, was mich mit leisem Stolz erfüllte. Damals gab es im Fernsehen nur zwei Programme (im Süden Deutschlands war bei gutem Wetter noch der ORF zu empfangen), und am Samstagabend, oder wie es damals noch in der Fernsehzeitung angekündigt hieß: am Sonnabend, liefen in der Regel zwei bis drei Spielfilme. Wir hatten in unserer Münchner Wohnung ein Fernsehzimmer. In dem schmalen, langen Raum mit einem Sofa und ein paar Sesseln stand ein für damalige Zeiten ziemlich großer Fernsehapparat, der alle paar Jahre mit einem neuen ausgetauscht wurde, den die Zeitung bezahlte. Allein deswegen, fand ich, lohnte sich die Arbeit meines Vaters als Fernsehredakteur.

Die Familie saß versammelt vor dem Bildschirm, als der erste Teil von »Holocaust« ausgestrahlt wurde. Ich kann mich gut an den erwartungsschwangeren Gesichtsausdruck meines Vaters erinnern, als die Episode endete. Damals gab es noch keine Fernbedienung, und anstatt wie gewöhnlich an einem Samstagabend nach dem Ende eines Films auf einen anderen Kanal umzuschalten, um den nächsten Streifen anzusehen, stand er auf und schaltete das Gerät aus. Dann machte er auch noch das Licht an.

Er fühlte sich, das merkte ich, auf persönliche Art betroffen von dem, was wir gerade gesehen hatten, hielt sich gewissermaßen für berechtigt, den Abend für alle frühzeitig beenden zu dürfen. Über das Gesehene sollte gesprochen werden. Dass mein Großvater Nazi gewesen war, hatte bis zu dem Moment keine Rolle gespielt in meinem Leben, war ein vages Stück Information gewesen, mit dem ich mich nie näher beschäftigt hatte. Die meisten unserer Bekannten wussten von der Nazigeschichte ebenfalls nichts. Das »Dritte Reich« war etwas Schlechtes und Schlimmes, aber das »Dritte Reich« war in Wahrheit in meinem Empfinden nicht schlimmer als für sonst jemand. Der Holocaust war außerdem weit weg, so weit weg eben, wie dreißig Jahre entfernt liegen von einem Elfjährigen.

Ich war verärgert. Darüber, dass an diesem bestimmten Samstagabend nicht erlaubt sein sollte, was zum Samstagabend so selbstverständlich gehörte wie unter der Woche die »Tagesschau«, nämlich bis Sendeschluss vor der Kiste zu sitzen. Meine Geschwister und ich protestierten, wir wollten weiterschauen. Nein, erklärte mein Vater bestimmt. Der Film solle wirken und nicht durch einen anderen Hollywood-Schinken verwässert werden. Ich hatte nichts gegen ein paar Minuten Didaktik. Aber dass danach schon Ins-Bett-Gehen angesagt war, leuchtete mir wirklich nicht ein.

An die Details des Gespräches im Fernsehzimmer erinnere ich mich nicht mehr. Eines aber weiß ich: Es war nicht so, dass »Holocaust« nicht auf mich gewirkt hätte. Wenn ich die Serie heute Revue passieren lasse und mich in Gedanken wieder ins Sendlinger Fernsehzimmer setze, erkenne ich die Elemente, die bei mir Eindruck hinterließen. Es war eben nicht der Kontext des »Dritten Reiches«, der wirkte, sondern die normalen Bausteine, die eine Geschichte ausmachen. Es hinterließ großen Eindruck, als Meryl Streep dem Kommandierenden eines Konzentrationslagers ihren Körper anbietet, um ihren dort einsitzenden Mann (gespielt von James Woods) sehen zu können, diesem aber ihr Mittel zum Zweck verschweigt. Mich beeindruckte der Zusammenhalt der Lagerinsassen in Theresienstadt, in dem die Menschen malten und sich sozusagen durch die Kunst über das Brachiale hinwegzusetzen versuchten. Der kleine Offizier, der sich in seine Rolle des Bösen einfindet, weil er eine Familie zu ernähren hat, setzte sich in meinem Gedächtnis fest.

Ich sah in »Holocaust« nicht Deutschland im Besonderen, sondern ich sah, wozu der Mensch imstande ist, und das sowohl im Guten wie im Bösen. Ich sah das, wovon die meisten Samstag-abend-Filme handelten: das Leben. Und deswegen schien mir die plötzlich übermäßige Betroffenheit in unserem Fernsehzimmer seltsam. Mir wollte nicht einleuchten, warum es für »Holocaust« einen dialektischen Fahrplan geben sollte, aber nicht für Fritz Langs »M« oder für »Im Westen nichts Neues« oder »Apocalypse Now« oder auch für die Geschichten und Märchen meiner Kindheit wie »Des Kaisers neue Kleider« oder »Die Odyssee«, die für mich alle in gleichem Maße an das Wahre gebunden waren.

Als ich mit Anfang dreißig das erste Mal »Don Quichote« las, schrieb ich mir ein Zitat heraus, das ich mir seitdem aufbewahrt habe. Don Quichote erklärt in dem Absatz seinem Sancho Pansa (der übrigens spätestens ab Seite zehn in seiner wachsenden Menschlichkeit nichts mehr mit meinem Großvater gemeinsam hat), als dieser doch tatsächlich die lang ersehnte Statthalter-schaft bekommen soll, wegen der er sich ja nur auf die kuriose Reise mit dem Ritter der traurigen Gestalt begeben hatte: »Die Tränen des Armen sollen bei dir mehr Mitleid, aber nicht mehr Gerechtigkeit finden als die Beweisgründe des Reichen. Suche die Wahrheit unter den Versprechungen und Geschenken des Reichen herauszufinden ebenso wie unter dem Schluchzen und aufdringlichen Bitten des Armen.«

Mir waren die Achtundsechziger, und sicher auch stellvertre-tend für die so genannten Achtundsechziger mein Vater, suspekt in ihrem Glauben zu wissen, in ihrer Überzeugung, sie könnten außerhalb der Umstände reagieren oder auch nur entscheiden, wie man reagierte. In P. D. Ouspenskys Roman »Das seltsame Leben des Ivan Osokin« glaubt der Protagonist, dass sein ge-scheitertes Leben das Resultat seiner Unwissenheit über die Zu-kunft ist. Hätte er nur gewusst, was aus ihm werden würde, er hätte alles besser machen können. Mit der Hilfe eines Magiers ist es dem Protagonisten gestattet, fünfzehn Jahre in der Zeit zu-rückzureisen und noch einmal zu leben mit dem Wissen der Zu-kunft. Im vollen Bewusstsein um die Biegungen seines Lebens begeht er die gleichen Fehler wieder, dieses Mal mit der Kenntnis, dass sie ein Teil von ihm sind. Er macht alles genau wie beim ersten Mal, und als er nach fünfzehn Jahren wieder dem Magier begegnet, bittet er erneut um die Wiederholung.

Ich empfand die Gewissheit über Gut und Schlecht in der Generation meines Vaters als nicht weniger irritierend als bei anderen, sah Parallelen zu manchen Gewissheiten in der Generation seines Vaters. Ich glaube nicht, dass ich diese Abneigung damals hätte formulieren können, sie bestand instinktiv. »Die Kraft eines Mannes lässt sich nicht an seinen Postulaten ablesen, sondern an seinen Taten«, lehrt Don Quichote seinen Sancho Pansa. Betroffenheit als Teil einer Ideologie verkommt zum Reflex. Ein Freund erzählte mir über seine Arbeit an einem Buch über die Erinnerungen an den Holocaust im globalen Zeitalter. Ein solches Buch hätte ohne Weiteres Zeugnis werden können davon, wovor Martin Walser in seiner Dankesrede zur Verleihung des Friedenspreises des Deutschen Buchhandels warnte, als er den Begriff der »Auschwitz-Keule« verwendete. Das war es aber nicht, es war vielmehr eine fundierte Untersuchung zur Praxis der Erinnerungs- und Gedenkkultur.

Es waren Reflexe, aufgrund deren uns später noch manche andere Filme vorenthalten wurden. Zum Beispiel »Top Gun«, mit Tom Cruise in der Hauptrolle. »Rambo« landete ebenfalls auf dem Familienindex, weil solche Filme angeblich das Militär verherrlichten. Beide Streifen hatte mein Vater nicht gesehen. Später, als ich an der New York University studierte, hatte ich einen Literaturprofessor, der mit den gleichen Reflexen ausgestattet war. Wenn er einen Aufsatz schrieb, über den Widerstandsschriftsteller Peter Weiss etwa, widmete er seinen Text zum Beispiel einem nicaraguanischen Freiheitskämpfer, über den er quasi nichts wusste außer seiner Legende. Als ich aber nur ein halbes Jahr nach den Ereignissen in einer für einen Germanisten zugegebenermaßen waghalsigen Seminararbeit über den Massenmord in Ruanda schreiben wollte, über das erneute Unvermögen der Welt, einen Genozid rechtzeitig erkannt zu haben, verbot der Professor die Verwendung des Begriffs Genozid mit dem Argument, Ruanda würde damit zu nahe an den Holocaust gerückt.

Mein Vater begann sich für mich erkenntlich erst relativ spät intensiver mit der Geschichte seines Vaters auseinanderzusetzen. Davor waberte und arbeitete es im Stillen. Vor über zehn Jahren zog er wieder in die Gegend, in der er aufgewachsen war. Seine Enkelkinder besuchen nun die Schule, in die auch er gegangen ist. Das Thema »Nationalsozialismus« geisterte durch das Haus, so sehr, dass es seinem Enkel schon gehörig auf die Nerven geht. Wenn das Thema zur Sprache kommt, verdreht Jakob die Augen und sagt: »Der Otto und sein Drittes Reich.« Irgendwann stand plötzlich eine Empore in seinem Zimmer, die ich auf Jugendbildern meines Großvaters gesehen hatte. Immer öfter lagen alte Bilder seiner Familie auf seinem Tisch herum.

Er hat sicher sein Leben lang versucht, von seinem Vater wegzukommen, und dabei erst im Alter begonnen, sich ernsthaft mit ihm zu beschäftigen. Handelt es sich hier um das, was man unter einem sich schließenden Lebenskreis versteht? Auch deswegen habe ich dieses vorliegende Buchprojekt angeregt. Ich sah etwas, das schwelt. Ein Brand, der schwelt, muss entzündet werden. Erst dann kann er gelöscht werden. Dabei ist es kein Brand, der gefährlich werden könnte, sondern eher eine innere Unruhe. Manchmal beobachte ich meinen Vater und frage mich trotzdem, ob ich in ihm den unbekannten Großvater erkennen kann. Ein nett gemeinter Befehlston, mit dem er seinen Enkelsohn zu sich bestellt, mag das auslösen, ein Ton, den ich selber erkenne, den ich manchmal in mir selbst zu entdecken glaube.

Der Mensch denkt in Bildern. Gang und Haltung meines Vaters haben sich denen meines Großvaters angenähert, auch wenn er selber im Spiegel noch seine vergangene Jugend erkennt, so wie alle Menschen in ihrem eigenen Antlitz noch die eigene Jugend erkennen können. Mein Vater hat nun das Alter erreicht, in dem sein Vater starb. Ich sehe, wie er am Rad der Zeit zu drehen versucht. Er trägt die Haare länger, frisiert sie noch immer nach vorne, trägt noch immer den Bart, hinter dem ich als Kind immer glaubte, er wolle sich verstecken, vielleicht auch vor dem eigenen Vater verstecken.

NACHTRAG

(KARL-OTTO SAUR)

Die letzten Kapitel dieses Manuskripts schreibe ich auf einer Kreuzfahrt von Valparaiso in Chile durch den Panamakanal nach Florida. Ich habe auf dieser Reise ein Buch dabei, das die »Mercedes Connection« heißt und von der jungen Historikerin Gaby Weber geschrieben wurde. Es beschreibt, wie die Führung von Daimler-Benz im »Dritten Reich« von 1943 an versuchte, illegal Geld nach Südamerika zu transferieren, um nach einem verlorenen Krieg genug Kapital zu besitzen, um das Unternehmen weiterzuführen. Maßgeblich an dieser Operation beteiligt war der damalige Generaldirektor Wilhelm Haspel – jener Haspel, der später als Einziger meinem Vater nach dem Krupp-Prozess und der anschließenden Haftentlassung durch die Amerikaner finanziell und mit Aufträgen unter die Arme griff.

Sicher war Daimler-Benz eine der wichtigsten Firmen im »Dritten Reich«, aber die Daimler-Manager waren sicher nicht die Einzigen, die sich rechtzeitig um eine Zukunft sorgten, die ohne Hitler und seine Helfer stattfinden sollte. Auch wenn zu diesem Zeitpunkt noch nicht absehbar war, wie der ehemalige Hauptamtsleiter Saur sich im Krupp-Prozess verhalten würde, so scheint es mir doch klar, dass für einen Nazi-Funktionär seiner Art kaum ein Platz im neuen Wirtschaftssystem zu finden gewesen wäre. Er war ein zu willfähriger Helfer des Regimes gewesen und zu wenig ein Interessensvertreter der Wirtschaft, auch wenn seine eigene Karriere bei einem Großunternehmen wie der August-Thyssen-Hütte begonnen hatte. Sein Problem war sicher nur, dass er das selber nicht erkannt hatte und sich auch nach der Kapitulation für unentbehrlich hielt. Für mich selber ist es im Nachhinein allerdings ein glücklicher Umstand, dass er nicht zu den »Kriegsgewinnlern« gehörte, die sonst so zahlreich im und rund um das Rüstungsministerium zu finden waren und nun wieder in den Führungsetagen der deutschen Industrie saßen oder politische Positionen innehatten.

Dass sich mein Vater in seinem Lebenslauf, den er 1948 für das Entnazifizierungsverfahren erstellt hatte, nicht selbst belastete, ist ihm nicht zu verdenken. Dass er sich darin aber zum Helden stilisierte, der sich nur für das deutsche Vaterland eingesetzt hatte, könnte man gutwillig als naiv bezeichnen. Es zeigt aber auch, dass er drei Jahre nach Ende der Hitler-Diktatur noch zu all dem stand, was er im »Dritten Reich« getan hatte.

Dennoch ist er in den zwanzig Jahren, die er noch lebte, ein anderer Mensch geworden. Nicht unbedingt ein besserer. Aber einer, der glaubte, vom Schicksal geschlagen worden zu sein. Sein Selbstmitleid war größer als alle möglichen Schuldgefühle. Er fühlte sich ungerecht behandelt, ohne zu bemerken, wie ungerecht er gewesen war, welche Schicksale er zerstört hatte. Zweifellos haben der Holocaust und der Zweite Weltkrieg nicht nur Millionen Tote gefordert, es hat auch das Leben zahlreicher Überlebender zerstört. Die wenigen überlebenden KZ-Insassen, die ihre Angst nie mehr loswurden und keine Ruhe fanden; die Soldaten, die Zeugen oder auch Täter der schlimmsten Verbrechen wurden und oft als körperliche und seelische Krüppel zurückkehrten; die Frauen, die im wahrsten Sinne des Wortes aus den Trümmern heraus ihr Familienleben ohne Männer wieder aufbauen und neu ordnen mussten. Wir sehen eigentlich nur Opfer. Aber wir dürfen nicht vergessen, dass es auch Täter gab, die das verursacht haben.

Auf die Kreuzfahrt nach Südamerika habe ich meinen iPod mitgenommen, um beim morgendlichen Walk Hörbüchern zu lauschen. Kurz vor Abreise hatte ich mir die Hörbuch-Ausgabe von Carl Zuckmayers »Geheimreport« aufgenommen. Nun höre ich dieses Dokument eines Dichters aus dem Jahr 1942, der für den amerikanischen Geheimdienst OSS eine Bewertung der Schriftsteller, Regisseure, Musiker und Schauspieler vorgenommen hatte, die er noch während des »Dritten Reiches« persönlich wahrgenommen hatte. Als 1999 die Buchausgabe erschien, gab es einzelne Stimmen, die Zuckmayer Denunziantentum vorwarfen, weil er dem Vorläufer der CIA diese Dokumente zur Verfügung gestellt hatte.

Ich empfinde Zuckmayers Beiträge als etwas vollkommen anderes. Zuckmayer ist ein Psychologe, der sich mit Ruhm, Geltungssucht, Überlebenswillen und Verzweiflung auseinandersetzt. Er kennt die Schwächen der Menschen besser als ihre Stärken. Seine Einschätzungen bieten nicht nur einen interessanten Blick in die damalige Zeit, sie sind gleichzeitig ein Dokument eines Ringens um die Wahrheit. Zuckmayer macht deutlich, dass viele seiner Einschätzungen auf persönlichen Erfahrungen basieren. Bei vielem merkt er an, dass er die neuesten Entwicklungen nicht kennt. Aber bei allem ist ein Wille um Gerechtigkeit zu spüren. Der Emigrant Zuckmayer weiß, was er und seine Leidensgenossen durchgemacht haben, aber er weiß auch, wie schwer es ist, sich selber treu zu bleiben, wenn man in einer Diktatur überleben will. So gelingen ihm Bilder und Charakterzeichnungen, die nur in wenigen Fällen voller Verachtung sind.

Als ich diese Geschichten von Opportunismus und Resignation, von Angst und Tapferkeit höre, muss ich natürlich daran denken, was aus mir geworden wäre, wenn die Geschichte anders ausgegangen wäre, wenn Hitler und seine Helfer den Krieg gewonnen hätten. Wenn ich in einem Haus aufgewachsen wäre, das von einem Vater bestimmt worden wäre, der Deutschland zum Sieg verholfen hätte und sich nun die Meriten an die Brust stecken würde. Es gibt den Roman »Vaterland« des englischen Autors Robert Harris, der mit diesem Gedanken spielt, wobei ein späterer Komplott gegen Hitler bei ihm im Mittelpunkt steht. Auch das ist Spekulation. Das Einzige, was ich als sicher annehmen muss, ist die Tatsache, dass mein Leben vollkommen anders verlaufen wäre. Wie, wird mir immer verborgen bleiben. Aber gewiss wäre, dass ich nicht die Familie hätte, die ich heute habe. Und damit auf etwas hätte verzichten müssen, das mir heute das Wichtigste ist. Unsere Kinder und Enkelkinder sind selbstsichere und selbstbewusste Menschen geworden, die mir manche Auseinandersetzung nicht ersparen, die mich zwingen, auch eigene Verhaltensweisen in Frage zu stellen. Gleichzeitig geben sie mir die Stärke, mich meiner selbst sicher zu fühlen.

Die Anregung zu diesem Buch stammt von meinem Sohn Michael. Ohne ihn wäre es nicht entstanden. Ich hoffe, dass der eine oder andere Leser ihm genauso dankbar dafür ist, wie ich es bin.